SOS...
Mujeres
maltratadas

María José Rodríguez de Armenta

SOS...
Mujeres
maltratadas

EDICIONES PIRÁMIDE

COLECCIÓN «SOS Psicología Útil»

Director:
Javier Urra Portillo

Diseño de cubierta e interiores: Anaí Miguel

© María José Rodríguez de Armenta
© Ediciones Pirámide (Grupo Anaya, S. A.), 2008
Juan Ignacio Luca de Tena, 15. 28027 Madrid
Teléfono: 91 393 89 89
www.edicionespiramide.es
Depósito legal: M. 21.580-2008
ISBN: 978-84-368-2199-4
Printed in Spain
Impreso en Lavel, S. A.
Polígono Industrial Los Llanos. Gran Canaria, 12
Humanes de Madrid (Madrid)

Dedico este libro a las mujeres fuertes y a las que han sido débiles y han luchado; a las que han sabido perder para dar mucho; a las que lloran solas y a las que lo hacen a gritos; a las que sonríen y las que ríen a carcajadas; a las que callan y a las que opinan; a las que piensan y hacen; a las que aman y a las que han dejado de hacerlo; a las que se lavan la cara y a las que se pintan los labios. A ti, mujer.

A las mujeres psicólogas, a las abogadas, a las mujeres del poder judicial, a las mujeres policías. A ti, mujer.

A mi madre y a mi hermana Cuca; a mis amigas del cine; a las amigas «las brujas», a mis amigas del alma.

A todas vosotras.

Índice

Prólogo

¡ESTAMOS A TU LADO, MUJER MALTRATADA!

Un libro necesario. Un índice que invita a su lectura.

Como en toda la colección, el libro se inicia con un caso verídico, el de una mujer culta, maltratada que no entiende la razón de las vejaciones y agresiones, que no quiere creer lo que le acontece, que en sus hermanas y madre encuentra sólo el reproche. Una mujer 17 días hospitalizada y que estuvo varios meses de baja. Tenía la clavícula y la nariz rotas, cuatro costillas y tres dientes partidos... retiró la denuncia, incumplió la medida de alejamiento, fue de nuevo agredida sufriendo desprendimiento de retina. Por fin, no retiró la denuncia, participó en terapia psicológica. Años después ha rehecho satisfactoriamente su vida, y ahora ayuda a otras mujeres maltratadas.

Sí, por casos como éste, por usted, que duda, que sufre, este libro tenía que publicarse.

Como psicólogo con la especialidad de clínica, por mi dilatada práctica forense y por haber sido el primer Defensor del Menor, sé que habrá de escribirse en detalle cómo evitar el maltrato a la mujer (en ocasiones delante de los hijos) dirigiéndonos a las niñas para prevenirlas, para acuciarlas a que jamás, jamás, se dejen agredir, insultar, vilipendiar, y si un día les acontece, para que no den opción a la reincidencia, para que no se generen ilusas expectativas, para que no escuchen falsas promesas, solicitudes vacías de perdón.

El maltratador siempre entona falsos cánticos de sirena, pero se habitúa y reincide y piensa que si ella sigue allí es porque le gusta, lo necesita y se merece lo que él le administra.

Sí, tendremos que escribir ese libro donde se enseñe al niño varón a aceptar un No, a desvincular frustración de agresión, a autodominarse, a emplear el mediador verbal, a ser sensible, a ponerse en los zapatos psicológicos de ellas, a ser fuerte y no establecer lazos equívocos y contaminados de dependencia, de forma y manera que cuando la relación vaya mal se aleje pero sin violencia, sin reproches ni malos tratos. Un varón que tenga alergia al grito, a levantar la mano, a la amenaza. Un hombre que no avergüence a los de su género y a los de su especie. ¡Hay que acabar con esta brutalidad, barbarie, ignominia!

Volvamos al libro que tenemos ahora entre las manos. María José nos explica claramente qué es la violencia doméstica y nos regala un cuestionario para que tú sepas de verdad si eres una mujer maltratada.

Te trato de tú aunque no te conozco, lectora (y espero que también lectores varones), pero te tengo todo el respeto y te siento en la proximidad. Sí, porque igual que cuando viajo por las carreteras a dictar conferencias en pueblos y ciudades de España y paro a comer en restaurantes de ruta, aborrezco a quien al oír en la televisión que una mujer ha muerto a manos de su compañero (o ex) dice en voz alta «algo habría hecho» o «seguro que se lo merecía», y le espeto mi desprecio, me consta que la mayoría de los hombres rechazamos toda argumentación exculpatoria o atenuante. Pero queda mucho, muchísimo por hacer, y como psicólogo jurídico en el ámbito de menores lo voceo: ¡sigue habiendo mucho machismo, incrustado de nihilismo, hedonismo!

No se está desde la educación vacunando suficientemente contra esta patología, que no es innata sino social.

Y en ese sentido, la colega Rodríguez de Armenta nos muestra las distintas formas de violencia contra las mujeres, para inmediatamente después lanzar a la papelera las ideas erróneas sobre violencia doméstica.

Con coherencia, la doctora en psicología nos conduce por signos y señales que alertan de la posibilidad de que exista el maltrato doméstico, así como las consecuencias.

Tanto si tú has padecido maltrato, lo sufres o simplemente estás sensibilizada con esta lacra, agradecerás la exposición de las reacciones típicas de las mujeres maltratadas.

Y llegamos a un pasaje cuyo título lo dice todo: «Pilar: La mujer que no se sabía maltratada».

Me pregunto: ¿algún maltratador comprará este libro? Ojalá sea así y le sirva de revulsivo y llore y se maldiga y cambie profunda y radicalmente, aborrezca su conducta, que aunque se diga que es inhumana es por desgracia humana, vergonzantemente humana aunque denigradora de derechos y dignidad.

Sea como fuere, la autora —y hace bien— aborda los factores de la conducta de los maltratadotes. Para ello, M.ª José se apoya, como es todo el texto, en su experiencia profesional, en el estudio continuado y en autores referentes a los que cita con mesura y absoluta actualidad.

El capítulo referido a los maltratadotes transcurre por los distintos tipos, y con un caso: «Pedro: El hombre perfecto. El perfecto maltratador».

A partir de aquí, la autora nos muestra el camino hacia la salida del túnel sin rehuir las distintas situaciones, tales como la mujer que no quiere denunciar o la que ulteriormente retira la denuncia, y podremos ver y leer los documentos explícitos de intervención.

No podía faltar el pasaje referido a cómo se siente la mujer maltratada y la forma de ayudarla, ya sea con una intervención breve de urgencia, ya con un programa ulterior de terapia individual o grupal. Se explican objetivos y métodos sin olvidar el trabajo con los agresores.

Vamos terminando y comprobamos en la voz de los actores de esta tragedia que es muy barato maltratar y cómodo achacarlo a «se me cruzaron los cables».

El libro, como todos los que componen la colección «SOS Psicología Útil», que tengo el honor de dirigir, se enriquece con recomendaciones útiles para las mujeres maltratadas y películas de cine que hacen referencia al tema. Singular relevancia damos a los cuestionarios para evaluar el grado de peligrosidad en que se encuentra la víctima de Rodríguez de Armenta, y la escala de gravedad de síntomas del trastorno de estrés postraumático de Echeburúa, Corral, Amor, Zubizarreta y Sarasúa.

En aras a la utilidad, se incluyen modelos de solicitudes, tanto de ayuda económica como de orden de protección cautelares...

Concluye este breve tratado con legislación, referencias bibliográficas y enlaces, todos del máximo interés.

Nunca hasta ahora me había brotado con tanta facilidad el título del prólogo y es que nace del corazón sentido, de la razón pensada. ¡Estamos a tu lado, mujer maltratada!

Gracias, María José, por haberme permitido dirigirme a ti, mujer que sufres o rezumas dolores vividos injustamente y a ti que quizá con esta pequeña ayuda en forma de libro eludas un riesgo cierto.

JAVIER URRA

SOS... Mujer maltratada

Los nombres de las mujeres maltratadas de este libro los he cambiado. También he retirado los hechos que pudieran identificar con facilidad el nombre de la persona afectada. Tampoco he querido contar los casos más sangrantes o detallar actos violentos de extrema crudeza. No es por nada en especial, pero me ha salido de esta manera, ocultando sus nombres y no deseando que la inmensidad del drama de la violencia doméstica se diluya con lo aparentemente más exagerado.

De todas formas, quiero que sepan que la información de estos casos se puede divulgar porque hubo juicios públicos. Pero lo he preferido hacer así.

Únicamente Sagrario Mateo aparece con su nombre real y lo hace como Presidenta de la Asociación Pro Derechos de las Mujeres Maltratadas de Navarra, asumiendo que la lucha contra la violencia que sufren las mujeres se hace dando la cara y contando su historia a los cuatro vientos. Su testimonio merece la pena ser leído.

A ti... mujer que dudas

A MODO DE INTRODUCCIÓN

Nines es profesora en la universidad, estuvo casada 19 años, tiene tres hijos, de 17, 15 y 10 años. La policía que acudió al centro hospitalario solicitó la presencia de una psicóloga jurídica para apoyarle emocionalmente, explicarle los aspectos generales de lo que es la violencia doméstica e informarle de sus derechos y posibilidades de futuro. No quería denunciar y se negaba a recibir cualquier tipo de ayuda.

Nines no quiso hablar con la policía, negaba los malos tratos a los médicos y enfermeras y sólo en la tercera visita comenzó a contarme su dolorosa vivencia:

«He soñado muchas noches que me moría, que me iba a morir despacio y sin dolor. Creo que era lo que quería. Luego me despertaba sobresaltada porque veía a mis hijos solos, llorando asustados, y pensaba que no podía dejarlos sumidos en este horror en el que vivimos. Él siempre me ha mentido. Me decía que me quería, que sin mí no era nadie y que si le dejaba se iba a suicidar. Pero luego me pegaba con un odio terrible. Los ojos, eso es lo que me sigue dando miedo, esos ojos con tanta rabia y tanto odio. ¿Pero por qué me hace esto? ¿Tú lo entiendes? Todos los demás me ven como a una mujer normal. Quizá les llame la atención lo nerviosa que estoy siempre, los sustos que me pego y que no tengo ganas de hablar con nadie y los rehúyo, quizá un poco borde. A veces me preguntan por qué estoy siempre enferma, que no es normal que siempre tenga dolores de cabeza, de espalda y que me pegue tanto golpe en casa con las puertas y ventanas, pero como no me fío de nadie, no me sale contar lo que me está pasando y me parece que me vigilan y me critican como si fuera una loca. No puedo entender cómo he llegado a esta situación. Lo malo es que le sigo queriendo y le creo cuando me dice que él también me quiere. Sabe usted, es que él ha tenido una infancia muy dura, no tiene suerte y yo creo que por eso bebe tanto.

No puedo creerme que me haga esto porque esté intentando destruirme, porque quiera matarme o porque piense que tiene derecho a hacerlo. Pero me da la impresión de que sólo está feliz haciéndome mucho daño. ¿Usted cree que me ha intentado matar? No puede ser. Aunque esta vez se le ha ido la mano.

Claro, seguro que usted también se pregunta cómo una mujer culta y con un buen trabajo sigue aguantando esta situación y no se ha largado con sus hijos. Pero es que yo tampoco lo entiendo. Yo misma pensaría de cualquier otra mujer que es tonta por seguir con esta vida y que si se calla y si no hace nada es porque ella lo quiere. Mire usted, le juro que no sé qué me pasa. No soy capaz de hacer nada, no entiendo nada, no sé qué puedo hacer. Me siento vacía, sin ideas, bloqueada. Posiblemente, el que me hayan tenido que ingresar esta vez y que usted esté conmigo estos días, y que me esté diciendo cosas como si me conociese de toda la vida, como si hubiese vivido mi vida, me está haciendo que empiece a ver mi vida desde otra perspectiva. Ya veo que no soy la única.

Ahora tengo mucho miedo. No quiero que él me venga a ver. Se que si le dejan entrar a verme, me va a convencer de que me sigue queriendo, y como sigo enamorada, le perdonaré otra vez. Pero estos días le tengo pánico. No dejen que entre. No dejen que les haga daño a mis niños, por favor, no les deje solos con él. ¿No le irán a meter en la cárcel? Es que no quiero que le pase nada malo, es un pobre hombre.

Una tarde me preguntó si me apetecía dar una vuelta y la verdad es que en la calle me sentía más tranquila. Fuimos juntos hasta la Media Luna y mientras él iba a hacer pis, me quedé sentada al sol. Le vi venir normal, con las manos a la espalda, y cuando estaba junto a mí, de repente me empezó a pegar puñetazos en la cabeza y tortas en la cara con mucha fuerza. Me puse de pie y busqué con la mirada a ver si había alguien pero no había nadie. Y mientras me escapaba, me pegaba, y así hasta que estábamos saliendo de los jardines. Sentí un miedo que no he podido quitármelo de encima. Era como un frío por dentro y todo oscuro. Siento ese miedo y lo recuerdo como si lo viese en una foto. Ésta es la única vez que le pregunté por qué me había pegado, y ¿sabe usted?, me dijo que era mentira, que no me había pegado, que me lo había inventado, y lo decía tan convencido... como si estuviese loca. Pero me pegó.

Sabe usted, cuando les he contado a mis hermanas y a mi madre lo que parece que ya sabían, me he sentido aún peor. He sentido que me reprochaban que hubiese estado con él tanto tiempo. Me decían que me habían intentado ayudar muchas veces y que siempre las rechacé, que no hacía caso de nadie... Me fastidia que me pregunten cosas que no sé responder, y me hacen sentirme más culpable, como si fuese una mala persona. ¿Cómo pueden estar todo el día con el rollo de "por qué no nos contaste; por qué no le has denunciado?". Pero si no lo sé aún ni yo misma, si no sé qué voy a hacer, si no sé qué me espera...» (transcripción literal de fragmentos de la conversación grabada con su permiso).

Nines estuvo 17 días hospitalizada y varios meses de baja. Tenía la clavícula y la nariz rotas, cuatro costillas y tres dientes partidos; golpes y hematomas por todo el cuerpo. Hizo una detallada denuncia, relatando minuciosamente los 15 años de malos tratos. Se le otorgó una orden de alejamiento que incumplió para hablar con el agresor, y después de esta conversación, solicitó retirar la denuncia.

Nines había comenzado su terapia psicológica individual y prosiguió en ella. A los 11 meses volvió a denunciar al agresor, esta vez acompañada de sus tres hijos. En esta ocasión escapó como pudo cuando estaba recibiendo una tremenda paliza que le produjo un desprendimiento de retina y varias contusiones en la cara y la espalda.

No retiró esta denuncia. Siguió con la terapia psicológica hasta después de que se dictase la sentencia firme. Ahora, después de 7 años, sigue con su trabajo, ha retomado sus relaciones familiares y a sus amistades y es una mujer fuerte que ayuda a otras mujeres maltratadas.

DEBEMOS LIMITAR DE QUÉ ESTAMOS HABLANDO

Cuando hablamos de «violencia doméstica» o de «maltrato doméstico», nos referimos a la violencia y a los abusos que las mujeres sufren a manos de sus maridos, compañeros, parejas y ex parejas. Se diferencia de la «violencia familiar», que es un término mucho más amplio y que se refiere a todo tipo de violencia que se produce dentro del ámbito de la familia.

También es diferente al término de «violencia de género». Este concepto surge como resultado de una evolución legislativa a través de la que el poder público ha ido intensificando y especializando paulatinamente la protección dada a los distintos miembros de la familia frente a la violencia física o psíquica que pudiera producirse entre sus integrantes (artículos 153 y 173.2 del Código Penal; Ley Orgánica 14/1999, de 9 de junio; Ley Orgánica 11/2003, de 29 de septiembre, y Ley Orgánica 1/2004, de 28 de diciembre).

Como el concepto de «violencia contra la mujer» es reconocido internacionalmente, muchas leyes, procedimientos asistenciales, proyectos divulgativos y educativos y un amplio etcétera utilizan indistintamente los términos «violencia contra la mujer» y «violencia doméstica», aunque reconocen que el primero posee un sentido más amplio.

Es importante, cuando hablamos de violencia doméstica que delimitemos de qué y de quién estamos hablando.

PERO ¿SOY UNA MUJER MALTRATADA?

En la mayoría de las ocasiones, las mujeres que están siendo maltratadas no se reconocen como tales. Uno de los principales problemas en los casos de violencia doméstica es precisamente que la mujer maltratada, al no tener consciencia del maltrato, lo asimila y se va adaptando al mismo.

Por eso, si se tiene alguna duda al respecto, mire las frases que vienen a continuación y reflexione:

Eres una mujer maltratada...

1. Cuando tu novio, marido o compañero te golpea... te insulta, te amenaza, te hace sentir humillada, estúpida e inútil.
2. Si te impide ver a tu familia o tener contacto con tus amigos, vecinos...
3. Si no te deja trabajar o estudiar...
4. Si te quita el dinero que ganas o no te da lo que precisas para las necesidades básicas de la familia...
5. Si te controla, te acosa y decide por ti.
6. Si te descalifica o se mofa de tus actuaciones.
7. Si te castiga con la incomunicación verbal o permanece sordo ante tus manifestaciones.
8. Si te desautoriza constantemente en presencia de tus hijos, invitándoles a no tenerte en cuenta.
9. Si te impone el acto sexual.

Para la construcción de estas frases se tuvo en cuenta la información que contienen distintos estudios sobre el maltrato doméstico. Las mujeres a las que se ha considerado maltratadas son aquellas que han respondido «frecuentemente» o «a veces», al menos, a una de las nueve frases anteriores (III Macroencuesta sobre la Violencia contra las Mujeres. Instituto de la Mujer, 2006).

Otras frases ejemplares de los tipos de violencia doméstica que sufren las mujeres son las siguientes (III Macroencuesta sobre la Violencia contra las Mujeres. Instituto de la Mujer, 2006):

1. Te impide ver a la familia o tener relaciones con amigos, vecinos.
2. Te quita el dinero que ganas o no te da lo suficiente que necesitas para mantenerte.
3. Te insulta o amenaza.
4. Decide las cosas que tú puedes o no hacer.
5. Insiste en tener relaciones sexuales aunque sepa que tú no tienes ganas.
6. No tiene en cuenta tus necesidades (te deja el peor sitio de la casa, lo peor de la comida...).
7. En ciertas ocasiones te produce miedo.
8. Cuando se enfada llega a empujar o golpear.
9. Te dice que adónde vas a ir sin él / ella (que no eres capaz de hacer nada sola).
10. Te dice que todas las cosas que haces están mal, que eres torpe.
11. Ironiza o no valora tus creencias (ir a la Iglesia, votar a algún partido, pertenecer a alguna organización).
12. No valora el trabajo que realizas.
13. Delante de tus hijos dice cosas para no dejarte en buen lugar.

Las frases números 1, 3, 7, 9, 10, 12 y 13 reflejan situaciones de violencia psicológica. La número 2, violencia económica. La 4 y la 6, violencia estructural. La 5, violencia sexual. La 8, física. Y la 11, violencia espiritual.

ALGUNAS DEFINICIONES DE VIOLENCIA DOMÉSTICA

1. La **Ley Orgánica 1/2004, de 28 de diciembre, de Medidas de Protección Integral contra la Violencia de Género,** dice que «la presente Ley tiene por objeto actuar contra la violencia que, como manifestación de la discriminación, la situación de desigualdad y las relaciones de poder de los hombres sobre las mujeres, se ejerce sobre éstas por parte de quienes sean o hayan sido sus cónyuges o de quienes estén o hayan estado ligados a ellas por relaciones similares de afectividad, aun sin convivencia.

   Por esta Ley se establecen medidas de protección integral cuya finalidad es prevenir, sancionar y erradicar esta violencia y prestar asistencia a sus víctimas.

   La violencia de género a que se refiere la presente Ley comprende todo acto de violencia física y psicológica, incluidas las agresiones a la libertad sexual, las amenazas, las coacciones o la privación arbitraria de libertad».

2. La redacción, conforme a **Ley Orgánica 14/1999**, de 9 de junio, **Código Penal,** del artículo 153 señala como violencia doméstica: «El que habitualmente ejerza violencia física o psíquica sobre quien sea o haya sido su cónyuge o sobre persona que esté o haya estado ligada a él de forma estable por análoga relación de afectividad, o sobre los hijos propios o del cónyuge o conviviente, pupilos, ascendientes o incapaces que con él convivan o que se hallen sujetos a la potestad, tutela, curatela, acogimiento o guarda de hecho de uno u otro, será castigado con la pena de prisión de seis meses a tres años, sin perjuicio de las penas que pudieran corresponder a los delitos o faltas en que se hubieran concretado los actos de violencia física o psíquica».

3. Un informe de las **Naciones Unidas** (1994) define la violencia doméstica como: «Todo acto de violencia basado en la pertenencia al sexo femenino que tenga o pueda tener como resultado un daño o sufrimiento físico, sexual o psicológico

para la mujer, inclusive las amenazas de tales actos, la coacción o la privación arbitraria de la libertad, tanto si se producen en la vida pública o privada».

En resumen, se entiende por violencia doméstica cualquier acto de agresión que tenga o pueda tener como resultado un daño o sufrimiento físico, sexual o psicológico, incluyendo las amenazas de estos actos, la coacción o la privación arbitraria de la libertad, tanto si se producen en la vida pública como en la privada, cuando estos actos son ejercidos por miembros de la familia o persona de análoga relación de afectividad.

Por todo lo indicado en las definiciones, en la violencia doméstica se observa que se han establecido algunas variables a tener en cuenta para la elaboración de la definición de dicho fenómeno (Burgess y Draper, 1989; Emery, 1989; Frieze y Browe, 1989; Hotaling, Straus y Lincolm, 1989; Steinmetz, 1989):

1. Que exista de una acción física y/o psicológica que produzca daños en la mujer.
2. Que el agresor tenga intención de producir daños a la mujer.
3. Que el estado en que quede la mujer maltratada después de la agresión sea alarmante y que tenga amplias repercusiones.
4. Que las agresiones contra la mujer se alejen de las normas y de las pautas aceptadas por la comunidad en la que viven.
5. Alguna combinación de estas variables.

A ti... que quieres saber

Declaración del director general de la OMS (*Violencia contra la mujer. Un tema de salud prioritario.* OMS/OPS, junio 1998).

«La violencia contra la mujer está presente en la mayoría de las sociedades pero a menudo no es reconocida y se acepta como parte del orden establecido. La información de que se dispone sobre el alcance de esta violencia a partir de estudios científicos es todavía relativamente escasa. Sin embargo, la violencia contra la mujer en el hogar se ha documentado en todos los países y ambientes socioeconómicos, y las evidencias existentes indican que su alcance es mucho mayor de lo que se suponía. En distintas partes del mundo, entre 16 por 100 y 52 por 100 de las mujeres experimentan violencia física de parte de sus compañeros, y por lo menos una de cada cinco mujeres son objeto de violación o intento de violación en el transcurso de su vida. Es también sabido que la violación y la tortura sexual son usadas sistemáticamente como armas de guerra. La violencia anula la autonomía de la mujer y mina su potencial como persona y miembro de la sociedad.

Es clara la necesidad de nuevas investigaciones sobre la conexión entre los aspectos de derechos humanos, jurídicos y económicos y las dimensiones de salud pública de la violencia. Un cúmulo de evidencias que se multiplica rápidamente indica que la experiencia de la violencia en la mujer tiene consecuencias directas no sólo para su propio bienestar, sino también para el de sus familias y comunidades. Además de huesos rotos, quemaduras de tercer grado y otras lesiones corporales, el maltrato puede tener consecuencias para la salud mental a largo plazo, como es la depresión, los intentos de suicidio y el síndrome de estrés postraumático. La violencia que incluye agresión sexual también puede causar enfermedades de transmisión sexual, embarazos no deseados y otros problemas de salud sexual y reproductiva. En el caso de la niña, las consecuencias para su salud pueden persistir en su vida adulta.

La violencia contra la mujer también puede tener repercusiones intergeneracionales. Por ejemplo, los varones que son testigos de las golpizas que sus madres reciben de sus compañeros tienen mayor probabilidad que otros niños de usar la violencia para resolver desacuerdos cuando sean adultos. Las niñas que presencian el mismo tipo de violencia tienen mayor probabilidad que otras niñas de establecer relaciones en las que serán maltratadas por sus compañeros. Por lo tanto, la violencia tiende a transmitirse de una generación a la siguiente.

El sistema de atención de salud juega un papel importante junto con muchos otros sectores, como los servicios judiciales, policiales y sociales. Sin embargo, los sistemas mencionados no están en general preparados para abordar las consecuencias de la violencia o incluso reconocer los signos.

Los trabajadores de salud deben estar capacitados para reconocer los signos obvios de la violencia al igual que los más sutiles, para satisfacer las necesidades de salud de la mujer en este sentido.

Desde una perspectiva de salud pública, es igualmente importante que existan programas sólidos de prevención y servicios de apoyo legales y sociales bien coordinados.

La OMS tiene la función fundamental de ayudar a los países a fomentar la salud y el bienestar de todas las personas. Nuestros Estados miembros tienen la importante responsabilidad de velar por que la salud de la mujer sea protegida y promovida, y deben comprometerse urgentemente a apoyar los programas de manejo de las consecuencias para la salud que derivan de la violencia contra la mujer. También deben aplicar estrategias globales que pongan fin a dicha violencia. Juntos, debemos trabajar en estrecha colaboración con organizaciones a nivel local y nacional. Por medio de la investigación, el establecimiento de normas y las actividades de apoyo técnico, la OMS ayudará a sus Estados miembros a crear y fortalecer respuestas integradas y multisectoriales a nivel local y nacional.»

LOS TIPOS DE VIOLENCIA DOMÉSTICA

Los tipos de violencia de género y de violencia doméstica regulados en el Código Penal

Tanto la violencia de género como el resto de la violencia doméstica presentan en el Código Penal dos modalidades de comisión: la violencia habitual y la no habitual.

— *Violencia de género y/o doméstica habitual.* Supone el ejercicio de violencia física o psíquica sobre alguna de las personas que determinarán que estemos ante violencia de género, o sólo doméstica, si bien tal violencia ha de concurrir de forma que por el número de actos violentos que el agresor lleve a cabo, así como la proximidad temporal de los mismos, pueda apreciarse en el sujeto activo, como afirman la doctrina y la jurisprudencia, una actitud tendente a convertir el ámbito familiar en un microcosmos regido por el miedo y la dominación, y siempre con independencia de que dicha violencia se haya ejercido sobre la misma o diferentes víctimas de entre las del artículo 173.2, y de que los actos violentos hayan sido o no Juzgados en procesos anteriores. En este caso se incluyen pues todo tipo de actos de violencia física y psíquica no precisando un resultado lesivo concreto, bastando el ejercicio habitual de la violencia.

Para tales casos de violencia habitual, tanto de género como doméstica, se aplica el artículo 173.2 del Código Penal según el cual se castiga al culpable con la pena de seis meses a tres años de prisión y además, el artículo indica, «... sin perjuicio de las penas que pudieran corresponder a los delitos o faltas en que se hubieran concretado los actos de violencia física o psíquica».

— *Violencia de género y/o doméstica no habitual.* Se produce cuando una persona comete contra otra que se encuentra dentro del ámbito personal respectivamente exigido para la violencia de género o para la doméstica, cualesquiera actos de violencia física o psíquica, sin que pueda apreciarse el anterior requisito de habitualidad. En estos casos únicamente se castigarán los delitos y faltas cometidos, sin que sea de aplicación el artículo 173.2 del Código Penal.

Ahondando en las definiciones de los distintos tipos de violencia doméstica, el Consejo de Europa (1997) redactó las siguientes formas de violencia contra las mujeres:

— *La violencia física:* consistente en empujones, empellones, tirones de pelo, bofetadas, golpes, patadas, quemaduras, mordeduras, estrangulamientos, puñaladas, mutilación genital, tortura y asesinato.
— *La violencia sexual:* entendida como cualquier actividad sexual no consentida, como son los chistes y bromas sexua-

les, miradas fijas irascibles, comentarios desagradables, exhibicionismo, llamadas telefónicas ofensivas, propuestas sexuales indeseadas, visionado o participación forzada en pornografía, tocamientos indeseados, relación sexual obligada, violación, incesto, todo ello dirigido a la ejecución de actos sexuales que la mujer considera dolorosos o humillantes, embarazo forzado, tráfico y explotación en la industria del sexo.

— *La violencia psicológica:* por medio de chistes, bromas, comentarios, amenazas, aislamiento, desprecio, intimidación e insultos en público y en privado.

— *La violencia económica:* esta violencia está fundamentada en la desigualdad en el acceso a los recursos compartidos, por ejemplo, el negar o controlar el acceso al dinero, el impedir el acceso a un puesto de trabajo o a la educación, o la negativa de los derechos de propiedad.

— *La violencia estructural:* un término estrictamente relacionado con la violencia económica, pero que incluye barreras invisibles e intangibles contra la realización de las opciones potenciales y de los derechos básicos de las mujeres. Estos obstáculos se encuentran firmemente arraigados y se reproducen diariamente en el mismo tejido social, por ejemplo, las diferencias de poder y las relaciones (estructuras) de poder que generan y legitimizan la desigualdad.

— *La violencia espiritual:* que consiste en erosionar o destruir las creencias culturales o religiosas de una mujer a través del ridículo y el castigo, o el obligarle a que acepte un sistema de creencias determinado.

DEMOS EL PRIMER PASO PARA TERMINAR CON ALGUNAS IDEAS ERRÓNEAS SOBRE LA VIOLENCIA DOMÉSTICA

No podemos olvidar que la violencia doméstica es un grave delito, que se puede considerar un atentado contra los derechos humanos fundamentales de las mujeres que la sufren porque afecta a la libertad, a la seguridad, a la dignidad y a la integridad física y psíquica de las mujeres y por lo tanto, es un problema que nos concierne a todos y es responsabilidad de toda la sociedad el buscar prontas soluciones.

Para ello, debemos saber que las ideas y los prejuicios sociales se van transmitiendo sutilmente de generación en generación —al igual que las costumbres y los hábitos sociales— y son en realidad lo que permite que una sociedad evolucione o se quede arraigada en el pasado. Por este motivo, tiene una enorme importancia el romper con las ideas erróneas nacidas del desconocimiento profundo de lo que es la violencia contra las mujeres.

Según la literatura consultada, se sabe con certeza que:

La violencia doméstica se puede producir en cualquier tipo de familia, independientemente de su nivel económico, cultura o social.

Cualquier persona puede ser víctima de la violencia doméstica, sea cual sea su profesión, su edad, su raza, su ideología, su estatus social y su nivel cultural y su país de origen o de destino.

De la misma manera, cualquier persona puede ser agresora.

No obstante, las mujeres, los menores y también las personas mayores, son las principales víctimas de la violencia doméstica y los agresores, mayoritariamente, son hombres.

La violencia doméstica no es la consecuencia de las adiciones.

Si bien es cierto que la pueden agravar o facilitar, pero no son la causa. Si fuera así, habría que llegar a la conclusión de que todos los enfermos mentales, los alcohólicos o drogadictos son violentos, lo que no es cierto; o que estas personas son violentas en todos los ámbitos, lo que tampoco es cierto, ya que, por norma general, los hombres violentos y agresores en el ámbito familiar no lo son en su medio social o laboral, donde a veces incluso tienen una imagen respetable y amable.

Los hombres violentos suelen ser personas que no saben relacionarse en términos de igualdad y de respeto y presentan una fuerte tendencia a materializar sus relaciones y conseguir sus objetivos por medio de la violencia.

Nada justifica la utilización de la violencia ni legitima una agresión.

En modo alguno debemos pensar que un agresor tiene motivos que amparen las agresiones contra sus víctimas.

Dirigir el pensamiento hacia la víctima para intentar comprender la agresión, es culpar a la persona que ha sido agredida. La culpa la tiene el agresor y no la mujer maltratada.

Es lógico que nos resulte difícil comprender a los hombres violentos pero no intentemos analizar el problema partiendo de las víctimas porque las hacemos doblemente víctimas.

Las mujeres maltratadas aguantan durante mucho tiempo el maltrato porque no pueden salir del mismo.

Son muchos los motivos por los que las mujeres que padecen violencia doméstica no deciden poner fin a la situación que vienen padeciendo: el miedo, el temor, la vergüenza, la dependencia económica, la dependencia afectiva, los hijos, la falta de seguridad, etc. No permanecen junto al agresor porque les guste la violencia, sino porque se encuentran en una situación difícil y extrema de la que no saben salir. A todo ello, hay que añadir la pérdida de autoestima por parte de la víctima, que le impide actuar, así como la esperanza habitual en la mujer maltratada de que el agresor cambie y que sea la última vez que le agreda.

No es bueno aguantar el maltrato por el bien de los hijos.

Precisamente, en beneficio de los hijos, lo mejor para ellos es que no vivan ni padezcan estas situaciones o comportamientos violentos, ya que esta vivencia puede provocar trastornos de conducta, de salud y de aprendizaje y que con el tiempo, reproduzcan los comportamientos violentos observados o el papel de víctima.

SIGNOS Y SEÑALES QUE ALERTAN DE LA POSIBILIDAD DE QUE EXISTA MALTRATO DOMÉSTICO

Es importante que comprendamos que muchas mujeres que están siendo maltratadas no lo manifiestan abiertamente, bien porque no se reconocen como maltratadas o bien porque intentan ocultarlo.

El reconocimiento de los signos y señales propios de la existencia de violencia doméstica por parte de los profesionales que desde distintas instancias pueden atender a las mujeres maltratadas —centros sanitarios, servicios sociales, policías, abogados, etc.—, puede ayudar a que emerja una parte importante de este problema y que desde una primera intervención profesional, se puedan derivar y asistir adecuadamente las necesidades reales de estas mujeres. Además y posiblemente, sea un medio para acotar el problema y para evitar muertes violentas de mujeres que nunca han pedido ayuda aunque estén siendo maltratadas.

— **Las señales físicas:** heridas, huellas de golpes, hematomas, la discrepancia entre las características de las heridas y la descripción del accidente, la localización de los golpes, la demora en la solicitud de atención.

— **Las señales psíquicas:** la elevada ansiedad, los estados de depresión, el estado de confusión, la agitación y el nerviosismo, el síndrome de estrés postraumático, los intentos de suicidio.

— **Las actitudes de la víctima:** el temor injustificado, el nerviosismo constante, la ausencia de contacto visual, la inquietud, el sobresalto al menor ruido, las miradas inquietas a la puerta, la pasividad y falta de decisión, el ensimismamiento, la tendencia a culpabilizarse y a exculpar a su pareja, la reticencia a responder preguntas o a dejarse explorar, la incapacidad para tomar decisiones.

— **El estado emocional:** una gran tristeza, el miedo a morir, las ideas suicidas, la ansiedad extrema. Si acude acompañada del cónyuge, debemos explorar también su actitud: excesiva preocupación y control sobre lo que dice o hace la mujer, o bien el excesivo desapego y despreocupación, intentando banalizar los hechos que se están observando —en estos casos, es conveniente entrevistarse con los elementos de la pareja por separado—.

— **Otros síntomas:** las quejas crónicas de mala salud, el insomnio, las cefaleas, las abdominalgias, las disfunciones sexuales, el consumo abusivo de medicamentos, el absentismo laboral y los abortos provocados o espontáneos.

Los trastornos por somatización son otra posible consecuencia de la existencia de violencia mantenida.

Consecuencias de la violencia doméstica

Consecuencias físicas	Consecuencias psicológicas y conductuales
• Daño abdominal/torácico. • Hematomas y contusiones. • Síndrome de dolor crónico. • Discapacidad. • Fibromialgia. • Fracturas. • Trastornos gastrointestinales. • Colon irritable. • Laceraciones y abrasiones. • Daño ocular. • Reducción en el funcionamiento físico.	• Abuso de alcohol y drogas. • Depresión y ansiedad • Trastornos alimentarios y del sueño • Sentimientos de vergüenza y culpa. • Fobias y trastorno del pánico. • Inactividad física. • Baja autoestima. • Trastorno de estrés postraumático. • Trastornos psicosomáticos. • Tabaquismo. • Conducta suicida y autodestructiva. • Conducta sexual insegura.
Consecuencias sexuales y reproductivas	Consecuencias fatales
• Trastornos ginecológicos. • Infertilidad. • Inflamación de la pelvis. • Complicaciones en el embarazo/aborto. • Disfunción sexual. • Enfermedades de transmisión sexual, incluida el SIDA. • Aborto inseguro • Embarazo no deseado.	• Mortalidad relacionada con el SIDA. • Mortalidad maternal. • Homicidio. • Suicidio.

Fuente: M. Martínez y M. Seguí (2007).

Además del riesgo que corre la vida de la mujer maltratada, existen graves consecuencias para su salud mental. La principal es la alta probabilidad de desarrollar el llamado Trastorno de Estrés Postraumático (TEPT). Éste es un trastorno de ansiedad que puede surgir después de que una persona viva un evento traumático que le causó pavor, impotencia u horror extremo. El trastorno de estrés postraumático puede producirse a raíz de traumas personales (por ejemplo una violación, la violencia doméstica, guerra, desastres naturales, abuso sexual, accidentes serios o cautiverio) o por haber presenciado o saber de un acto violento o trágico.

Aunque es común pasar por un breve estado de ansiedad o depresión después de dichos eventos, las personas que sufren de trastorno de estrés postraumático siguen «volviendo a vivir» el trauma; evitan a las personas, los pensamientos o situaciones relacionadas con el evento y tienen síntomas de emociones excesivas. Las personas con este padecimiento sufren estos síntomas durante más de un mes y no pueden vivir como lo hacían antes del suceso traumático. Los síntomas del trastorno de estrés postraumático, por lo general aparecen en un período de tres meses de la situación traumática, sin embargo, a veces se presentan meses o hasta años después.

Los estudios sugieren que entre el 2 por 100 y el 9 por 100 de la población tiene cierto grado del trastorno. No obstante, la probabilidad de sufrirlo es mayor cuando la persona se ve expuesta a múltiples traumas o a eventos traumáticos durante su niñez y adolescencia, especialmente si el trauma dura mucho tiempo o se repite, como es el caso de la violencia doméstica. Parece ser que las mujeres sufren más el trastorno de estrés postraumático que los hombres (Bolúmar, 2001).

Es importante saber que las personas con trastorno de estrés postraumático frecuentemente consumen alcohol u otras drogas como forma de automedicarse y sentirse mejor. Las personas que tienen este padecimiento también tienen un riesgo más elevado de suicidio.

Los síntomas del trastorno de estrés postraumático[1] los podemos dividir en tres subgrupos (Moretti, 2003; Rodríguez de Armenta, 2007b; Sáiz, 2000; Walter, 1991):

1. Síntomas de reexperimentación: son todos aquellos síntomas relacionados con revivir el suceso traumático, en nuestro caso, la violencia doméstica: tener pesadillas acerca de

---

[1] Trastorno de estrés postraumático (TEPT).

los malos tratos, recordar constantemente lo vivido, sentir malestar, sudoración o taquicardia al recordarlo.

2. Síntomas de evitación: la persona no quiere saber nada del suceso traumático porque su recuerdo le provoca un malestar exagerado: evita pensar en el suceso traumático, evita a las personas o las situaciones que se lo recuerdan, evita el lugar donde se produjo el incidente traumático, no tiene ganas de hacer cosas que antes hacía, no tiene ilusiones para el fututo y lo ve muy negativo, se siente incapaz de retomar su vida.

3. Síntomas de hiperactivación: relacionados con un aumento en la activación del organismo: estar irritable, no poder concentrarse, tener dificultad para conciliar o mantener el sueño, estar excesivamente alerta a los posibles peligros, mostrarse muy desconfiada con los demás y con una visión muy negativa del ser humano.

En cuanto a los factores asociados al estrés postraumático podemos mencionar los siguientes (Rodríguez de Armenta, 2007b):

— **Factores de vulnerabilidad:** existen tres tipos de factores característicos del sujeto y de su entorno, previos al trauma, que pueden vulnerabilizarle hacia cuadros psicológicos posteriores:

1. Factores de personalidad: generalmente son personas con tendencia a evitar experiencias nuevas. Presentan un tiempo de adaptación lento y un locus de control externo.
2. Factores biológicos: dependen de unas pautas determinadas de respuesta endocrina y de neurotransmisión.
3. Ausencia-Influencia de factores de protección social.

— **Factores de protección:** son aquellos que, siendo tanto internos como externos, van a proteger al individuo de la posibilidad de desarrollar cuadros psicopatológicos posteriores:

1. Factores de personalidad y biológicos: recursos para afrontar el estrés.
2. Apoyo y protección familiar.
3. Apoyo social próximo: amigos, grupos de afiliación.
4. Apoyo social general: opinión pública, medios de comunicación.
5. Apoyo social institucional: Estado, Administración Pública.

Si la confluencia de estos factores favorece al sujeto, los síntomas se irán metabolizando (readaptación funcional). Si ocurre lo contrario, el desequilibrio de esta segunda etapa se irá agravando, emergiendo y fraguándose en un conjunto de síntomas que determinarán su vida: TEPT y trastornos asociados.

Desde la perspectiva de la víctima, la incapacidad por parte del entorno para comprender la situación y ofrecerle reconocimiento y compensación, acaba constituyendo una segunda victimización —a menudo más dolorosa que la inicial— que potencia y arraiga el TEPT (M. J. Rodríguez, 2007b).

ALGUNAS DE LAS REACCIONES TÍPICAS DE LAS MUJERES MALTRATADAS

El 75 por 100 de las mujeres víctimas de la violencia doméstica no interpretan su relación como problemática y creen que son agredidas por culpa del alcohol, de la frustración del hombre o por otras causas que eximen de intencionalidad al agresor. Por estas circunstancias, el trato con las mujeres que sufren o han sufrido violencia doméstica, es en ocasiones desconcertante (Rodríguez, 2007a):

Cuando se inicia la asistencia en cualquier ámbito de intervención, es habitual que la mujer maltratada **niegue u oculte** las agresiones que ha sufrido. Con demasiada frecuencia, cuando se pregunta qué le ha sucedido y cómo se ha producido la lesión, la mujer maltratada miente e intenta contar lo menos posible de la historia de su maltrato, pero cuando nos engaña, lo hace porque tiene miedo, vergüenza y no se encuentra preparada para asumir su situación y reconocerse como mujer maltratada.

Como no ha decidido denunciar o lo ha hecho forzada por una situación inesperada, la mujer maltratada **minimiza** la gravedad de la violencia que está sufriendo. Para poder seguir viviendo y hasta que no tenga fuerza para alejarse del maltratador, se convence a sí misma de que «las cosas no están tan mal y puede superarlas y cambiarlas». Como no lo consigue, porque no olvidemos que se trata una situación de violencia extrema e injustificada, la víctima **se culpa de las agresiones** que sufre porque no las ha sabido evitar. Es típico que piense: «fue por mi culpa, tenía que haberme dado cuenta que estaba cansado» o «yo lo puse nervioso».

De esta forma, la mujer maltratada se intenta **adaptar a la situación de violencia** con una estrategia de supervivencia, lo que le lleva a que sea cada vez más difícil plantear la separación del agresor y esta situación le provoque un sentimiento de rabia hacia ella o hacia otras personas en lugar de hacerlo hacia el agresor. También, la víctima pierde su autoestima, se cree merecedora de las agresiones y acaba pensando que no se puede hacer nada para evitar que le agredan en el futuro.

Dicho lo cual, debemos tener presente que estas conductas son la consecuencia del maltrato sufrido. **No podemos juzgarles**, ni pensar que nos están mintiendo: es que reaccionan y actúan como una mujer maltratada.

Las entrevistas que mantengamos con ellas, deben considerar todos estos aspectos mencionados si no queremos producir mayor daño y si deseamos «no perder» a la mujer maltratada.

Quizás sea difícil de entender el por qué las mujeres víctimas de la violencia doméstica mantengan esta situación durante mucho tiempo, más de 10 años por término medio, aunque estén sufriendo agresiones de una tremenda violencia y gravedad. Tampoco es fácil de entender que frecuentemente, y a pesar de haber denunciado al agresor y de iniciarse algún complejo procedimiento judicial, vuelvan a la situación anterior, especialmente si no ha habido algún apoyo terapéutico.

Preguntaremos a la mujer víctima de malos tratos por qué no ha huido del agresor, si el maltrato doméstico comenzó desde el principio de la relación de pareja y la violencia física y psicológica fue aumentando, tanto en frecuencia como en intensidad, cuando incluso durante el embarazo de la mujer, no cesaron las agresiones e incluso aumentaron.

Pues bien, estas preguntas fueron apropiadas hace diez o más años, pero en estos momentos existen estudios especializados en la materia que deberían evitar que volvamos a victimizar a la mujer maltratada, a cuestionar su verdad o a pedirle que se justifique por ser una mujer que ha sufrido violencia doméstica.

LA INFORMACIÓN COMO MEDIO DE PREVENCIÓN DEL MALTRATO

Si abordamos el tema de la prevención de la violencia contra las mujeres, a través de cursos formativos, campañas divulgativas y de otros medios de información, debemos transmitir con claridad que la violencia doméstica se debe evitar desde el primer signo de violencia. Es importante que se sepa que una mujer está en una situación de alto riesgo de quedar atrapada en una relación violenta si acepta un insulto o una amenaza por parte de su pareja; si le desvaloriza y le aísla socialmente; si comienza a agredirle en el noviazgo o al principio de matrimonio y en vez de romper la relación, la mantiene con la esperanza de cambiarla.

La extensión y divulgación de este tipo de informaciones, está permitiendo que mujeres jóvenes tomen la decisión de separarse del agresor tanto interponiendo una denuncia como de forma preventiva, pero sin haber soportado muchos años de maltrato.

Según los datos extraídos de estudios de victimología, en cualquier campaña informativa contra la violencia que sufren las mujeres, **se puede afirmar que** (Rodríguez, 2007a):

— Si ha existido un primer episodio de maltrato, la probabilidad de nuevas agresiones es cada vez mayor y estas agresiones cada vez serán más graves.

— Si existe maltrato psicológico, es alto el riesgo de que comiencen las agresiones físicas.

— Si la relación es violenta desde un principio, se observa que se produce una progresión del maltrato psicológico al físico.

— Si han existido agresiones físicas durante el noviazgo, se predice que esta violencia será estable a lo largo del tiempo.

Por lo dicho, creo que es imprescindible que se realicen campañas informativas referentes al fenómeno de la violencia doméstica, pero fundamentadas en estudios epidemiológicos, datos experimentales y en fundamentos teóricos actualizados.

El problema que nos encontramos con demasiada frecuencia es que, se crean campañas sin un plan estratégico global que integre a un Estado o a una Comunidad Autónoma.

Habitualmente, se emiten informaciones sesgadas que parten de instituciones públicas o privadas, basadas en opiniones no científicas y que, en muchos casos, obvian lo importante y confunden a la población, y desde luego, no consideran la complejidad de este delito violento. Pero además, cuando se produce un hecho dramático como es el asesinato de una mujer en manos de su pareja, también es frecuente escuchar en los medios de comunicación las opiniones de personas desconocedoras de la realidad social, personal o judicial de la víctima.

El efecto de estas malas informaciones en las mujeres que están sufriendo violencia doméstica es devastador.

Es curioso que pese a que se empieza a reconocer la violencia doméstica como un grave problema social, no se implante una política de Estado formativa ni divulgativa que fomente e incluya a todos los agentes interactuantes (policías, ámbito sanitario, médicos y psicólogos forenses, jueces, fiscales, abogados, servicios sociales, ámbito educativo, institutos de la mujer, medios de comunicación, etc.).

En Estados Unidos, desde hace más de diez años, en los campus universitarios existen campañas informativas para prevenir las agresiones sexuales. Estas informaciones se basan en los patrones de conducta que con frecuencia se producen en estos supuestos y que conociéndose, se pueden prevenir (evitar sitios oscuros, entrar en el portal después de estudiar el entorno, no entrar con desconocidos en el ascensor, llevar un silbato en la mano...). Según un estudio publicado por el Departamento de Policía de la Universidad de Richmond (2006), el análisis de los casos de ataques y agresiones sexuales ha disminuido en un 80 por 100 dentro del campus universitario desde el inicio de estas campañas preventivas.

Por lo que, en definitiva, de la violencia doméstica se sabe que cuanto mayor sea la duración y la gravedad del maltrato doméstico, menor será la probabilidad de romper la relación porque la mujer maltratada se vuelve cada vez más temerosa y dependiente y desarrolla sentimientos de culpabilidad, de baja autoestima y de pasividad ante el problema de la violencia que está viviendo. Además existen una serie de factores sociales, como la dependencia económica, la falta de recursos y de apoyo ambiental y la vergüenza social, que favorecen la continuidad de la relación abusiva. Por último, el que existiese maltrato en la familia de origen, tanto en el hombre como en la mujer, puede perpetuar esta conducta de violencia familiar.

AYUDA A QUE LA MUJER MALTRATADA ABANDONE AL MALTRATADOR...

Cuando una mujer sufre una relación de violencia doméstica —usando diversos mecanismos compensatorios de escape y de supervivencia—, se ha observado que algunas cuestiones favorecen que se sienta capaz u obligada a escapar del agresor, como por ejemplo: que las agresiones que esté recibiendo sean muy graves y frecuentes, es decir, que la mujer comprenda que su vida corre grave peligro y no pueda evitar o reducir la intensidad de las agresiones.

También, que se introduzcan «novedades» en el tipo de amenazas o de las agresiones habituales que consigan alarmar a la mujer maltratada.

Estos casos, se consideran como muy graves por el estado psicológico en que se encuentra la mujer maltratada: por una parte, por la complejidad de las intervenciones que es necesario emprender (ayudas económicas, sociales, terapéuticas, proceso penal y civil, etc.), y por otra parte, por la tendencia de la víctima a retirar la denuncia y volver con el agresor.

Por otra parte, se ha observado que muchos casos de mujeres maltratadas que abandonan al agresor sin aguantar excesivo número de años de maltrato, se caracterizan porque no han sufrido y aguantado demasiado tiempo las agresiones y han sido capaces de escapar y/o denunciar su caso, quizás porque la experiencia en su familia de origen era diferente a la de la violencia que estaba viviendo, quizás porque es joven y mantiene todavía una aceptable autoestima, quizás porque no ha roto sus vínculos familiares ni sociales y en muchos casos tiene un trabajo o quizás porque no tiene un elevado número de hijos a su cargo y tiene un nivel cultural que le permite desenvolverse en la sociedad y buscar las ayudas necesarias.

Pero además, se ha observado que para una mujer maltratada es más difícil abandonar a su agresor si no tiene trabajo ni facilidad para encontrarlo, si tiene problemas económicos, si no sabe ni tiene a donde ir, si es corta la duración de la relación violenta y considera que aún puede cambiar al agresor y también, si está enamorada del agresor.

De todo lo señalado, se resume que existen una serie de variables que hacen que una mujer sea más vulnerable frente a una relación de maltrato y las más significativas son las siguientes relacionadas con la historia personal y evolutiva de la mujer maltratada.

Es más vulnerable (Burgers, 1989; Campbell, 1995; Echeburúa, 2002):

— Si tuvo maltrato o fue abusada sexualmente en la infancia o en la adolescencia.
— Si estuvo desatendida, sin control y sin apoyo emocional por parte de sus padres o bien los perdió a edad temprana.
— Si tuvo una educación basada en los estereotipos y roles sexuales de conducta de desigualdad entre el hombre y la mujer.
— Si tuvo una socialización rígida en sus ideas y creencias, con alta presión social y familiar y en cuyo ideario existiese distorsiones cognitivas propias de los mitos culturales y religiosos de sesgo sexista.
— Si es una mujer con problemas de salud o enfermedades crónicas de evolución negativa.

Estas variables se convierten en mediadoras en el proceso de toma de decisiones y por tanto, afectan al tipo de respuestas que las mujeres dan en su relación de maltrato y actúan como factores desencadenantes o de mantenimiento del historial de maltrato (las distorsiones cognitivas, los medios económicos, los recursos personales, la frecuencia y la severidad del maltrato, el tener una actitud personal tradicional o liberal y el apoyo social).

PILAR: LA MUJER QUE NO SE SABÍA MALTRATADA

En mi primera entrevista con Pilar, a la que acudió derivada por el Instituto de Medicina Legal, me preguntó: «**¿Cree usted que yo soy una mujer maltratada? Es que yo no lo veo...**».

Pilar, tiene 52 años y vive en la actualidad con sus dos hijos, de 27 y 24 años, habidos en su matrimonio con el denunciado, con el que ha estado casada 27 años.

Es enfermera, profesión en la que trabaja desde antes de casarse.

Según relata Pilar, su primera relación amorosa la tuvo con el denunciado, con el que mantuvo una relación de novios de 3 años, tiempo en el que ya percibió que era agresivo y tenía reacciones violentas.

El primer episodio violento que recuerda

Cuenta que siendo novios, estaban dando un paseo y ella le arañó sin querer en la mano. De forma inesperada, él se enfadó mucho y le hizo una herida con una uña en el muslo, de forma deliberada y muy violenta, dejándole una herida que le duró varios días. Este primer episodio de agresión física, le sorprendió mucho y no supo como interpretarlo, quizá porque era muy joven, no había salido con ningún chico y no sabía si era normal este tipo de reacciones y «como le quería mucho, le perdoné e intenté no darle importancia».

La primera agresión grave

Pilar estaba embarazada de 6 o 7 meses de su hija (primer embarazo) y relata que estaban comiendo en casa de sus suegros. Contó su suegro un chiste y como a Pilar le hizo mucha gracia y se empezó a reír con el suegro, entonces, de forma brusca, el agresor le dijo que se iban, la sacó de la casa, la llevó en coche a un descampado y le dio la primera «paliza», consistente en golpes por todo el cuerpo menos en la cara, patadas e insultos de toda índole como «eres una puta que te ríes con cualquiera; eres una mala puta y siempre intentas dejarme en ridículo».

Después de este episodio grave de agresión física e insultos, no le pidió perdón ni se mostró preocupado por su estado avanzado de embarazo. Tampoco hablaron de este asunto en ningún momento y ella le perdonó de nuevo.

Pilar recuerda y en relación con sus embarazos que a los 5 días de haber dado a luz a su hija, éste la violó con mucha violencia, rompiéndole el camisón y haciéndole mucho daño.

También recuerda que las agresiones no cesaron en ninguno de los dos embarazos.

La última agresión grave

Era el domingo por la mañana y Pilar estaba durmiendo porque llevaba un tiempo tomando tranquilizantes y somníferos como medio para huir de la vida que llevaba. Dice que «sólo quería estar dormida o morirme de una vez».

Entonces, el agresor la sacó de la cama de forma muy violenta, tiró las sábanas, las mantas y el colchón al suelo y la llevó a la cocina y le obligó a limpiar todo lo que el había estado ensuciando: «había tirado café molido por todas partes, aplastado yogures contra el suelo y las paredes, dejando la cocina hecha un desastre». Pilar empezó a limpiar la cocina mientras él se fue al cuarto de su hija y empezó a echar café molido por toda la habitación.

Cuando el agresor volvió a la cocina, ella se encontró acorralada junto a la zona de la fregadera, y entonces el maltratador le dijo que «te voy a degollar porque prefiero ir a la cárcel que al psiquiátrico».

Pilar dice que vio con claridad que «aquí termina mi historia» y se sintió aterrorizada porque nunca le había amenazado con degollarla y presintió que esta situación era distinta a las sufridas durante toda su vida junto a él. Por lo dicho, Pilar cogió una tijera de la fregadera y le dijo que le dejase salir, que se tranquilizase y que le dejase irse a dormir. No sabe qué pasó pero recuerda que se encontró en el suelo y que él tenía una pequeña herida en la pierna que no sabe cómo pudo hacérsela porque si ella hubiese querido, podría haberle clavado las tijeras en alguna zona vital y no en una parte tan difícil a la que llegar estando en pie y frente a él.

Dice Pilar que fue el agresor el que llamó en esta ocasión a la policía y que gracias a esta situación ha podido ser capaz de seguir adelante con esta última denuncia y no volver de nuevo a perdonarle y a convivir con él.

Otros relatos de la violencia sufrida

Pilar cuenta que el denunciado tenía conductas violentas diarias de la siguiente índole:

Le llamaba al trabajo varias veces al día para insultarla y decirle lo que pensaba romperle de sus cosas o para decirle que ya le había roto algo apreciado por Pilar o para interrogarle sobre sus «hallazgos sospechosos». Le rompía sus cosas nuevas, la ropa, las gafas de sol, los bolsos, le tiraba las cremas de cara.

Era frecuente que le revisase sus bolsos, los armarios, los cajones y luego le interrogaba sobre de quién era un teléfono y por qué había llamado a ese número. La sometía a un control exhaustivo.

En su casa, rompía objetos, muebles, adornos y le tiraba la sopa y la comida por encima o contra las paredes y luego le obligaba a limpiarlo. Todo esto de forma ostentosa y amenazándola.

Como él no come queso ni yogures, los tiraba contra las paredes o por la ventana gritando: «Si yo no como, vosotros tampoco».

Él era asiduo de los clubes de alterne con prostitutas y «me lo contaba para dañarme y humillarme sus citas con prostitutas. Se reía de mí y me decía que así me hacía daño».

El denunciado decía sistemáticamente que «las mujeres sois todas unas putas que por un papel hacéis lo que yo os diga».

Su hijo nació con «la sífilis del recién nacido». Además, ella ha padecido diversos contagios de enfermedades venéreas a lo largo de su vida matrimonial. Pero además el maltratador se ha jactado de que «igual te he pegado el SIDA. Anda, hazte las pruebas y ya me dirás».

Pilar recuerda que el agresor tuvo un episodio muy violento con una prostituta a la que le cortó la cara con un vaso y que muchos de sus ahorros los perdió para indemnizarla para evitar que él fuera a la cárcel.

Le decía que deseaba que fuese ciega y paralítica, y que de esa forma igual la querría algo.

Era soez, insultante y grosero delante de sus hijos y especialmente en las comidas familiares para humillar a Pilar y a su hija. Le gustaba hablar de sus andanzas con prostitutas de forma grotesca, hablar mal de todo el mundo, incluida su propia familia y despreciar a las mujeres.

Pilar cuenta que se trasladaron a vivir a un pueblo de recién casados, en el que ella trabajaba de practicante, estando de guardia las 24 horas del día para obtener un sueldo importante. Aunque tuvo los dos hijos, siguió manteniendo este ritmo de trabajo porque el le decía que tenía que ganar más dinero y ahorrarlo. Después se fueron a vivir a otra provincia y siguió con el sistema de guardia de 24 horas durante ocho años más. A este respecto, Pilar comenta que se ha sentido presionada por su marido para trabajar todo lo posible y que de esta manera el sueldo fuese alto. Él le controlaba todo lo que gastaba: «¿en que has gastado 100 euros? ¡Enséñame las facturas!», y él gastaba mucho en lo que quería y decía que a ella eso no le importaba.

Dice Pilar que ha llegado a estar obsesionada por ganar mucho dinero y no gastar nada aunque veía que era para que él lo gastase en «putas, comilonas y bebiendo».

Cuando ella llegaba de trabajar de «noches», él la despertaba cada 15 o 30 minutos: le ponía películas pornográficas, le forzaba a mantener relaciones sexuales después de haberle pegado una paliza y le daba igual que ella llorase. Pilar cree que deseaba volverla loca y no dejarle descansar para de esta forma también dañarla en su salud general.

Dice que le pegaba palizas por todo el cuerpo incluso cuando estaba dormida.

Al llegar a su domicilio desde el trabajo, antes de abrir la puerta, Pilar se santiguaba 5 o 6 veces y se quitaba los pendientes (para que no se los arrancase al agredirla), «pidiendo a Dios que por favor no estuviese en casa o no me empezase a pegar».

Dice que ha intentando que él no le notase que sólo era feliz en su trabajo y así evitar que le destrozase lo único en lo que ha podido refugiarse todos estos años. Indica que si no llega a tener un trabajo en el que le tratan como una persona, donde se siente querida y que le gusta mucho ejercer, se habría vuelto loca del todo o se habría muerto.

Le decía que era una puta y que se acostaba con todo el mundo. Le sometía a interrogatorios de con quién se había acostado, «cómo había follado, y además esto se lo decía a todos los vecinos y conocidos».

Le dijo desde el principio de su relación que «era subnornal, retrasada mental y que no servía ni para follar. Me decía que me iba a llevar de putas para que por lo menos aprendiese a follar». Pilar comenta que llegó a creerse que era retrasada y que no servía para nada.

Sus hijos temían al denunciado y se avergonzaban de él. Cuando lo veían por la calle se escondían para que nos les dejase en mal lugar con sus amigos.

Durante los años de matrimonio, Pilar ha perdido todas las relaciones con amigos y conocidos porque él los insultaba y todo el mundo le parecía horrible. Sólo ha conseguido mantener una relación estable con su madre y con su hermana. El resto de la familia se distanció de Pilar porque no toleraban las situaciones tan violentas y grotescas que se organizaban.

Pilar dice que cuando le pegaba las palizas, ella estaba obsesionada con taparse la cara para que no se lo notasen en el trabajo o por la calle los golpes y los moratones. Si no lo conseguía, se maquillaba mucho aunque no pudo evitar en más de una ocasión que le preguntasen qué le había pasado. Su madre le llegó a decir, sabiendo que su marido le pegaba y como forma de que contase su problema: «hija mía, ¿qué te pasa para que te estés chocando tantas veces con los armarios y las puertas?».

Otra preocupación al recibir las agresiones físicas era el que no debía gritar por vergüenza a lo que pensasen los vecinos. Sólo gritaba cuando le retorcía el brazo hasta casi rompérselo. Por lo demás, aguantaba sin gritar el resto de las agresiones físicas.

Pilar nunca ha contado a nadie lo que estaba sufriendo porque dice que se sentía avergonzada.

También dice que contaba los días que llevaba sin broncas y sin agresiones, sabiendo que pronto iba a llegar el día de la bronca y de la paliza. En una ocasión fue agredida porque él pensaba que estaba contenta.

Pilar siempre ha intentado explicarse el motivo por el que él le había pegado y llegó a creerse que era por culpa suya, porque no entendía el porqué de esta situación tan violenta.

Dice que ha deseado morirse muchas veces; que los últimos años de esta relación buscaba morirse de forma pasiva: no comía casi nada y sólo intentaba dormir tomando pastillas. No encontraba ninguna salida a su situación y era consciente de que no podía más.

Relata que llegó el día en que «no podía ni llorar, ni me salía hablar». Dice que ahora ha comenzado a expresar sus sentimientos y ha vuelto a llorar.

Después de recibir apoyo psicológico

Al ser preguntada por cómo se encuentra actualmente, Pilar dice que siente cómo se va fortaleciendo psicológicamente pero que todavía no se siente recuperada. Cree que cuando pase el juicio oral se volverá a sentir algo más calmada y cree que retomará la segunda fase de la terapia psicológica para perder la dependencia emocional que aún tiene hacia su marido (le sigue preocupando su bienestar).

Pilar considera que la terapia psicológica que está recibiendo le está ayudando a controlar sus estados emocionales negativos, y con apoyo farmacológico ha empezado a ser una persona que es capaz de llorar y de intentar comenzar a vivir poco a poco.

Además confía en poder vivir tranquila y sabe que ella está haciendo todo lo posible para superar el dolor y el daño sufrido. Me dice año y medio después de empezar su terapia: «Ahora sí que veo todo lo que he pasado con este hombre. ¿Cómo no lo he visto antes?».

Conclusiones

El dolor emocional y el daño estructural de las personas que viven bajo la presencia de cualquier tipo de terror no es fácil de entender por la complejidad de las variables que interactúan en los procesos violentos, y porque las consecuencias sufridas aparecen en diversos ámbitos de la vida (familiar, social, profesional, personal...).

Pero lo que es más sencillo de comprender es que nadie puede vivir con miedo de forma saludable y que cualquier ser humano que es amenazado y agredido de forma continua por un sujeto violento, se ve injustamente limitado a vivir en un régimen de terror. Y éste es el caso de Pilar, que ha sufrido:

1. Violencia física (golpes, patadas, puñetazos, bofetadas, empujones).
2. Violencia psicológica (insultos, menosprecios, amenazas).
3. Violencia sexual (relaciones sexuales obligadas, forzadas con violencia).
4. Violencia económica: control de cualquier gasto, derroche del dinero de la familia para ir de prostitutas, comidas y cenas en restaurantes caros, etc.
5. Violencia social: aislamiento social, impedir las relaciones con amigos, insultar y difamar delante de compañeros de trabajo, vecinos, conocidos, familiares... Llamarle al trabajo con amenazas y otro tipo de acosos.
6. Violencia moral: irse de prostitutas, presumir de ello y culparle por hacerlo.

Pero además creo que la violencia que durante todos estos 27 años ha sufrido Pilar ha sido altamente severa, intensa y continuada, no dejando resquicio alguno en que producirle mayor daño.

Los resultados del examen psicológico realizado a Pilar permiten concluir diciendo que actualmente, y en relación directa con los hechos denunciados, su *estado psicológico general está altamente afectado y de forma muy negativa.*

Que la evolución de su estado psicológico parece que es positiva según informa su terapeuta.

Que deberá seguir su programa terapéutico para evitar que sean permanentes las lesiones psíquicas que actualmente presenta.

Que es interesante volver a analizar la evolución emocional de Pilar para verificar la mejora o no, de sus actuales lesiones psíquicas.

La sentencia del caso de Pilar

Sentencia N.º 234 de 2007

En Pamplona/Iruña, a veintitrés de julio de dos mil siete.

Por el/la Ilmo/a. Sr/a. FRANCISCO GARCÍA ROMO, Magistrado-Juez del Juzgado de lo Penal Nº 2 de Pamplona/Iruña, quien ha visto los presentes autos de Procedimiento Abreviado Nº 0000576/2006, dimanante de Diligencias previas 0000053/2005-00 del Juzgado de Violencia sobre la Mujer de Pamplona/Iruña seguidos ante este Juzgado por delito violencia habitual sobre convivientes, habiendo sido parte como acusado/a **María Pilar,** con D.N.I. XXXXXX, hijo/a de XXXXX y de Juana, nacido/a en BARCELONA el día 19 de agosto de 1954 y con domicilio en SAN JUAN, de Pamplona/Iruña, sin antecedentes penales y en situación de libertad provisional por esta causa, representado/a por el/la Procurador/a EDUARDO y asistido/a por el/la Letrado/a MARÍA ISABEL MARTÍNEZ PÉREZ, y contra D./Dña. XXXX XXXXX con D.N.I. XXXXX, nacido en Pamplona, el 4-4-49, hijo de XXXXX y XXXXX, sin antecedentes penales, y en libertad provisional por esta causa de la que estuvo privado los días 7 y 8 de agosto de 2005, representada por el Procurador de los Tribunales D/Dña. CONCEPCIÓN y defendido por el Letrado D/Dña. ALICIA.

Ejercitando asimismo la acusación particular **Pilar** y XXXX XXXXX, con las mismas representaciones y defensas.

Y habiendo intervenido el Ministerio Fiscal en la representación que la Ley le otorga.

Antecedentes de hecho

PRIMERO.—Las presentes actuaciones fueron remitidas a este Juzgado de lo Penal para su enjuiciamiento y fallo, celebrándose la vista oral correspondiente con el resultado que obra en el acta del juicio.

SEGUNDO.—En sus conclusiones definitivas el Ministerio Fiscal solicitó la condena de XXXXX XXXXX como autor de un delito de maltrato habitual físico y psicológico del Art. 173.2 en la modalidad agravada del párrafo 2º, y de un delito de maltrato no habitual del Art. 153.1 y 153.3 del mismo código, sin concurrencia de circunstancias modificativas de la responsabilidad criminal, a la pena de 2 años de prisión, accesorias, privación del permiso al porte y tenencia de armas durante 5 años, por el primer delito; y una pena de 9 meses de prisión, accesorias, privación del permiso al porte y tenencia de armas durante 3 años, así como prohibición de comunicarse y acercarse a **Pilar,** a su domicilio y lugar de trabajo por tiempo de un año.

Asimismo, consideró a **Pilar** como autora de un delito de lesiones del Art. 147 y 148.2 del Código Penal, concurriendo la eximente completa de trastorno mental transitorio del Art. 20.1 del mismo código, no procediendo la imposición de pena alguna.

En igual trámite, por la letrado Srª Martínez, se amplió su escrito de acusación en el sentido de solicitar la condena de XXXXX XXXXXXX como autor de un delito A) de violencia psíquica habitual en el ámbito familiar del Art. 153 del Código Penal en concordancia con el 173.2; un delito B) de amenazas del Art. 169.2 del mismo cuerpo legal; un delito C) de lesiones psicológicas del Art. 147.1 en relación al 148; y una falta D) de Vejaciones del Art. 620.2 del Código Penal, sin concurrencia de circunstancias modificativas de la responsabilidad criminal, a las siguientes penas: por el delito A) 3 años de prisión, accesorias, privación del derecho a la tenencia y porte de armas durante 5 años y prohibición de acercamiento a una distancia inferior de 500 metros a **Pilar,** su domicilio y lugar de trabajo por tiempo de 5 años, así como comunicación con la mencionada persona por el mismo tiempo; por el delito B), 1 año de prisión, accesorias, privación del derecho a la tenencia y porte de armas durante 1 año y un día y prohibición de acercamiento a una distancia inferior de 500 metros a **Pilar,** su domicilio y lugar de trabajo por tiempo de 5 años, así como comunicación con la mencionada persona por el mismo tiempo; por el delito C), 3 años de prisión, accesorias, así como prohibición de acercamiento a una distancia inferior de 500 metros a **PILAR,** su domicilio y lugar de trabajo por tiempo de 5 años, así como comunicación con la mencionada persona por el mismo tiempo; y por la falta D) 8 días de localización permanente; debiendo indemnizar a la perjudicada en la cantidad de 15.000 euros por los perjuicios morales causados, estándose a lo dispuesto en el Art. 576 de la L.E.Crim.

Por la misma letrado, en cuanto a la defensa, solicita la concurrencia en **Pilar** de la eximente completa de legítima defensa del Art. 20.4 del Código Penal.

Por la Letrado Srª Labiano se elevaron igualmente a definitivas sus conclusiones provisionales en el sentido de solicitar la condena de **Pilar** como autor de un delito de lesiones del Art. 147 1 y 148 1 del Código Penal, y una Falta de coacciones del Art. 620-2º del mismo código, sin concurrencia de circunstancias modificativas de la responsabilidad criminal, a una pena por el delito de lesiones de 3 años de prisión, accesorias y costas; y una pena de 15 días de multa, por la falta; asimismo, deberá indemnizar a XXXXXX XXXXX en la cantidad de 1.036 euros y en la cantidad de 1.123 euros por secuelas, estándose a lo dispuesto en el Art. 576 de la L.E.C.

Respecto a la defensa, solicita la libre absolución y subsidiariamente la aplicación de la eximente completa del Art. 20.1 del Código Penal.

Hechos probados

Primero.— El acusado XXXXX XXXXX, mayor de edad y sin antecedentes penales, contrajo matrimonio el año 1978 con la también acusada **Pilar,** mayor de edad y cuyos antecedentes penales no constan. Fruto de dicha unión nacieron XXXX e XXXXX, que actualmente cuentan 27 y 24 años de edad, respectivamente. El domicilio conyugal quedó establecido desde hace años en la calle San Juan de esta ciudad de Pamplona. Ambos cónyuges trabajaban, él como profesor de filosofía, hasta su jubilación por incapacidad absoluta en los años noventa, y ella como enfermera, últimamente con turno de noche.

Segundo.— Desde el comienzo de su vida en común XXXXX XXXX comenzó a maltratar psicológicamente a su esposa de forma sistemática, maltrato concretado en insultos («puta», «zorra»...) por motivos como llegar 5 minutos tarde a casa, no haber puesto lentejas para comer cuando a él le apetecían, el mero hecho de verla contenta..., lanzamiento de cosas o comida al suelo o por la ventana, menosprecios («inútil», «retaco», «no vales para nada», «no haces nada», «¿con cuántos te acuestas?»...), humillaciones consistentes en utilizar los servicios de profesionales del sexo y presumir de ello («me gasto el dinero en putas y no tengo que darte ninguna explicación»), control exhaustivo de sus gastos, registro de sus pertenencias para buscar pruebas de supuestas infidelidades, control y limitación de sus relaciones sociales (por ejemplo, no dejándola salir a cenar con las amigas e impidiéndole tener teléfono móvil propio), interrupción del sueño para interrogarla sobre imaginarias infidelidades... Estos episodios tenían lugar tanto en el domicilio conyugal como en lugares públicos (la calle, restaurantes, cámpings...), y frecuentemente en presencia de los hijos de la pareja. Hasta aproximadamente el año 2000 eran habituales también las agresiones físicas, con patadas, golpes con un zapato, arrastre por el suelo..., si bien a partir de entonces el acusado comunicó a su mujer que ante el endurecimiento de las penas para maltratadores domésticos sólo la iba a someter a maltrato psicológico, como así sucedió.

Tercero.— El reseñado comportamiento generó en el seno de la familia un ambiente de humillación y de miedo hacia el acusado, y, en particular, en el caso de **Pilar**, su completa anulación como persona con sentimientos y deseos propios, con manifestaciones como incapacidad para tomar decisiones, inseguridad personal y bloqueo emocional. Esta situación se vio agravada por su fuerte dependencia afectiva hacia su marido, complementada con su conocimiento de la situación mental de él (diagnosticado de esquizofrenia) y su vocación profesional como enfermera, todo lo cual, unido a los condicionantes sociales que conlleva para personas con mentalidad tradicional una separación o divorcio, le llevó a aguantar durante décadas la convivencia con XXXXX, sin tomar medidas legales, salvo alguna denuncia ocasional enfocada a conseguir su internamiento para ser tratado de su enfermedad.

Como consecuencia del maltrato físico y psicológico sufrido durante el matrimonio, **Pilar** presentaba en agosto de 2005 ansiedad alta, trastorno depresivo moderado-grave, insomnio, ideación paranoide (suspicacia, miedo e intensa desconfianza en las relaciones sociales) y trastorno de personalidad dependiente, trastornos que requirieron tratamiento tanto psiquiátrico como psicológico. En marzo de 2007, pese a haber experimentado una evolución positiva fruto del tratamiento continuado seguido hasta entonces y de la ruptura de su relación con el acusado, persistía un trastorno de ansiedad moderado-grave y un trastorno de estrés postraumático que, dado el tiempo transcurrido, puede considerarse ya crónico.

Cuarto.— Sobre las 10.00 horas del día 7 de agosto de 2005 XXXXX acudió al dormitorio de **Pilar,** que estaba durmiendo, la agarró del camisón, la sacó de la cama y la obligó a dirigirse a la cocina, exigiéndole que limpiase la basura y los posos de café que previamente el acusado había esparcido en dicha estancia. La mujer comenzó a limpiar la repisa, mientras su marido seguía derramando café, hasta que **Pilar** decidió volver a la cama. XXXXX volvió a sacarla del dormitorio y la llevó otra vez a la cocina para que siguiera limpiando, mientras comenzaba a arrojar violentamente yogures. Cuando **Pilar** intentó salir otra vez de la cocina él lo impidió, colocándose bajo la puerta, y le dijo que la iba a degollar. En ese momento la mujer, obnubilada, con su conciencia y voluntad anuladas por la situación concreta que estaba viviendo, que actuó además sobre la base del padecimiento psíquico intenso derivado de la convivencia conyugal, cogió un cuchillo o unas tijeras que había en el fregadero y se lo clavó a XXXXX en la pierna izquierda.

Como consecuencia de la agresión XXXXX sufrió una herida inciso-contusa en el tercio medio anterior de la pierna izquierda, que requería objetivamente para su sanidad, además de la primera asistencia facultativa a que fue sometido, tratamiento quirúrgico consistente en puntos de sutura, a lo que se negó el paciente. Tardó en curar 36 días, cuando lo normal para una herida de esas características hubieran sido unos 10 días, habiendo venido motivado el retraso en la sanidad por la no aplicación de sutura y por la aparición de una infección ligada probablemente a lo anterior. Como secuela le ha quedado una cicatriz de 2,5 cm. en la cara anterior de la pierna izquierda, de aspecto normal, con mínimo perjuicio estético.

Quinto.— XXXXX XXXX fue diagnosticado en 1985 de esquizofrenia paranoide, caracterizada por una ideación delirante de contenido paranoide y celotípico, dirigida principalmente, de forma activa y estructurada, contra su mujer, con cuya supuesta infidelidad está obsesionado. El abuso esporádico de alcohol y el mal cumplimiento terapéutico derivado de su nula conciencia de enfermedad contribuyen a aumentar las consecuencias de sus descompensaciones psicopatológicas, que se suelen traducir en conductas heteroagresivas, principalmente (hasta el momento de la separación) hacia su mujer y su hija. Todo ello le produjo una importante merma de sus capacidades intelectivas y volitivas en el momento de la comisión de los hechos descritos en los párrafos segundo y cuarto de este relato de hechos probados.

Sexto.— El acusado cobra más de 2.000 euros de pensión, y es propietario de varios inmuebles.

Fundamentos de derecho

Primero.— Los hechos que se declaran probados en la presente resolución son constitutivos de un delito de maltrato habitual en el ámbito familiar previsto y penado en el art. 173.2.1, 173.2.2 y 173.3 CP, de un delito de lesiones psíquicas a esposa tipificado y sancionado en los arts. 147.1 y 148.4º CP, de una falta de vejación injusta de carácter leve en el ámbito familiar del art. 620.2º y último párrafo CP, de un delito de amenazas no condicionales del art. 169.2º CP y de un delito de lesiones físicas con uso de instrumento peligroso de los arts. 147.1 y 148.1º CP, de los que, a tenor de lo dispuesto en el art. 28 del citado cuerpo legal, hay que considerar autores a XXXXX XXXX, en lo que se refiere a los delitos de maltrato habitual, lesiones psíquicas y amenazas y a la falta de vejación injusta, y a **PILAR**, por lo que respecta al delito de lesiones físicas, por su participación material y directa en los hechos, que han quedado debidamente acreditados en virtud de las pruebas practicadas, habiendo llegado a tal convicción este juzgador partiendo del derecho a la presunción de inocencia recogido en el art. 24 CE y la consiguiente necesidad de un mínimo de actividad probatoria de cargo practicada con todas las garantías procesales en el acto del juicio oral que desvirtúe dicha presunción.

Segundo.— Concurren, en efecto, todos los elementos o requisitos que para la existencia del delito de maltrato familiar habitual se exigen en el Código Penal, interpretado por la jurisprudencia:

1) Ejercicio de violencia física o psíquica, comprensiva por lo tanto no sólo de agresiones materiales sino también de cualquier actuación denigrante, vejatoria, humillante, insultante o amenazante.

En el caso que nos ocupa, ha existido por parte de XXXXX XXXX hacia su esposa un número indeterminado de actos de violencia física, traducidos en patadas, zapatazos y arrastre por el suelo; y también, y principalmente, han existido innumerables actos de violencia psíquica, consistentes en insultos, menosprecios, control económico y de relaciones sociales, inutilización de objetos y comida en el domicilio conyugal...

2) Que el sujeto pasivo sea una persona ligada con el autor por alguna de las relaciones enumeradas en el art. 173.2 CP, entre las que se incluye la relación conyugal.

3) Que la violencia se ejerza de forma habitual, elemento configurador y valorativo del tipo penal. Para apreciar su concurrencia, según el art. 173.3 CP, debe atenderse al número de actos de violencia que resulten acreditados y a la proximidad temporal de los mismos.

En la interpretación de este precepto, la jurisprudencia ha ido evolucionando desde un concepto puramente aritmético, según el cual existe habitualidad a partir de la tercera acción violenta (por aplicación analógica del art. 94 CP), hasta otro en que, prescindiendo del automatismo numérico, se atiende a que la repetición o frecuencia suponga una permanencia en el trato violento, de tal modo que se pueda llegar a la conclusión de que la víctima vive en un estado de agresión permanente, con sentimientos de terror, angustia o inferioridad susceptibles de humillarle y de quebrantar su resistencia física o psíquica. Por lo demás, como señala el Tribunal Supremo en sentencia de 18 de diciembre de 2003, es en esta nota de «permanencia» donde radica el mayor desvalor que justifica una tipificación autónoma, por la presencia de una gravedad mayor que la que resultaría de la mera agregación de las desvaloraciones propias de cada acción individual.

En el supuesto enjuiciado, del relato de hechos que se consideran probados se deduce con claridad que concurre el requisito que estamos examinando. Ciertamente, la víctima y los demás testigos de cargo fueron en el juicio muy imprecisos en la enumeración y descripción de los actos de violencia física de que fue objeto aquélla a lo largo de su matrimonio con el acusado, quizá por el hecho de que, como hicieron constar la propia **Pilar** en su denuncia y su hija XXXX en la vista oral, en los últimos tiempos, desde aproximadamente el año 2000 si atendemos al informe médico que figura al folio 162 de las actuaciones, las agresiones físicas habían remitido o desaparecido para dejar paso en exclusiva al maltrato de tipo psicológico. No obstante, tales actos de violencia física existieron, y en número muy superior a tres. De cualquier forma, el protagonismo principal en el delito que nos ocupa corresponde, enlazando con lo que acabamos de señalar, a la violencia psíquica (de hecho la acusación particular no hace mención en su calificación de los hechos a violencia física), y ha quedado claro, conforme a la prueba practicada, que tal violencia era absolutamente cotidiana, estructural, insertada en el devenir cotidiano de la vida conyugal y familiar.

En definitiva, estimamos conculcados los bienes jurídicos protegidos por el tipo penal, que son no sólo la integridad y la salud física y psíquica de la persona, sino también la paz familiar y la integridad moral (STS 14 mayo 2004), habiéndose subrayado en la jurisprudencia, por lo que a protección de la pacífica convivencia familiar se refiere, que se están sancionando aquellos actos que exteriorizan una actitud tendente a convertir el ámbito familiar en un microcosmos regido por el miedo y la dominación, porque, en efecto, nada define mejor el maltrato familiar que la situación de dominio y de poder de una persona sobre su pareja y los familiares convivientes (SSTS 24 junio 2000 y 24 marzo 2003).

En cuanto a la agravación específica prevista en el párrafo segundo del art. 173.2 CP, es aplicable por cuanto muchos de los actos de violencia ejercidos ocurrieron en el domicilio común de los cónyuges.

Tercero.— Concurren también, por partida doble, todos los elementos o requisitos que para la existencia del delito de lesiones se exigen en el Código Penal, interpretado por la jurisprudencia (e.g. SSTS 19 septiembre 1996 y 8 septiembre 2003): 1). Un daño o menoscabo a la integridad corporal y/o salud física o mental, causado por cualquier medio o procedimiento: así resulta de los informes médicos y psicológicos obrantes en las actuaciones, referidos a los dos acusados-acusadores, que han sufrido un quebranto en su salud física (en el caso de XXXXX) y en su salud mental (en el caso de **Pilar**) por la actuación de la contraparte. 2) Que para curar tal daño sea necesario, además de la primera asistencia facultativa, un tratamiento médico o quirúrgico: en efecto, las lesiones sufridas por XXXXX requerían objetivamente para su curación un acto de cirugía menor (sutura), y las experimentadas por **Pilar** hicieron necesario un tratamiento médico de tipo psiquiátrico. 3) Como elemento subjetivo, el dolo genérico de lesionar, sea directo o eventual: es claro que concurre, pues la dinámica comisiva de los hechos evidencia que la causación de las respectivas lesiones fue intencionada, sin perjuicio de las consideraciones que haremos en torno a la imputabilidad de sus autores.

En ambos casos concurre el subtipo agravado del art. 148 CP: por el uso de un instrumento concretamente peligroso para la vida o la salud del lesionado como es un cuchillo (o unas tijeras) en el delito cometido por **Pilar** (nº 1º), y por ser la víctima esposa del sujeto activo en el delito cometido por XXXXX (nº 4º).

Por lo que respecta al delito de lesiones psíquicas cometido por XXXXX XXXX, cabe preguntarse si no debería quedar integrado o subsumido en el delito de maltrato habitual en el ámbito familiar por el que también resulta condenado, como sostuvo el Ministerio Fiscal en su informe final. Estimamos que no es así, pues, según la praxis judicial más extendida, este último delito no exige la producción de un menoscabo objetivable en la salud psíquica de la víctima (por ejemplo, STS 16 abril 2002), que, si concurre, ha de dar lugar a una sanción independiente, conforme a la específica norma concursal que contiene el último inciso del primer párrafo del art. 173.2 CP, según la cual el castigo por el delito de maltrato habitual se impone «sin perjuicio de las penas que pudieran corresponder a los delitos o faltas en que se hubieran concretado los actos de violencia física o psíquica». Así lo ha entendido, además, el Tribunal Supremo en sentencias de 24 de junio de 2000 y 10 de enero de 2002.

Cuarto.— Por lo que respecta al delito de amenazas, se dan asimismo todos los elementos propios de esta figura delictiva, sancionada genéricamente en los arts. 169 a 171 CP, a saber (SSTS 26 febrero 1999 y 14 febrero 2003): 1) Una conducta del agente integrada por expresiones o actos idóneos para violentar el ánimo del sujeto pasivo, intimidándole con la conminación de un mal injusto, determinado y posible, de realización más o menos inmediata. En el caso de autos, el acusado, teniendo a su esposa acorralada en la cocina del domicilio común, de la que le impedía salir, le dijo «te voy a degollar». 2) Que la expresión de dicho propósito por el agente sea seria, firme y creíble, atendiendo a las circunstancias concurrentes. Así sucede en el supuesto de autos, en el que los hechos tuvieron lugar en un momento de gran tensión, con la mujer, como decíamos, acorralada en la cocina y con un largo historial de maltrato detrás. 3) Que estas mismas circunstancias, subjetivas y objetivas, doten a la conducta de la entidad suficiente como para merecer una contundente repulsa social, que fundamente razonablemente el juicio de antijuridicidad de la acción y su calificación como delictiva. Así ocurre, sin duda alguna, con las amenazas de muerte, especialmente cuando se dirigen por un hombre hacia su pareja o ex pareja femenina, supuesto en que son constitutivas de delito aun en los casos en que sean consideradas amenazas leves.

Quinto.— Finalmente, una conducta consistente en sacar a una persona de la cama, obligarla a ir a la cocina, conminarla a limpiar unos desperdicios que previamente ha esparcido el sujeto activo y que continúa esparciendo a su vista e impedirle abandonar la estancia en lo que no lo haga configura claramente una vejación injusta de carácter leve, y sólo el hecho de que no se haya formulado acusación por delito de coacciones (ni siquiera en la forma de coacciones leves a esposa del art. 172.2 CP) nos impide calificarla como constitutiva de dicho delito.

Al ser la ofendida una de las personas a las que se refiere el art. 173.2 CP, es aplicable además la agravación de pena prevista en el último párrafo del art. 620 CP.

Sexto.— Resulta criminalmente responsable de los delitos de maltrato habitual, lesiones psíquicas y amenazas y de la falta XXXXX XXXX, en concepto de autor material (arts. 27 y 28 CP). Así se desprende, como adelantábamos en el primer fundamento jurídico, de la prueba practicada en la vista oral, y en concreto de los siguientes elementos probatorios:

1) La declaración de **Pilar,** en la que, con las limitaciones derivadas de la necesidad de resumir 27 años de vida conyugal en una sola intervención, relató toda una serie de circunstancias de su vida cotidiana al lado del acusado en las que éste ejercía sobre ella la violencia tanto de tipo psíquico como físico descrita en el relato de hechos probados de esta sentencia, y relató también lo ocurrido en la mañana del 7 de agosto de 2005 en la forma en que se recoge como acreditado en esta resolución. Tal declaración cumple, a juicio de quien suscribe, todos los requisitos jurisprudencialmente exigidos para constituir prueba de cargo susceptible de desvirtuar la presunción de inocencia que ampara al acusado (SSTS 23 octubre 2000 y 11 octubre 2003): ausencia de incredibilidad subjetiva derivada de las relaciones acusado víctima anteriores a los hechos enjuiciados de las que pudiera deducirse la concurrencia de un móvil de resentimiento o enemistad que privara a su testimonio de la aptitud para generar el estado subjetivo de certidumbre en que la convicción jurídica estriba, verosimilitud de las imputaciones vertidas, corroboraciones de carácter objetivo de tales imputaciones y persistencia en la incriminación, que, si es prolongada en el tiempo, deberá carecer de ambigüedades y contradicciones. Ciertamente, como señala la Audiencia Provincial de Navarra (Sección 2ª) en sentencia de 18 de mayo de 2005, el primero de tales requisitos puede ser el más contestado, pues los hechos denunciados se enmarcan

en la más compleja tesitura de una crisis matrimonial, contexto frecuente en los casos de maltrato familiar habitual. Sin embargo, ni en la declaración de **Pilar** ni en su actuación global a lo largo del procedimiento ha apreciado este juzgador un especial ánimo vindicativo; más bien dejó traslucir en la vista oral una gran tristeza, así como un rostro marcado todavía por el sufrimiento, y no se aprecia un interés pecuniario, pues la indemnización solicitada en su escrito de acusación es, entendemos, bastante mesurada, y se trata de una familia económicamente desahogada. Debe resaltarse, además, que hasta tres peritos, las psicólogas Rosa María Páez Rueda y María José Rodríguez de Armenta y el médico forense Iñaki Pradini Olazábal, tras examinar a la víctima y escuchar su relato, han coincidido en que éste es plenamente coherente, consistente y creíble. Por lo demás, las manifestaciones de la víctima encuentran apoyo y corroboración en otros medios probatorios, como seguidamente veremos, y han sido mantenidas en el tiempo sin ambigüedades ni contradicciones relevantes, más allá de cuestiones de detalle en que el paso del tiempo y la tensión de las situaciones vividas hacen lógico que pueda apreciarse alguna variación.

2) La declaración de XXXX, hija del matrimonio, quien, desde la posición de testigo privilegiada que le confería la convivencia con sus padres, ha venido a corroborar, en líneas generales, que el trato dispensado por su padre a su madre era lamentable, con gritos en las discusiones, insultos, lanzamiento de cosas al suelo, golpes, celos obsesivos..., y ello tanto en la privacidad del domicilio como en lugares públicos. Esta testigo, que es licenciada en Psicología, resumió en su declaración en el Juzgado de Instrucción la situación que se vivía en la familia de forma muy expresiva: «**El ambiente que se respiraba en la casa era de miedo, tanto de la madre respecto a él como de los hijos respecto a él. Y de humillación constante por parte del denunciado**» (f. 172 de las actuaciones).

3) La declaración de otro testigo también privilegiado, el hijo de la pareja, XXXXX, que, si bien en el acto del juicio oral se acogió a su derecho a no declarar en contra de su padre, lo hizo tras ratificarse en la declaración que prestó en el Juzgado de Instrucción, en la que, en línea con lo manifestado por su hermana, relató las agresiones físicas, insultos, menosprecios, vejaciones... a que su padre sometía a su madre, con inclusión de una conducta especialmente torturante para la víctima, como es la privación de sueño («la madre trabaja de noche y duerme de mañana y el padre del declarante iba a despertarla diciendo que dónde había estado toda la noche»; vid. también, sobre este extremo, el escalofriante relato de la mujer a la perito María José Rodríguez de Armenta, al folio 286).

4) La declaración del propio imputado, que, ciertamente, vino a negar en líneas generales la existencia de los malos tratos, pero dejó traslucir en la contestación a determinadas preguntas que la realidad era muy otra. Así, reconoció que ha acusado a su esposa de mantener relaciones con otros, dándolo además como un hecho acreditado al ser reconocido por ella y habérselo contado «tres personas», y también que se ha jactado ante su cónyuge de utilizar los servicios de prostitutas, añadiendo que «llevo 30 años de putas, de lo mal que

me lo hacía ella». En cuanto a lo sucedido el 7 de agosto de 2005, dio respuestas evasivas a preguntas tan sencillas como las relativas a si agarró a su mujer del camisón, si derramó café a propósito o si tiró yogures, y en su declaración como imputado en el Juzgado de Instrucción había reconocido explícitamente que «tiró lo que había en la nevera» (f. 50).

5) Las tres pruebas periciales practicadas, todas ellas ratificadas y explicadas por sus autores en la vista oral, que, con sustancial coincidencia en las conclusiones, describen las graves secuelas psicológicas que presenta **Pilar** tras su convivencia con XXXXX XXXX, y las atribuyen al maltrato físico y psicológico sufrido a manos de éste.

Así, la perito psicóloga María José Rodríguez de Armenta, cuyo informe es el más exhaustivo, considera que **Pilar** padece en la actualidad un trastorno de estrés postraumático grave y crónico, consecuencia de haber sufrido en su vida conyugal violencia física (golpes, patadas, puñetazos, tortas, empujones), psicológica (insultos, menosprecios, amenazas), sexual (relaciones sexuales obligadas, forzadas con violencia, que, el inciso es nuestro, no se estudian en esta sentencia al no haber sido recogidas por ninguna de las acusaciones), económica (control de cualquier gasto, derroche del dinero familiar), social (impedimento de las relaciones con amigos, insultos y difamaciones delante de compañeros de trabajo, vecinos, familiares y conocidos) y moral (irse de prostitutas, presumir de ello y culparle por hacerlo). Se subraya que la violencia sufrida ha sido «altamente severa, intensa y continuada». En la vista oral habló de «un caso de manual de violencia doméstica, ya desde el noviazgo».

La también psicóloga Rosa María Páez Rueda, que ha estado tratando a la víctima desde la crisis que estalló en agosto de 2005, describe el lamentable estado que ofrecía **Pilar** en esas fechas (síntomas de ansiedad alta y trastorno depresivo, insomnio, ideación paranoide con suspicacia, miedo e intensa desconfianza en las relaciones sociales y síntomas de trastorno de personalidad dependiente), estado que en el acto del juicio resumió diciendo que presentaba «una personalidad anulada, típica de víctimas de violencia doméstica». Tras año y medio de tratamiento, en la fecha del informe, persistían síntomas propios del trastorno de ansiedad moderado-grave y del trastorno de estrés postraumático crónico, que la perito considera muy probable consecuencia de haber sido víctima de maltrato físico y psicológico (intenso control personal, humillaciones, insultos, agresiones físicas...) por parte de su ex marido, «que ha hecho que durante años doña **PILAR** pierda su equilibrio emocional y psíquico».

Por último, el médico forense Iñaki Padrini Olazábal, tras examinar a la paciente en fase de instrucción, apreció en ella un cuadro ansioso-depresivo que atribuyó a una situación de maltrato psicológico.

6) Existen finalmente, aun sin el carácter de prueba pericial, dos informes psiquiátricos, fechados en marzo de 2006 (ff. 161 y 162 de las actuaciones), ratificado uno de ellos en la vista oral por su autora, la Dra. Inmaculada, que corroboran las graves alteraciones anímicas que presentaba por entonces **Pilar,** con diagnóstico de trastorno mixto ansioso-depresivo derivado de sus graves problemas conyugales.

Por lo que respecta a los restantes familiares de las partes que declararon como testigos, tanto de la acusación particular (XXXX XXXX, hermano de **Pilar**) como de la defensa (YYYY YYYY y YYYYYYY, sobrina y hermana, respectivamente, de XXXX XXXX), no pudieron aportar nada relevante para el esclarecimiento de los hechos concretos aquí enjuiciados, más allá de constatar que el matrimonio no funcionaba, pues el conocimiento que tenían provenía fundamentalmente de lo que les contaban los propios afectados. Hemos de subrayar que el que el comportamiento de XXXXX con sus parientes consanguíneos fuera irreprochable, como éstos cuentan, en nada resta credibilidad a los relatos de **Pilar** y de sus hijos, pues, como subrayó el médico forense en su intervención en el juicio, los afectados de esquizofrenia paranoide mantienen un comportamiento relativamente normal fuera de los cuadros delirantes, que en su caso se centraban en su mujer y en la clase médica.

En definitiva, y por todo lo expuesto, este juzgador ha llegado a la inequívoca convicción de que el acusado es autor de los delitos de maltrato habitual, lesiones psíquicas y amenazas y de la falta de vejación injusta que se le imputan por el Ministerio Fiscal y/o la acusación particular, por lo que se dicta sentencia condenatoria.

Séptimo.— No estimamos acreditado, en cambio, que en la mañana del 7 de agosto de 2005 XXXXX XXXX cometiera el delito de maltrato no habitual del art. 153.1 y 153.3 que se le imputa también por el Ministerio Fiscal, con fundamento, entendemos, en que estando junto con su esposa en la cocina de la vivienda conyugal, instantes antes de recibir una cuchillada, le propinó un empujón. En efecto, si bien en su denuncia inicial y en su declaración como perjudicada en el Juzgado de Instrucción **Pilar** relató la existencia de dicho empujón, tanto en una posterior declaración en el Juzgado de Instrucción, esta vez como imputada por delito de lesiones, como, más importante aún, en su declaración en la vista oral omitió toda referencia a la existencia del mencionado acometimiento físico, lo que nos lleva a considerar que no se cumple el requisito de la persistencia en la incriminación, tan necesario cuando, como en el caso que nos ocupa, la declaración de la víctima es la única prueba de cargo existente contra el acusado.

Pilar sí refirió, tanto en su denuncia inicial como en su declaración en la vista oral, que tenía una herida en el brazo derecho, circunstancia además recogida en el atestado policial (f. 12); pero dicha herida, que no puede ser fruto de un simple empujón, no aparece mencionada en el escrito de acusación del Ministerio Fiscal, y tampoco en el de la acusación particular, que no efectúa imputación por delito del art. 153 CP.

Por lo demás, el hecho de obligar al sujeto pasivo a levantarse de la cama e ir a la cocina a limpiar encajaría en la figura delictiva de las coacciones, por la que no se ha formulado acusación, como ya hemos comentado, y no en el delito de maltrato de obra sin lesión del art. 153.

Procede por todo ello dictar sentencia absolutoria del Sr. XXXXX sobre este punto.

Octavo.— Por lo que respecta a **Pilar**, debe ser reputada autora directa del delito de lesiones físicas de los arts. 147.1 y 148.1º CP, con base también en la prueba practicada en la vista oral, en la que la acusada reconoció, como lo había hecho ya en su denuncia y en la fase de instrucción, que clavó en una pierna a su marido unas tijeras (según él fue un cuchillo) que cogió del fregadero, en el curso del altercado provocado por XXXXX XXXX con su pretensión de que **Pilar** limpiara a toda costa la basura que él había previamente esparcido. Estamos, por lo tanto, ante una agresión física cuya existencia no es objeto de controversia, estando además las lesiones producidas objetivadas en un parte de intervención de la Cruz Roja (f. 13) y en el informe forense de sanidad (f. 111).

Ciertamente, en este último informe se dice que las lesiones sufridas fueron tributarias únicamente de una primera asistencia facultativa, lo cual, de ser cierto, no privaría de carácter delictivo a la conducta de la acusada, pero la incardinaría en el tipo del art. 153.2 CP, más leve que el del art. 148. Sin embargo, en el informe se aclara que había indicación médica de suturar la herida, lo cual no se efectuó porque el paciente se negó a ello. Y el art. 147 CP no exige, para la existencia del delito de lesiones, que la sanidad se haya alcanzado efectiva y realmente a través de un tratamiento médico o quirúrgico, sino que la lesión «objetivamente» así lo requiriera (en este sentido, vid. STS 11 abril 2000). Y ello es lógico, pues de lo contrario quedaría en manos de la víctima la calificación del hecho como delito o falta, según atendiera o desatendiera, respectivamente, las indicaciones médicas. Y si a ello añadimos que la aplicación de puntos de sutura viene siendo considerada en la jurisprudencia como una actividad médica reparadora con uso de mecanismos quirúrgicos (aunque se trate de cirugía menor), y, por lo tanto, como tratamiento quirúrgico a efectos del delito de lesiones (SSTS 29 septiembre 2000 y 26 septiembre 2001), es claro que estamos ante el delito de los arts. 147 y 148.1º CP.

Noveno.— La acusación formulada por la representación de XXXXX XXXX contra **Pilar** por la comisión de una falta de coacciones del art. 620.2º CP nos resulta incomprensible. Nada hay en el relato fáctico de su escrito de acusación que merezca ser tipificado como tal; las constantes llamadas telefónicas que se imputan a la Sra. **Pilar** después de que se impusiera judicialmente al Sr. XXXXX la prohibición de comunicarse con ella podrían ser constitutivas, en todo caso, de un delito de quebrantamiento de medida cautelar por inducción o cooperación necesaria, pero no encuentran acomodo en la figura de las coacciones, y en cualquier caso tales llamadas no fueron ni mencionadas durante el prolongado desarrollo de la vista oral, quedando por ello huérfanas de toda prueba. Procede por lo tanto dictar sentencia absolutoria sobre este extremo.

Décimo.— Por lo que respecta a las circunstancias modificativas de la responsabilidad criminal, concurre en la conducta de XXXXX XXXX la eximente incompleta de anomalía o alteración psíquica del art. 21.1ª CP, en relación con el art. 20.1º, al padecer desde 1985 una esquizofrenia paranoide, caracterizada por una ideación delirante de contenido paranoide y celotípico, dirigida principalmente, de forma activa y estructurada, contra su mujer, con cuya supuesta infidelidad está obsesionado, de forma que en los momentos en que cometió los hechos por los que se le condena padecía una importante merma de sus capacidades intelectivas y volitivas. Así se desprende de los informes médicos que figuran a los folios 20 y siguientes de las actuaciones, y, principalmente, del informe pericial elaborado por el médico forense Iñaki Pradini para otro procedimiento judicial, enfocado específicamente a dictaminar sobre su peligrosidad y su imputabilidad, y aportado al presente por la defensa como prueba documental en el acto del juicio (ff. 302 y ss.).

Ciertamente, no contamos con un informe pericial elaborado específicamente para este procedimiento relativo a la salud mental del acusado y a la afectación de sus facultades de querer y entender en el momento en que cometía los actos delictivos por los que ha resultado enjuiciado y condenado, lo cual es de lamentar, máxime cuando desde el momento mismo de la denuncia se puso de manifiesto por su esposa que estaba diagnosticado de esquizofrenia paranoide. Ello ha obligado a este juzgador a la difícil tarea de determinar si la no discutida y grave enfermedad mental que padece el acusado ha incidido sobre su imputabilidad o no sin el auxilio de una prueba imprescindible como es la pericial psiquiátrica.

Como señala el Tribunal Supremo en sentencia de 8 de junio de 1990, la esquizofrenia es una verdadera psicosis endógena, que se caracteriza por producir un trastorno fundamental con escisión en la estructura de la personalidad, de modo que si bien el sujeto puede conservar su inteligencia, memoria, afectos, sentimientos, gustos, aficiones, etc., comportándose con aparente normalidad en ocasiones, sin embargo no puede hacer uso de estas facultades porque hay otras funciones psíquicas, que no reconoce como suyas porque las atribuye a fenómenos extraños a su persona, que le impulsan a actuar en un determinado sentido, originándose así una disociación en las vivencias internas que constituye la verdadera esencia de la psicosis esquizofrénica, si bien las diversas manifestaciones en que se presenta originan las distintas clases de esta enfermedad, una de las cuales es la esquizofrenia paranoide, caracterizada por las alucinaciones o ideas delirantes.

En cuanto a la eficacia penal de tal anormalidad, la Sala 2ª del Tribunal Supremo ha mantenido disparidad de criterios, como se reconoce en su sentencia de 28 de noviembre de 1990: desde la inimputabilidad hasta la semiimputabilidad, en algunos casos incluso la atenuante analógica, lo cual, continúa dicha sentencia, no deja de ser coherente, porque en cada supuesto concreto, y en el marco de la esquizofrenia, hay un curso progresivo de la enfermedad en forma de brotes con remisiones espontáneas o terapéuticas, más o menos completas (nunca totales), entre uno y otro brote, y porque, además, es conocida la postura jurisprudencial que rechaza el criterio biológico puro en favor del criterio biológico-psicológico (criterio, hemos de añadir, que con el Código Penal de 1995 adquirió carta de naturaleza legal, pues el art. 20.1º exige, junto a la concurrencia de la anomalía o alteración psíquica, que a causa de ésta el sujeto no pueda, al tiempo de cometer la infracción penal, comprender la ilicitud del hecho o actuar conforme a esa comprensión).

En el informe elaborado por el médico forense en otro procedimiento penal en que figuraba como acusado XXXXX XXXX, en el que al menos se da la circunstancia de que deriva del presente, pues se le acusaba de quebrantar las medidas cautelares de prohibición de acercarse a y comunicar con su esposa adoptadas judicialmente en el curso de la instrucción de esta causa, el autor concluye que XXXXX presenta un cuadro delirante debido a una esquizofrenia paranoide, con al menos dos delirios activos: uno contra su mujer y otro contra la clase médica en general y un tal Dr. Madoz en particular. Se trata de un delirio celotípico y de perjuicio con al menos dos décadas de evolución, señala también el forense, que considera que presenta suficiente entidad como para anular las capacidades intelectivas y volitivas del Sr. XXXXX en los hechos de que se le acusaba en la causa en el seno de la cual se emitió el informe.

Dado que los hechos que aquí enjuiciamos son diferentes y de diferente naturaleza y que, insistimos, no contamos con un informe forense específicamente enfocado a los mismos que dictamine sobre el concreto grado de afectación de las capacidades intelectiva y volitiva que presentaba el acusado en el momento de su comisión, hemos de acudir nuevamente a la jurisprudencia, ahora que ya contamos al menos con una mayor concreción sobre las características de la esquizofrenia paranoide que afecta al acusado, para orientarnos sobre su grado de imputabilidad. Y encontramos que en los últimos años la solución que la praxis judicial ha adoptado en general en relación con el trastorno delirante celotípico ha sido la de apreciar una eximente incompleta (e.g. SSTS 19 diciembre 1983, 14 julio 1994 y 19 noviembre 2003).

Hemos de subrayar, en relación con la conexión entre el trastorno mental que aqueja al acusado y las conductas de maltrato hacia su esposa, que ésta, en su denuncia, liga claramente los comportamientos agresivos de su marido con la no toma de su medicación, incumplimiento del tratamiento derivado de su nula conciencia de enfermedad. Los informes psiquiátricos de los folios 20 y ss. de las actuaciones subrayan también este aspecto. Queda así evidenciada una estrecha conexión entre la enfermedad del acusado y la actuación delictiva aquí enjuiciada, que en el informe forense al que tantas veces hemos aludido se deja traslucir, pues se menciona una importante agresividad hacia su mujer y una ideación delirante, activa y estructurada contra ella.

Hemos de concluir, por lo tanto, que, si bien no han quedado acreditados todos los requisitos necesarios para apreciar una eximente completa del art. 20.1º CP, la carga de lo cual competía a la defensa, sí cabe apreciar, pese a la falta de un informe pericial específico sobre tal extremo, tal eximente en su forma incompleta.

En el delito de amenazas sería aplicable la agravante de parentesco del art. 23 CP, pero, al no haber sido invocada en el escrito de acusación, no resulta posible apreciarla, en aplicación del principio acusatorio que rige en el proceso penal.

Undécimo.— Siguiendo con las circunstancias modificativas de la responsabilidad criminal, es de apreciar en el delito cometido por **Pilar** la eximente completa de trastorno mental transitorio del art. 20.1º CP, de acuerdo con lo solicitado tanto por su defensa como por el Ministerio Fiscal.

Los requisitos jurisprudencialmente exigidos para esta eximente son (STS 22 febrero 1991): 1) Brusca aparición. 2) Irrupción en la mente del sujeto activo con pérdida consecutiva de sus facultades intelectivas o volitivas, o de ambas. 3) Breve duración. 4) Curación sin secuelas. 5) Que dicho trastorno no haya sido provocado por el que lo padece con propósito de delinquir o bien lograr la impunidad de sus actos ilícitos, excepción ampliada en el Código Penal de 1995 a los supuestos en que el sujeto activo hubiera previsto o debido prever la comisión del delito.

La moderna psiquiatría suele estimar que la reacción del individuo normal en el auténtico trastorno transitorio precisa una cierta base caracteriológica anómala, que le predisponga cuando menos a reaccionar en cortocircuito. La jurisprudencia, sin embargo, admite el trastorno mental transitorio sin origen patológico, declarando en consecuencia que puede tener un origen exógeno, en un choque psíquico producido por un agente exterior cualquiera que sea su naturaleza. En cualquiera de los casos, estamos ante una reacción vivencial anómala que perturba totalmente las facultades psíquicas, sumiendo al sujeto en una total inconsciencia, aunque por escaso tiempo.

En el caso que nos ocupa, la acusada, desde un primer momento, en su denuncia, sostuvo que en los instantes previos a clavar a su marido un cuchillo o tijera en una pierna «estaba muy nerviosa y absolutamente alterada por la situación», y que no sabe ni recuerda cómo verificó el ataque. En la declaración en la vista oral manifestó que se vio con sangre en un brazo y acorralada en la cocina, de la que su marido, cinturón negro de judo y marrón de karate, le impedía salir, a la par que la amenazaba de muerte. A ello debe sumarse la situación psicológica en que se encontraba fruto de los largos años de maltrato a manos de quien en ese momento se encontraba frente a ella, y el hecho, constatado en el informe psicológico elaborado por María José Rodríguez, de que **Pilar** «tiene un rasgo de personalidad que le caracteriza por ser una persona nerviosa y que por lo tanto, frente a la presencia de estímulos y de acontecimientos tanto normales como extraordinarios, sus respuestas serán casi siempre ansiosas» (f. 289), para concluir que cuando cogió un cuchillo o tijera del fregadero y se lo clavó a su marido en una pierna tenía sus facultades intelectivas y volitivas completamente anuladas. Ello viene corroborado además por la declaración testifical de los agentes de la Policía Municipal de Pamplona con carnés profesionales números 205 y 315, quienes, personados en la vivienda poco después de los hechos tras la llamada verificada por XXXXX XXXX, encontraron a una mujer «en estado de shock, nula, bloqueada, que no respondía ni miraba a la cara» (agente 205), «temblando, sin capacidad para hablar» (agente 315), esto es, en definitiva, todavía transitoriamente trastornada, hasta que finalmente rompió a llorar, salió del bloqueo y pudo dar su versión de lo ocurrido a los policías.

En atención a todo lo expuesto, procede dictar sentencia absolutoria de **Pilar**.

Duodécimo.— En cuanto a las penas a imponer, la eximente incompleta apreciada en la conducta de XXXXX XXXX conlleva una rebaja obligatoria de un grado y facultativa de dos en las penas que le corresponden por los delitos cometidos, ex art. 68 CP. Dada la intensidad de la afección mental que padece, que en otro procedimiento paralelo a este ha determinado su completa exención de responsabilidad penal (ff. 305 y ss. de las actuaciones), estimamos procedente una rebaja en dos grados. A partir de aquí, el art. 66.1.8º CP permite recorrer toda la extensión de la pena resultante, sin sujeción por lo tanto a las restantes reglas penológicas del art. 66.1, y en este punto el protagonismo a la hora de individualizar la pena debe recaer sobre la extrema gravedad de las conductas por las que se dicta condena, motivo por el que se imponen las penas que se especifican en la parte dispositiva de esta resolución, muy próximas a la máxima posible en cada caso.

La degradación de la pena de prisión por el delito de amenazas conlleva que quede situada por debajo del límite de 3 meses, por lo que, de acuerdo con el art. 71.2 CP, opera automáticamente su sustitución por multa, con arreglo al parámetro del art. 88.

Por lo que respecta a la falta de vejación injusta de carácter leve, en que resulta de aplicación el art. 638 CP, las circunstancias del caso y del culpable, ya examinadas, que interactúan en un caso de forma favorable al acusado (alteración mental) y en el otro en contra (gravedad intrínseca de los hechos, que hubieran sido merecedores de una tipificación más dura, como ya hemos visto), aconsejan la imposición de la pena media de localización permanente por un tiempo de 6 días.

Las penas accesorias de prohibición de aproximación a la víctima son de imposición obligatoria en los delitos (art. 57.2 CP, en relación con el art. 48.2), y en cuanto a las de prohibición de comunicación, también solicitadas por las acusaciones, las estimamos adecuadas atendiendo a la naturaleza de los hechos enjuiciados y como adecuado complemento de las anteriores (art. 57.1 CP, en relación con el art. 48.3). En cuanto a su duración, estimamos adecuada la de 3 años por cada uno de los delitos por los que se dicta condena contra XXXXX XXXX.

Mención específica merece la cuestión relativa a las medidas de seguridad que pudieran imponerse al condenado con arreglo a los arts. 95 y ss. CP. Tales medidas, sea en forma de internamiento o de tratamiento ambulatorio de su enfermedad, resultan, en principio, necesarias, si atendemos a los informes médicos obrantes en las actuaciones. Se da la circunstancia, sin embargo, de que ni en los escritos de acusación ni en el escrito de defensa se solicitan medidas de este tipo para el acusado, y tampoco durante el desarrollo de la vista oral se hizo mención a las mismas. Y, como señala el Tribunal Constitucional en su sentencia 95/1995, «el debate procesal vincula al juzgador, impidiéndole excederse de los términos en que viene formulada la acusación o apreciar hechos o circunstancias que no han sido objeto de consideración por la misma, ni sobre los cuales, por lo tanto, el acusado ha tenido ocasión de defenderse». En el mismo sentido, el Tribunal Supremo, en sentencia de 27 de octubre de 2000, considera plenamente aplicable a las medidas de seguridad el principio acusatorio, que, «a pesar de su omisión textual en el art. 24 CE, constituye una exigencia constitucional en cualquier tipo de proceso penal», motivo por el cual anula una medida de internamiento en centro de deshabituación impuesta a un condenado sin haberse debatido en el plenario ni solicitado en sus conclusiones por el Ministerio Fiscal, única parte acusadora.

En cuanto a **Pilar,** la ausencia de un pronóstico de comportamiento futuro que revele la probabilidad de comisión de nuevos delitos, exigido por el art. 95.1.2ª CP, haría inviable, aun cuando se hubiera pedido, la imposición de medida de seguridad alguna.

Decimotercero.— Conforme al art. 50.5 CP, los Jueces o Tribunales fijarán en la sentencia el importe de la cuota diaria de multa, teniendo en cuenta para ello exclusivamente la situación económica del reo, deducida de su patrimonio, ingresos, obligaciones, cargas familiares y demás circunstancias personales.

En el caso de autos, XXXXX XXXX manifestó en la vista oral que es perceptor de una pensión de jubilación por incapacidad absoluta de más de 2.000 € mensuales, y que ostenta la propiedad o copropiedad de cuatro inmuebles, por lo que cabe estimar que tiene capacidad económica suficiente para hacer frente a una cuota diaria de 12 euros.

Decimocuarto.— Toda persona criminalmente responsable de un delito o falta lo es también civilmente si del hecho se derivaren daños o perjuicios (art. 116.1 CP).

Por ello, XXXXX XXXX deberá indemnizar a **Pilar** por las lesiones psíquicas ocasionadas en la cantidad de 15.000 €, conforme al criterio seguido en este Juzgado de aplicar analógicamente el baremo establecido legalmente para la indemnización de lesiones ocasionadas en accidentes de circulación, con el límite de lo solicitado en la vista oral. En efecto, la prolongación en el tiempo del tratamiento psiquiátrico y psicológico que ha tenido que seguir la víctima y los síndromes psiquiátricos que padece hubieran justificado incluso una cantidad algo superior en aplicación del baremo.

Por su parte, la exención de responsabilidad criminal de **Pilar** no alcanza a la responsabilidad civil por el hecho cometido (art. 118.1 CP), responsabilidad que, en aplicación del antes mencionado baremo, se concreta en 254,60 € por los días de baja no impeditivos, que ciframos en los 10 que en circunstancias normales, esto es, de haber aceptado el lesionado la sutura de la herida, hubieran sido necesarios, y 541,20 € por el mínimo perjuicio estético sufrido, que valoramos en 1 punto, para totalizar 795,80 €.

Efectuada la oportuna compensación, resulta una indemnización de 14.204,20 € a cargo de XXXXX y en favor de **Pilar**.

Decimoquinto.— En cuanto a las costas del juicio, partiremos de que, siendo en total siete las infracciones penales que se recogían en los diferentes escritos de acusación (delitos de maltrato habitual, lesiones físicas, lesiones psíquicas, amenazas y agresión en el ámbito familiar y faltas de vejación injusta y de coacciones), han de ser divididas en siete partes. De esas siete partes, tres han de ser declaradas de oficio, al ser absueltos los acusados por los delitos de lesiones físicas y agresión en el ámbito familiar y por la falta de coacciones, y las otras cuatro han de ser impuestas a XXXXX XXXX, condenado por los delitos de maltrato habitual, lesiones psíquicas y amenazas y por la falta de vejación injusta, pero con los límites propios de los juicios de faltas respecto de una de esas cuatro partes. En las porciones de costas cuyo pago se impone a XXXXX XXXX deberá entenderse incluida la parte proporcional de las devengadas por la acusación particular ejercida por **Pilar**. Todo ello en aplicación de los arts. 123 CP y 240 LECrim.

Vistos los preceptos legales citados y demás de general y pertinente aplicación,

Fallo

Que debo condenar y **condeno a XXXXX XXXX como autor criminalmente responsable de un delito de maltrato habitual en el ámbito familiar, un delito de lesiones psíquicas a esposa, un delito de amenazas no condicionales y una falta de vejación injusta de carácter leve en el ámbito familiar**, ya definidos, concurriendo en los delitos la eximente incompleta de anomalía psíquica, a las siguientes penas:

— Por el delito de maltrato habitual, **10 meses de prisión**, con accesoria de inhabilitación especial para el derecho de sufragio pasivo durante el tiempo de la condena, **privación del derecho a la tenencia y porte de armas durante 1 año y 8 meses, prohibición de aproximarse a PILAR a una distancia inferior a los 300 metros durante un período de tiempo de 3 años y prohibición de comunicarse con dicha persona por cualquier medio durante el mismo período.**

— Por el delito de lesiones, **11 meses de prisión**, con accesoria de inhabilitación especial para el derecho de sufragio pasivo durante el tiempo de la condena, **prohibición de aproximarse a PILAR a una distancia inferior a los 300 metros durante un período de tiempo de 3 años y prohibición de comunicarse con dicha persona por cualquier medio durante el mismo período.**

— Por el delito de amenazas, 2 meses y 15 días de prisión, sustituidos por **multa de 5 meses, a razón de 12 euros de cuota diaria**, con la responsabilidad personal subsidiaria prevista en el art. 53 CP, **prohibición de aproximarse a PILAR a una distancia inferior a los 300 metros durante un período de tiempo de 3 años y prohibición de comunicarse con dicha persona por cualquier medio durante el mismo período.**

— Por la falta de vejación injusta, **6 días de localización permanente.**

El condenado deberá además indemnizar a **Pilar** en la cantidad de **14.204,20 €.**

Igualmente, debo absolver y absuelvo al mencionado XXXXX XXXX del delito de agresión en el ámbito familiar de que venía también acusado, y a **Pilar** de la falta de coacciones que se le imputaba.

Finalmente, aun considerando a **Pilar** autora de un delito de lesiones físicas con uso de instrumento peligroso, debo absolverla y la absuelvo del mismo, por concurrir la eximente completa de trastorno mental transitorio.

Se impone a XXXXX XXXX el abono de cuatro séptimas partes de las costas del juicio, incluyendo, en la misma proporción, las devengadas por la acusación particular ejercida por **Pilar,** con los límites propios de los juicios de faltas respecto de una de esas cuatro partes. El resto se declaran de oficio.

Para el cumplimiento de la pena impuesta podrá ser de abono el tiempo que el/los condenado/s haya/n permanecido cautelarmente privado/s de libertad por esta causa.

Llévese testimonio de la presente Sentencia a los autos principales y notifíquese al Ministerio Fiscal y a las partes con expresión del recurso de apelación que cabe interponer frente a la misma ante este Juzgado dentro de los Diez Días siguientes al de su última notificación.

Lo que pronuncio, ordeno y firmo, juzgando definitivamente en la instancia por esta Sentencia, en lugar y fecha «ut supra».

Diligencia.— La extiendo yo el/la Secretario para hacer constar que en el día de hoy me ha sido entregada la anterior resolución debidamente firmada, para su notificación a las partes y archivo del original; doy fe en Pamplona/Iruña , a 23 de julio de 2007

La sentencia no ha sido recurrida y actualmente, ya ha sido ejecutada.

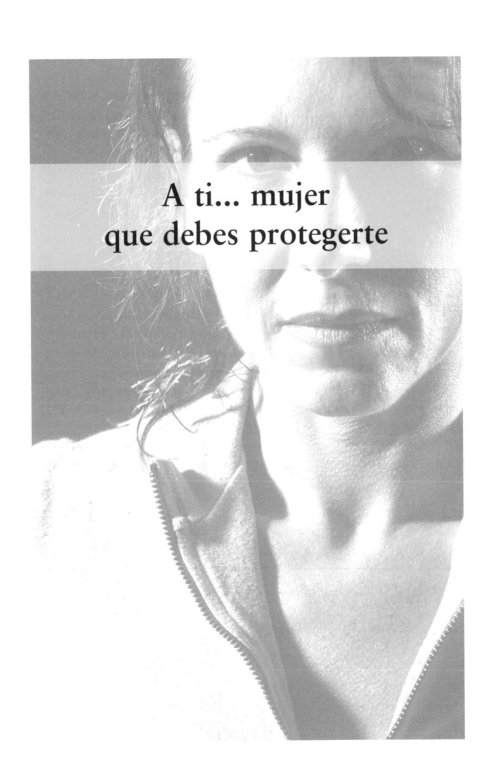

A ti... mujer
que debes protegerte

RECOMENDACIONES PARA PROTEGERTE

Mujer, debes comprender que puedes estar en peligro.

Esto es así porque en tu vida existe un maltratador —tu maltratador.

No puedes olvidar que a otras muchas mujeres como tú, el maltratador las agredió de forma brutal e incluso algunas de ellas fueron asesinadas.

Si en tu historia de violencia existe maltrato físico —incluso aunque haya sido un solo episodio de violencia física—, la situación real debe indicarte que estás en una situación de mayor riesgo que aquellas otras de vosotras que mantenéis relaciones violentas en las que sólo se ha dado maltrato psicológico.

Sin embargo, y considerando que existe un ciclo de violencia, debes tener en cuenta a la hora de evaluar tu situación que estás participando en la denominada «escalada de la violencia». Es decir, que los episodios de maltrato que estás sufriendo pueden ser cada vez más intensos y peligrosos: si en tu primera agresión recibiste un tortazo, es posible que en un futuro próximo sean dos o más las bofetadas y que sean más fuertes y violentas, y de esta forma vayas avanzando a tortazos, bofetones, puñetazos, patadas y golpes hasta la muerte. También es posible que si al principio de tu relación violenta sólo existía maltrato psicológico, cuando éste llegue a sus máximos niveles, el agresor necesite utilizar el maltrato físico y de esta forma, seguirás dentro de «la escalada de violencia» hasta donde puedas soportar.

Eso sí mujer, si te digo que te protejas no es porque la conducta violenta del maltratador sea de tu responsabilidad —que es exclusivamente responsabilidad suya—. También debes saber que las agresiones que recibes no dependen de lo que tú hagas o dejes de hacer. Sólo quiero que sepas que existen ciertas medidas de autoprotección que puedes tomar para sentirte y estar más protegida y evitar que él pueda actuar impunemente.

Pero **para poder defenderte del agresor primero has de reconocer que estás siendo maltratada** y tienes que aprender a reconocer el maltrato que sufres. Para ello, puedes solicitar el asesoramiento de un profesional, recurrir a lecturas o ver películas que aborden el tema de la violencia doméstica.

Rompe tu silencio

Es muy importante que hables con alguna persona de tu confianza: un familiar, una amiga, una vecina, tu médico de cabecera, la trabajadora social del centro de salud o del Centro Social de Base, una psicóloga; o bien llama a un teléfono de ayuda y cuéntales tu caso. Piensa que tu silencio ampara y protege a tu agresor pero no a ti.

Si has decidido que no vas a seguir aguantando el maltrato, vete planificando lo que vas a hacer y cómo lo vas a hacer. También puedes pedir información a los especialistas en violencia doméstica (policías, servicios de atención integral a la mujer, oficinas de asistencia a las víctimas, etc.).

Mujer, llevas mucho tiempo ocultándote a ti misma lo que te está pasando. No quieres aceptar que eras una mujer maltratada. Pero éste es el momento de que con total honestidad —y con ayuda— hagas un repaso de todo lo que has sufrido. Sólo si recuperas el recuerdo y lo cuentas, podrás curar tus heridas y aprender a protegerte.

Has de **detectar en ti misma la tendencia a justificar al maltratador,** a minimizar y negar el maltrato y a considerar a tu pareja superior a ti. Durante todo este tiempo su opinión y su voluntad se han impuesto sobre la tuya, quizá porque lo considerabas como un ser admirable al que decías y creías amar profundamente. Has de desmitificar a ese «gran hombre» porque en realidad no lo es.

Si te niegas o minimizas el riesgo que tienes de sufrir nuevas agresiones, estás poniéndote en peligro a ti y a tus hijos. Posiblemente sepas que él puede estar vigilándote y esperando la oportunidad para volver a agredirte. No te escondas de tu propia verdad y en otras cosas, lee las estadísticas de las mujeres que fueron asesinadas por sus compañeros y entérate de la forma tan atroz y violenta en que fueron asesinadas (acuchilladas, ahogadas, estranguladas, apaleadas). La mayoría de ellas se acababan de separar de sus asesinos o les habían avisado que iban a hacerlo.

Si no haces un esfuerzo para crear y luego mantener unas mínimas medidas de seguridad, eres fácilmente accesible para el agresor, situación que él puede estar esperando para cumplir sus amenazas.

Mujer, no estás sola. Tienes muchos sitios a los que puedas acudir. Sabes que puedes **pedir ayuda** en la Guardia Civil (EMUME), en la Policía Nacional (SAM), la Policía Local (Unidad Asistencial), en la Policía Autónoma (Unidad Asistencial), en el Juzgado de Guardia o el Juzgado de Violencia sobre la Mujer, en el Servicio de Asistencia a la Víctima, en el Servicio de Orientación Jurídica a la Mujer del Colegio de Abogados y en los Servicios Sociales de tu barrio, entre otros sitios.

El principio de tus planes

Si llevas tiempo sufriendo violencia doméstica y estás pensando en romper con esta situación, es importante que vayas creando en tu entorno un «**equipo humano**» que te sirva de ayuda incondicional para este duro y largo proceso que vas a emprender. Piensa bien a quiénes eliges para que te acompañen y te echen una mano en distintas circunstancias de tu vida, como el que te cuiden a los hijos en momentos concretos, que te acompañen al Juzgado, que te escuchen con cariño y comprensión, que te protejan del agresor, y en definitiva, que los sientas y estén a tu lado.

Lo recomendable es que tu equipo humano esté formado por miembros de tu familia, por amigos de confianza, o bien por profesionales o por grupos de apoyo expertos en temas de violencia. Eres tú quien debe elegir a los compañeros de este viaje hacia tu libertad.

Una vez pensado y formado tu equipo humano, es importante que pienses y decidas qué **medidas de seguridad** vas a seguir: si vas a acudir a una casa de acogida, si vas a solicitar el teléfono móvil con GPS de protección policial, si vas a instalar alarmas disuasorias en tu domicilio, entre otras cuestiones.

Como ves, lo primero que debes planificar en tu situación es protegerte de nuevas agresiones, y no olvides que el **98 por 100 de las mujeres asesinadas** por sus parejas o ex parejas lo fueron en este período de tiempo —cuando decidieron huir del maltratador o solicitaron o le notificaron la separación—.

Todas las medidas de protección que hayas organizado las debes reforzar con la ayuda de la sociedad y de los mecanismos que la misma ha generado en contra del crimen, es decir, busca también la seguridad que te ofrece **el apoyo legal**. Contacta con la policía y pídele que te proteja. Esto no es posible si no presentas denuncia. Actualmente, la interposición de la denuncia conlleva que se dicte con rapidez una orden de protección que incluye la orden de alejamiento y la custodia de tus hijos. Es importante que recuperes los partes de lesiones, si los tienes, y las denuncias previas, si las hubiera.

Después de haber generado un **círculo cerrado** que te cuide y te defienda del maltratador, piensa que necesitas descanso y mucha tranquilidad para reponerte, tomar fuerzas y buscar la serenidad perdida.

SI HAS DECIDIDO ROMPER CON EL AGRESOR

Si has decidido que no vas o no puedes seguir aguantando el maltrato, vete planificando lo qué vas a hacer y cómo lo vas hacer.

El trance de escapar del terror doméstico es el momento más difícil, de más riesgo para ti y también para tus hijos. Este hecho se confirma con los datos que señalan que, cuando las mujeres dejan a sus maltratadores, es cuando más y más brutalmente han sido atacadas por éstos.

Cuando una mujer maltratada rompe con el agresor y éste es sabedor de la situación, habitualmente —y de forma resumida— suelen aparecen dos tipos comunes de reacciones en los maltratadotes, y son las siguientes:

En un primer grupo está el agresor que intenta por todos los medios **convencerte de que no le dejes:** te prometerá que va a cambiar, que no va a volver a pegarte, que ha sido la última vez y otra serie larga de excusas y de promesas que ya conoces porque te las ha dicho muchas veces después de haberte golpeado, pero que, bien lo sabes, luego no las ha cumplido.

En estos casos, y si estás pensando en darle otra oportunidad, debes saber que el agresor no va a cambiar de un día para otro —porque no puede ni tampoco lo ve necesario, y en el fondo no quiere este cambio—, y por tanto, no debes volver con él hasta que se haya producido un cambio radical —después de haberse sometido a un tratamiento psicológico completo.

Si vuelves sin que existan cambios reales y no sólo promesas, el riesgo al que te expones es alto y debes saberlo para proteger tu vida y la de tus hijos.

En otro amplio grupo de maltratadores es muy frecuente que el agresor intuya que en esta ocasión (la que estás viviendo ahora) sus excusas no van a servir para controlarte, que **te ha perdido para siempre** y no tiene el poder de retenerte. Es en estos casos cuando existe el riesgo a nuevas y más violentas agresiones, siendo ésta una situación que se ha considerado muy peligrosa para la integridad física de la mujer por el elevado número de asesinatos dados en estas circunstancias.

Si estás en esta situación o parecida, debes **denunciar** la situación de violencia que vives porque es el único medio de garantizar tu seguridad con las medidas de protección existentes, y en modo alguno retires la denuncia porque dejarás de estar protegida.

Debes solicitar la orden de protección, hacerla cumplir y cumplirla tú también en su integridad. Pregunta e infórmate de todo lo necesario: a cuántos metros de distancia de ti y de tu domicilio debe mantenerse el maltratador, si te puede llamar por teléfono o intentar comunicarse contigo de alguna forma, de quién debe mantenerse también alejado, dónde y cómo vas cumplir el régimen de visitas de tus hijos...

Si el agresor te sigue amenazando, incumple la orden de alejamiento o de incomunicación y te amenaza de alguna manera, no te asustes, porque ésa es su intención —que retires la denuncia por miedo—, y vuelve a presentar una denuncia relatando estos nuevos hechos.

Y desde luego, **evita tener cualquier contacto con el agresor.**

Tienes que saber que si aceptas estar a solas con él, estás en una situación de gran peligro. Él intentará convencerte de forma amable, zalamera y cariñosa de que no corres peligro, de que sólo desea hablar contigo de temas importantes para ti, como, por ejemplo, el cuidado de los niños. Te dirá que te quiere, que no puede vivir sin ti, que echa de menos a los niños, que le perdones, que no te va a pegar nunca más. Pero tú sabes que no es amable ni cariñoso desde hace demasiado tiempo y ésta es la trampa que te está tendiendo. No te sientas culpable, porque el único culpable es él.

LO QUE NECESITAS LLEVARTE

Si vas a abandonar tu hogar, no olvides las siguientes cosas que te van a resultar imprescindibles:

Documentos legales: Los DNI de todos los miembros de tu familia, el pasaporte, el libro de familia, el certificado de nacimiento tuyo y de tus hijos, las tarjetas de la Seguridad Social, la orden de protección o la de alejamiento, el contrato de arrendamiento, las escrituras de propiedad de la vivienda o de otros bienes, el carné de conducir y el seguro de tu coche, los papeles del seguro de salud y vida (si los tienes), los informes médicos tuyos y de tus hijos, los informes escolares, los permisos de trabajo, los documentos de divorcio y de custodia de los niños.

Dinero: Dinero y las tarjetas de crédito (a tu nombre), el talonario de cheques y/o la libreta de ahorros.

Otros artículos: Las medicinas tuyas y las de tus hijos y sus dosis, las llaves de la casa y las del coche, tus joyas y objetos pequeños de valor, tu agenda de direcciones y de teléfonos, algunas fotografías y artículos sentimentales, ropa y mudas para ti y los niños.

SI TE QUEDAS EN TU CASA

Si has decidido seguir en tu domicilio, es conveniente que tengas establecido un plan de huida —por si se complica la situación y debes buscar un lugar seguro de forma inmediata—.

Abre una cuenta bancaria o de ahorros a tu propio nombre y vete dejando el dinero que puedas en ella. Hazte otro juego de llaves de la casa, haz copias de los documentos importantes, agrupa todas las medicinas imprescindibles que tomes tú o tus hijos y deja algo de ropa con alguien de tu confianza. Ten una maleta lista y mantenla en casa de un familiar o de un amigo.

Decide un lugar seguro al que puedas escapar con tus hijos si tu situación se vuelve peligrosa y mantén en secreto tu hogar-refugio. También —y si lo necesitas—, piensa en alguien que pueda prestarte dinero.

Mantén siempre a mano los teléfonos de las personas que en un momento de peligro puedan intervenir rápidamente y que puedan protegerte y solucionar los primeros trámites necesarios.

Ten preparadas algunas monedas o una tarjeta telefónica para poder hacer las llamadas de emergencia.

Decide y planea adónde irás si tienes que dejar tu hogar. Si quieres ir a una casa de acogida, tienes que saber que en algunas casas de acogida no siempre se admite a mujeres embarazadas, a inmigrantes sin papeles, con anticuerpos del sida o con hijos varones de 14 años o más. Entérate de los requisitos y verifica si los cumples.

Si tienes animales domésticos, haz planes para que alguien los cuide en un lugar seguro hasta que puedas recuperarlos.

Desde el primer día, asegura las ventanas y en cuanto puedas cambia las cerraduras de las puertas de tu casa incluidas las del portal y del garaje.

Desarrolla un plan de seguridad con tus hijos e informa a la escuela, a la guardería de los niños, etc., sobre quién tiene autorización para recogerlos. Explica tu situación con claridad.

Informa a tus vecinos y al propietario de tu casa de que el maltratador ya no vive contigo y de que deben llamar a la policía si lo ven cerca de tu casa porque puedes estar en un grave peligro.

Pide a la compañía de teléfono que te den un número totalmente privado y que no se publique en las guías telefónicas.

Nunca llames al maltratador desde tu casa porque él podría descubrir el teléfono e incluso tu dirección.

SI VAS A CONVIVIR CON EL AGRESOR

Paso 1. Si el agresor intenta una nueva agresión, evítala

Si estás en esta situación, puedes tomar algunas iniciativas básicas que te faciliten la futura decisión de escaparte del agresor, y son éstas:

Vete pensado con tiempo en un plan para *escaparte ilesa* de la posible nueva agresión física.

Apréndete, elige y programa el teléfono de urgencia al que vas a llamar (112, 091, 092) y memorízalo en el teléfono de la casa y en tu móvil para que puedas efectuar una marcación rápida.

Si te está agrediendo, deja tu teléfono descolgado, y si no puedes hablar con el operador o la policía, intenta dar datos para que te localicen rápidamente —nombre del agresor o de la calle; tu apellido—. Pero en estos casos, es mejor que llames a un familiar o a una amiga que pueda reconocer tu voz con facilidad sin que tengas que ofrecer información básica para tu localización en un momento difícil para ti y que sea esa persona la que pida ayuda urgente.

Piensa cómo puedes escaparte de la casa y vete buscando el lugar en el que estés menos acorralada y en el que puedas encerrarte o poder salir corriendo a pedir ayuda.

Si te empieza a agredir, trata de ir a un sitio que tenga salida y no huyas hacia el baño, la cocina u otro cuarto sin salida y evita a toda costa los sitios en los que haya cuchillos u objetos punzantes.

Practica cómo salir de casa con seguridad. Identifica qué puertas, ventanas o escaleras deberías usar y haz pruebas de vez en cuando, simulando la situación de ataque real y tu modo de escapar.

Pero cuando escapes, intenta llevarte contigo a tus hijos y acude a un lugar donde estés protegida del agresor durante el tiempo que te sea necesario.

Si crees que vas a necesitar que te ayuden en la próxima agresión e intuyes que estás en una situación de grave peligro, debes contar tu caso a las personas que pueden socorrerte cuando lo necesites, acordando con ellas unas palabras clave o un código que les avise de que estás en peligro y ellas puedan llamar a la policía.

También puedes solicitar a alguna vecina que si escucha que gritas pidiendo ayuda, golpes o si ella percibe cualquier otra situación de violencia, que llame a la policía explicando que tu vida está en peligro y que necesitas ayuda.

Es importante, si vives con tus hijos o con cualquier otro familiar, que les expliques minuciosamente cómo deben pedir ayuda y cómo deben escapar ellos de la situación de riesgo, siempre alejándose del agresor. Elige una palabra clave para usar con los niños, con tu familia, con los amigos o los vecinos para darles a entender que necesitas que llamen a la policía.

Paso 2. Si te está agrediendo, protégete y salva tu vida

Si no has podido escaparte y el agresor ha empezado a golpearte violentamente, no dejes de **intentar escapar** en todo momento porque muchas mujeres lo han conseguido, y no olvides el plan que tenías pensado para escapar y llévalo a la práctica.

En su defecto, enciérrate en un lugar seguro, mejor y si es posible con teléfono o con una ventana para pedir a gritos que te auxilien. Aléjate de las partes de la casa en las que estés acorralada (como la cocina, el baño, los cuartos sin ventanas) y busca un sitio que tenga salida.

No te sientas vencida ni te muestres pasiva. Intenta defenderte con todas tus fuerzas pensando que te va en ello la vida y protégete la cara, el cuello, la cabeza, poniéndote en posición fetal y tapándote con los brazos y las manos. Pero **no dejes de defender tu vida.**

No pares de gritar con toda tu alma pidiendo ayuda —mientras te está golpeando y después también— y en cuanto puedas llama al 112 para que te envíen con urgencia toda la asistencia que precises.

Usa tu instinto de supervivencia y tu sentido común. Si ves que la situación es muy peligrosa —peor que en otras ocasiones—, considera «darle» al maltratador lo que pida para calmarlo y después poder escaparte pasado el peligro. Si es preciso, dile lo que quiere oír: que le quieres, que no le vas a dejar, que vas a retirar la denuncia, dile lo que quiera oír en ese momento porque lo que importa es que salves tu vida.

Es muy útil para estas situaciones, cuando estás en peligro y estás siendo golpeada, que tengas cerca un silbato o un llavero de alarma porque son muy escandalosos y fáciles de usar. Puede servirte para llamar la atención de los vecinos y de las personas que estén cerca de forma muy ostensible y mermar la violencia del agresor.

Paso 3. Después de la agresión, escápate

Ahora es el momento en que debes **llamar a los servicios de emergencias** de tu comunidad autónoma o de tu localidad y pedir que acudan a tu domicilio o donde te encuentres para que tomen todo tipo de pruebas del delito que acabas de sufrir, para que te protejan de nuevos ataques y para que te den las ayudas que puedas necesitar en ese momento.

Cuenta todo lo que ha pasado, deteniéndote en todos los detalles. Ahora es cuando no tienes prisa. Tómate todo el tiempo que necesites para contar cada detalle de tu historia. También puedes hacer una breve denuncia y pedir un tiempo de descanso para recuperarte de esta última agresión y al día siguiente acudir a ampliar la denuncia.

Si tu abogada te recomienda no denunciar los malos tratos sufridos, es posible que no te crea, o tal vez puede que no tenga experiencia en los temas penales o haya perdido los casos que ha llevado en estas materias. Si te pasa esto, **cambia inmediatamente de abogada.** Y no olvides que tienes derecho a tener justicia gratuita por ser víctima de la violencia de género.

Si presentas lesiones es conveniente que acudas a un centro médico (urgencias del centro de salud u hospital) para hacerte un reconocimiento médico completo. Lo habitual es que acudas acompañada de la policía que ha intervenido y que el trato que te dispensen en el centro de salud sea preferencial, respetuoso y discreto. Pide que te entreguen **el parte de lesiones** que adjuntarás a la denuncia —cuando decidas denunciar—. Consigue copias de los informes médicos para el tratamiento de tus lesiones.

Es importante que expliques en el centro de salud cómo se han producido las lesiones y quién te las ha infringido. También puedes solicitar otros informes médicos que puedan vincularse con agresiones anteriores.

Guarda todas las pruebas. Guarda la ropa desgarrada o manchada con sangre. Investiga si los testigos de las agresiones o amenazas están dispuestos a testificar y toma sus datos.

Lo más pronto posible después de la agresión trata de tomar fotografías de tus lesiones. Es conveniente que sea la propia policía la que te saque **fotografías** del estado físico en el que has quedado y que se incluyan en el atestado policial. Estas fotografías son más elocuentes que cualquier informe médico y forense.

No te deshagas de lo que haya destrozado el agresor y guárdalo o entrégaselo a la policía como prueba de la violencia sufrida.

Y ahora, comprende que no puedes volver a sufrir otro ataque violento, que éste ha sido el último y que debes escaparte de él.

Paso 4. Denuncia: pide protección y ayuda integral

Si te conceden la orden de protección (llévala siempre en el bolso), posiblemente el agresor deba abandonar la vivienda y no podrá acercase a ella durante un tiempo establecido. Por ello, informa a los vecinos de que el agresor no vive ya en la casa y que en el caso de que lo vean cerca de ella deben llamar a la policía porque está incumpliendo la orden de alejamiento y porque es para ti una situación muy peligrosa. Explícales que si el agresor quiere entrar en la casa para llevarse ropa u otros enseres personales, lo tiene que hacer acompañado de la policía, y que no pueden dejarle pasar o facilitarle el acceso a tu vivienda porque está incumpliendo la orden de alejamiento y te están poniendo a ti en una situación de grave riesgo.

Es buena idea que cambies, en cuanto puedas, la cerradura de la casa y pongas algunas medidas de seguridad en todas las puertas y en las ventanas.

Si eres tu quien abandona el hogar familiar —por miedo u otras causas—, ten la prudencia de no decir a nadie tu nueva dirección, sé discreta y avisa a tus hijos y familiares que es de vital importancia que el agresor no conozca tu nuevo domicilio. La única forma de que no te localice es que sepas transmitir lo peligroso que es el agresor para ti y se guarde el secreto de tu paradero.

Habla con la policía u otros especialistas para que te asesoren sobre las medidas de autoprotección necesarias para salvaguardar tu vida: cambia radicalmente la rutina en tu vida diaria —busca calles nuevas para ir y volver a casa, al trabajo y al colegio de los niños; cambia de tiendas y de bancos; modifica tus horarios; pide un teléfono móvil con GPS conectado con la policía; apréndete cuál es tu policía de referencia para cualquier urgencia; no estés nunca a solas con el agresor; no vayas por lugares solitarios o sin cobertura telefónica; cuenta tu caso en el colegio de los niños y en tu trabajo para que puedan avisar si aparece el agresor; diles a tus hijos que no pueden dejar que entre en casa el agresor y que comprendan que para ti su cercanía puede ser fatal. No dejes a tus niños solos con el maltratador a menos que sea completamente inevitable. Ellos también pueden estar en peligro.

> *No olvides que lo que estás protegiendo es tu vida*
> *Pide que te protejan y aprende a protegerte a ti misma.*

PLAN DE SEGURIDAD CON TUS HIJOS

Cuando pienses en un plan de seguridad con tus hijos, es importante dejarles bien claro que no son responsables del comportamiento de su padre (o padrastro o del maltratador), y que no depende de ellos que les agreda o no. Diles que el único responsable es el agresor, y por eso es el único que debería sentirse culpable. De la misma manera, y siempre respetando los sentimientos de tus hijos hacia su padre —no debes hablarles mal de él—, debes intentar que comprendan que la situación que estáis viviendo es peligrosa para ti y que también puede serlo para ellos. Si tienes dudas de qué decirles y cómo hacerlo, puedes pedir asesoramiento a una psicóloga que conozca el asunto del que hablamos, es decir, la violencia doméstica.

Es primordial que pienses en lo que tus hijos son realmente capaces de hacer y de entender en relación con la edad que tienen. De esta forma, no puedes pedirle a un niño de cuatro años que camine cuatro manzanas sólo por la calle porque no lo puede hacer, lo hará mal y además el tener que hacerlo le provocará sentimientos de intensa angustia y desamparo. Tampoco puedes pretender que un niño de seis años pueda pasar tres horas solo en su habitación, en silencio y esperando que se termine la situación de riesgo. Tienes que pensar un plan que sea apropiado a la edad de tus hijos, que les resulte fácil de seguir y que no les genere ansiedad, indefensión o miedo.

Es importante que pienses en una persona que les pueda ayudar en el caso de peligro o de cualquier situación imprevista. Dentro de tu plan debes pensar el modo en que tus hijos contacten ágilmente con esa persona, que sea fácil de localizar —en cualquier momento u hora del día— y que tengan lazos emocionales con ella.

Adáptate a lo que tus hijos te digan y dales tiempo para imaginar las soluciones de los problemas que les vas planteando. Pregúntales quién creen que puede ayudarles, y si se ven capaces de pedirle ayuda a esa persona ellos solos.

Diles que no siempre funcionan los planes de seguridad y que si falla no será culpa de ellos sino sólo del agresor. Por ello, habla con ellos como si fuese una parte más del plan, del hecho de que las cosas pueden salir mal o distintas a lo pensado, y anímales a que incluso si no salen los planes como se había previsto, que piensen en escapar y en pedir ayuda; que piensen en hacer lo más parecido a lo que habíais pensado y que no se desanimen ni se asusten.

Ayúdales a identificar los primeros signos de peligro como que mamá y papá estén discutiendo, que papá grite, que esté borracho, que insulte, que amenace, que golpee objetos. Diles que cuando vean estas señales de peligro se preparen y estén atentos para iniciar el plan de ayuda.

Cuando hables con tus hijos de su padre intenta no condenarle como persona, sino sólo sobre las acciones que como maltratador está haciendo. Sabemos que es muy difícil, pero debes pensar en no dañar más a tus hijos. Diles, por ejemplo, «cuando tu padre se pone así hay que alejarse y protegerse de él», o «agredir, pegar e insultar está mal, no es bueno hacer cosas así, y como es un delito lo debemos denunciar».

Para mayor seguridad, tus hijos pueden irse a su habitación, dejar la casa e ir a un lugar seguro, a casa de una vecina, de un familiar, de unos amigos, a la policía. Pero desde luego, deben estar fuera del alcance de su padre e insísteles que nunca intenten parar la violencia del padre, peleando con él o interponiéndose entre vosotros.

Es conveniente que lleven encima su móvil y que esté programado previamente para marcar con una tecla un número, el de alguien que les pueda socorrer. Explícales que cuando hagan la llamada de ayuda, que dejen abierta la comunicación porque el que recoge la llamada puede escuchar lo que está sucediendo y acudir en vuestra ayuda o solicitar más ayuda a su vez.

PLAN DE SEGURIDAD ESCRITO

En la práctica se ha visto que es conveniente que, junto con tus hijos escribas un plan de seguridad para todos vosotros. Frecuentemente olvidamos todo, incluso las cosas más elementales, en una situación de terror o cuando estamos bajo una elevada tensión emocional. Tanto tú como tus hijos, deberéis llevar una copia encima y repasarlo de vez en cuando todos juntos y también por separado. Deben constar en el plan de seguridad los nombres, las direcciones y los teléfonos de las personas y servicios a quienes podéis recurrir, las acciones correctas que debéis hacer, lo que hay que decir. Repasar y tener preparados los objetos que hay que coger y que habéis considerado como indispensables, como la ropa y las medicinas. Y también escribir dónde y cómo os vais a proteger dentro del domicilio si no os podéis escapar.

PLAN DE SEGURIDAD PARA TUS HIJOS EN LAS VISITAS

El intento de manipulación de los hijos por parte del maltratador frecuentemente aumenta después de la separación, utilizando para ello desde las amenazas directas hasta el forzar la complicidad en el acoso a la madre.

El maltratador puede usar a tus hijos en contra tuya de diversas maneras, como por ejemplo: criticándote delante de tus hijos; preguntando a tus hijos lo que haces, con quién sales; pidiendo a tus hijos que te espíen; insultándote si tus hijos se portan mal; culpándote de tu separación o divorcio, diciéndoles que sólo quieres arruinarle y sólo deseas sus bienes materiales; diciéndoles que por tu culpa va a tener que ir a la cárcel; diciendo a tus hijos que estás loca, que te emborrachas, que te drogas; haciendo que otros familiares hablen mal de ti delante de los niños. También puede aprovechar los momentos de intercambio de los hijos para agredirte, insultarte, acosarte. Por este motivo puedes pedir que las visitas estén tuteladas y los intercambios se produzcan en un punto de encuentro, o en su defecto, con testigos que puedan protegerte.

Es muy frecuente que utilizando como excusa a los niños, siga llamándote por teléfono de forma insistente, a horas intempestivas, o mandándote mensajes, con todo tipo de excusas.

Por todo lo anteriormente comentado, en los casos de violencia doméstica se aconseja que sigas las siguientes recomendaciones para cumplir **el régimen de visitas** de los hijos:

Lleva siempre contigo una copia claramente escrita de los documentos legales y de las normas pactadas para el cumplimiento de las visitas de tus hijos. En este documento haz que consten los horarios, los días de visitas, los lugares de intercambio, las condiciones del mismo y todo lo que junto con tu abogada consideres importante.

Sigue las normas al pie de la letra. No te dejes manipular por el padre de tus hijos para cambiarlas. No discutas con él sobre las normas de las visitas, deja que sea tu abogada la que se encargue de estos asuntos legales. Si él insiste, cuelga el teléfono o vete.

Si no has conseguido que las visitas se hagan en un punto de encuentro, intenta pactar que vea a los niños en casa de alguien conocido e imparcial que conozca el riesgo que tú y tus hijos corréis.

Y desde luego, y dada la situación que estás viviendo, es conveniente mantener un contacto mínimo en los encuentros con el maltratador.

Si te agrede en los intercambios, busca testigos y pruebas y denuncia cada vez que ocurra.

Cuando existe una separación, las visitas son difíciles para los hijos y mucho más en los casos de violencia doméstica. Es probable que el padre intente interrogarlos sobre tu vida, tu dirección y teléfono, dónde trabajas, con quién te ves, quién te está ayudando o dónde estás yendo a terapia, qué actividades estás haciendo, etc.

Se ha observado que los maltratadores invierten gran parte del tiempo en el que están visitando a sus hijos en «labores investigadoras» sobre la madre —y a su vez mujer maltratada—, manipulando los sentimientos de sus hijos en contra de la madre, en vez de estar centrados en el bienestar de sus hijos y en hacerles pasar un tiempo feliz y en el que se intercambien las muestras de afecto que sirvan para afianzar la relación paterno filial.

Por ello, es importante que tu hijo entienda que todos esos datos son confidenciales y que no debe hablar de ello con el padre por mucho que él insista en preguntarle.

Como un método para que tus hijos no sean vulnerables a estas situaciones de manipulación que les hace sentir no queridos, traidores y culpables, debes **hablar con tus hijos** sobre:

— Cómo responder a los interrogatorios del padre sobre ti y tus cosas, diciéndole, por ejemplo, «por favor, no me preguntes sobre mamá, me molesta».
— Cómo deben reaccionar si el padre está borracho o drogado: «cuando papá está muy borracho habla de una forma especial que tú conoces, está inquieto y puede no estar capacitado para cuidarte. En esos casos llama a la abuela y pídele que te lleve a su casa».

Tus hijos tendrían que saber usar el teléfono, y si es posible deberían llevar un móvil programado con los números imprescindibles para su seguridad y para no sentirse aislados y sin posibilidad de mantener contacto contigo.

Puedes plantearles a los niños que es posible que su padre les haga sentir divididos entre las lealtades hacia él y hacía ti. Diles que esta situación es la habitual, que no se sientan mal por ello y que con el tiempo todo se soluciona.

Si tienes varios hijos, enséñales cómo se pueden ayudar unos a otros. Conoces los puntos fuertes y los débiles de cada hijo y puedes indicarles la mejor forma de apoyarse entre ellos.

Explica con anticipación a tus hijos los detalles del próximo encuentro y los pactos sobre las visitas.

Si es posible, no muestres a tus hijos tus sentimientos e ideas contra el padre, no les informes de los impagos de su pensión, y no les interrogues sobre detalles privados del padre.

Si una vez separados él inicia una **terapia para maltratadores,** puede hacerlo por diversos motivos egoístas y sin una verdadera intención de cambio:

— Porque el juez se lo ha indicado.
— Para conseguir tener visitas con los hijos.
— Para que tú vuelvas con él.
— Para que retires la denuncia, etc.

Como se ha observado que en muchos casos es así, estate muy atenta a los siguientes signos indicadores de que no está cambiando, ni quiere hacerlo:

— Manipula el tratamiento contra ti, como si *allí* le dieran la razón y le justificaran las atrocidades que te ha hecho.
— Te dice que ahora se da cuenta de que tú eres la maltratadora.
— Te presiona para que vayas a terapia individual o de pareja.
— Te dice que le debes otra oportunidad.
— Dice que él no puede cambiar sin tu ayuda.
— Intenta que tú o tus hijos os compadezcáis de él.
— Atemoriza a los hijos con un futuro económico negro si no vuelves con él.
— Tienes que ir detrás de él para que vaya a la terapia.
— Cuando habla delante de otras personas del maltrato lo minimiza.

Es conveniente oír la versión que ha dado al terapeuta, y que éste conozca si ha existido una nueva agresión, una amenaza o cualquier otra situación violenta durante la terapia.

— Habla como si tuvieras que estarle agradecida, o como si estuvieras en deuda con él por ir a terapia. Dice que lo hace por ti.
— Intenta convencerte de que vuelvas con él.
— Intenta convencerte de que renuncies a la orden de alejamiento.

— Intenta convencerte de que retires la denuncia.

— Espera que hagas cosas por él, como plancharle la ropa, hacerle la comida.

— Intenta que tengáis relaciones sexuales. **Ni se te ocurra volver a tener relaciones sexuales con él.**

— Aunque lo disimula, notas que no te escucha ni respeta tus opiniones.

— Si dices algo que no le gusta, te castiga de alguna manera.

— A los hijos no les ha reconocido que te maltrató o minimiza sus agresiones.

— Habla de vuestra separación como de una desavenencia pasajera.

La recomendación en este aspecto es que no vuelvas con el maltratador sin que se haya producido un cambio profundo en sus actitudes, conductas, motivaciones y sentimientos. Como bien sabes, estos cambios sólo se producen con tiempo, y el tiempo mínimo estimado es el de 18 meses de terapia.

LA CUSTODIA DE LOS HIJOS

Es probable que cuando un maltratador inicie una nueva relación, ésta esté marcada por los malos tratos con su nueva pareja si antes no ha terminado un programa terapéutico especializado. Por ello, no hay que dar por supuesto que acabada la relación con tu pareja, el maltrato no continúa para vuestros hijos. Si el niño presencia el maltrato a la nueva pareja de su padre, esta violencia sigue dañando la salud emocional del niño.

Dejar a los niños con el maltratador puede perpetuar en ellos el ciclo de la violencia al estar expuestos a un ambiente en el que la violencia es una conducta aceptable y lo «normal» en las relaciones de pareja.

Probablemente tú como madre tengas mejores habilidades maternales, ya que habrás sido la cuidadora primaria de tus hijos.

Lo más habitual es que el juez, cuando existe maltrato, atribuya la custodia a la madre. Por otra parte, existe la patria potestad que es la autoridad que tienen ambos progenitores sobre el hijo en común. Los artículos 170, 92 y 158 del Código Civil conceden a los tribunales el poder de privar de la patria potestad a un padre que vulnere sus deberes y actúe en detrimento del hijo. Es una decisión muy grave que sólo se toma en circunstancias muy extremas.

Los malos tratos familiares se consideran como motivo de transgresión de los deberes paterno-filiales, y por tanto, originan restricciones y suspensiones de las visitas en el caso de que el juez estime que tales visitas pueden exponer a los hijos a un riesgo.

Lo que se ha venido produciendo hasta ahora ha sido una reticencia por parte de los jueces para retirar al padre su derecho de visitas cuando los malos tratos se habían producido solamente contra la mujer y no existían malos tratos físicos directos contra los hijos. Este hecho ha facilitado, en muchos casos, que el padre maltratador tenga un acceso fácil a la madre, instrumentalizando las visitas de los hijos para proferir amenazas y cometer más agresiones.

Puedo asegurar que, en los muchos años en los que he atendido a cientos de mujeres maltratadas, incluso en los casos extremos de violencia, nunca he conocido que se le haya privado a ningún maltratador de la patria potestad. Pero quizá lo que resulta absurdo y penoso es que, en el inicio de la instrucción del caso —sin que ni siquiera se hayan solucionado las mínimas necesidades básicas de la mujer maltratada y de sus hijos y sin que se conozca la peligrosidad del caso— el maltratador consiga que prevalezca como fundamental y prioritario que se decrete su régimen de visitas con los niños, cuando no parece ser el momento más oportuno y es muy complicado en distintos sentidos organizar las visitas. Pero es más, en la mayoría de los casos, el afán del maltratador por ver a los hijos parece estar motivado por su necesidad de control y de venganza contra la mujer y se observa que las visitas son un esfuerzo emocional que deben hacer los hijos con consecuencias negativas en su estado emocional ya resentido.

De todas formas, es importante que sepas que cuando el juez o el fiscal lo estimen pertinente, y también a petición de tu abogada, se puede solicitar una pericia al servicio técnico experto del Juzgado (psicólogas, trabajadoras sociales) para que hagan un estudio de la situación familiar y, en especial, de las condiciones psicológicas y sociales del padre. Estos informes pueden evaluar minuciosamente cuáles son los beneficios o perjuicios que reporta a los menores la relación con su padre maltratador. También se ha dispuesto que las visitas con los hijos se puedan realizar en lugares seguros, los llamados puntos de encuentro, donde el padre pueda recoger a los hijos sin que la madre esté expuesta a posibles agresiones.

Contrariamente a lo que la gente cree, muchos padres maltratadores consiguen la custodia de los hijos

Por ello, ten en cuenta que sin un asesoramiento legal adecuado, o con un abogado de oficio inexperto que no sepa cómo defenderte de las acusaciones falsas del maltratador, puedes perder la custodia de tus hijos.

Lo más terrible es que tu hijo crecerá en un ambiente donde se usa y promociona la violencia y aprenderá el modelo violento de relacionarse al ver que, efectivamente, la violencia es un buen método para conseguir de forma rápida y eficaz lo que uno se propone.

Incluso aunque tengas una representación legal correcta, en algunos casos puede llevarte años probar que el maltratador te amenaza, atemoriza a tu hijo, lo maltrata y lo utiliza para seguir controlándote. En estos supuestos, es frecuente que los tribunales minimicen o racionalicen el abuso, así como su impacto en tu hijo.

También se está observando que existen algunos psicólogos que anteponen la alienación que pueda causar en el hijo las críticas de la madre hacia el padre, a los malos tratos de éste hacia aquélla, y recomiendan que se otorgue la custodia al padre maltratador. Para estos psicólogos sin experiencia sobre la dinámica de la violencia doméstica, y todo sea dicho de paso, con una gran componente sexista en su ideología, la presencia de la figura paterna en la vida del hijo es más importante que la violencia que esa figura pueda ejercer en el ámbito familiar.

Los esfuerzos que hagas para protegerte y proteger a tus hijos del padre maltratador pueden ser malinterpretados como una actitud negativa intencional hacia el hombre maltratador. Las abogadas especialistas en la defensa de las mujeres maltratadas deben considerar importante el hecho de identificar, colaborar y vincular a las psicólogas que tengan formación y experiencia sobre violencia doméstica para que describan y periten sobre el impacto psicológico dañino que se produce en los hijos que vivencian el maltrato.

Parece ser que los padres maltratadores «pelean» más que el resto de los padres no violentos por la custodia y el control de los niños. Estate atenta porque se sabe que, cuando la madre denuncia el abuso al que está siendo sometido su hijo, el padre agresor suele negar las alegaciones presentadas y reacciona acusándola del «síndrome de alienación parental» diciendo que ella ha mentido y ha presentado una falsa denuncia de violencia doméstica para enfrentar al niño con el padre. En Estados Unidos, aunque no es un diagnóstico del DSM-IV, algunos padres maltratadores ya han ganado la custodia con este pretendido síndrome.

MEDIDAS DE SEGURIDAD EN EL TRABAJO

Tu centro de trabajo puede ser el lugar ideal que el maltratador elija para acosarte, agredirte o para perjudicarte. Es un sitio adonde debes acudir diariamente por una obligación difícil de eludir. Por ello, debes pensar en cómo vas a protegerte yendo, estando y volviendo de tu trabajo.

Es importante que informes a tu superior y/o tus compañeros de trabajo de la situación de maltrato que has vivido, el peligro en que te encuentras y pídeles su colaboración.

Puedes solicitar un cambio de destino y que guarden su confidencialidad del nuevo destino de tu trabajo. De no ser posible, debes intentar cambiar el horario de trabajo (vete antes o después del horario habitual; cambia los hábitos de entrada y de salida de tu centro de trabajo). Ten preparado un plan para la salida del trabajo. Busca un acompañante para ir hasta el coche, el autobús o el tren. Si es posible, utiliza varias rutas para ir de la casa al trabajo y también del trabajo a casa. Piensa en lo que puede pasarte de camino a casa para prevenirlo. Mantén una copia de la orden judicial de alejamiento en tu lugar de trabajo. Entrega al personal de seguridad y a tus compañeros y amistades una foto del maltratador. No acudas sola a desayunar, almorzar o comer, vete siempre acompañada.

Vigila las llamadas telefónicas que recibas, y si ves que es el maltratdor el que te llama, pídele a otra persona que responda al teléfono. Si es posible, pídele a alguien de tu trabajo que conteste a las llamadas de teléfono que te hagan, para saber quién está llamando. No borres los mensajes que te deje en el contestador del trabajo. Guarda además cualquier mensaje electrónico.

CRÉATE UN ADECUADO SOPORTE SOCIAL

No olvides que la vida continúa, que debes empezar a ser independiente económicamente y obtener unos ingresos que te permitan mantenerte a ti y a tus hijos. Para ello debes enterarte de los recursos reales con los que cuentas, los que existen de verdad. Haz una lista con toda la gente que conoces, y pregúntate: ¿Quién me ayudaría si lo necesitara? Puedes escribir las iniciales de la persona o la relación que tienes con ella. Si no tienes ningún soporte, pon «Nadie». A continuación te relato algunas de las cuestiones que por lo general son más necesarias al emprender una nueva vida, y con las mismas hazte un listado tal y como te he explicado:

1. ¿Quién me prestaría dinero si lo necesito?
2. ¿Quién me llevaría en coche o me dejaría el suyo?
3. ¿Quién me alojaría de forma temporal en su casa?

4. ¿Quién me ayudaría a obtener un trabajo?
5. ¿Quién me ayudaría con los niños como «canguro»?
6. ¿Quién me proporcionaría información (psicológica, legal, social)?
7. ¿Quién me protegería de un ataque físico o intervendría si el agresor me atacara?
8. ¿Con quién contaría para esconderme del agresor?
9. ¿Quién me proporcionaría alimentos, ropa y otras cosas?

Sabemos que la falta de recursos económicos fuerza, en muchas ocasiones, a las mujeres maltratadas a volver con el maltratador.

Por este motivo, creo que las abogadas e incluso los mismos tribunales os deberían ofrecer la información sobre cómo podéis alcanzar la independencia económica.

Cuando en estudios de victimología se ha planteado la cuestión «¿qué aumentaría la seguridad de la víctima?», siempre se ha concluido que en primer lugar sería la **independencia económica.**

Por tanto, una parte crítica en tu plan de seguridad es **tu seguridad económica.**

Éstas son algunas de las afirmaciones a este respecto que avalan la teoría que vincula la dependencia que tienes del maltratador —por tu dependencia económica y por la falta de recursos socioeconómicos—:

1. La violencia doméstica se da en todos los grupos de mujeres, independientemente de vuestro nivel socioeconómico. Sin embargo, la huida del agresor aumenta ampliamente en los grupos con recursos financieros y/o buena formación profesional.
2. Muchas de vosotras —con bienes propios o de su propia familia— habéis llevado una vida mísera porque el maltratador ha controlado todo vuestro dinero y vuestros bienes. Pero en cuanto recibáis algo de ayuda, busquéis una buena abogada y recuperéis parte de vuestro patrimonio, acabaréis escapando satisfactoriamente del agresor.

3. Debería ser de obligado cumplimiento que todos los profesionales que os informan, os pregunten sobre vuestra situación económica y vuestros planes de trabajo para ayudaros a crear, paso a paso, un plan de supervivencia que os permita conseguir la independencia económica.

4. Es comprensible que muchos profesionales sanitarios y del derecho piensen que ésa no es su tarea, pero si les preocupa el riesgo en el que estáis vosotras y vuestros hijos de volver con el maltratador, deben asumir que un plan de acción económica y laboral es el mejor modo de aportaros seguridad. Al menos estos profesionales deben conocer los recursos que existen y todos los servicios y asociaciones que os puedan ayudar.

5. Asegurar el cobro de las pensiones de vuestros hijos aumenta la probabilidad de que éstos salgan de la pobreza y no tengan que volver con vosotras a la casa paterna. Los maltratadores a veces utilizan el impago de la pensión de vuestros hijos como medio de acoso y de coacción para que volváis con ellos.

6. Un estudio realizado en Pensilvania (Estados Unidos) se encontró que el rasgo común entre los hombres que no pagaban las pensiones de sus hijos era la propensión a cometer crímenes de violencia doméstica.

7. Una causa primaria de pobreza infantil en Estados Unidos es el impago de las pensiones infantiles. Más del 80 por 100 de los padres no custodios, o no pagan nada o pagan menos del 15 por 100 de su presupuesto para el soporte del niño.

8. Podría ser una buena medida establecer un Fondo de Garantía de Pensiones Impagadas, que cubra el pago de éstas a los hijos, quedando el padre como deudor de ese Fondo.

OTRAS RECOMENDACIONES

Recuerda que a los profesionales de la salud mental (psicoterapia, psicología, psiquiatría) debes preguntarles si están dispuestos a hacer un informe sobre tu estado de salud mental o el de tus hijos, y sobre las secuelas psicológicas de la violencia que has sufrido. Si te dicen que no están dispuestos a informar, cambia de profesional.

Pídele un informe a tu médico de cabecera sobre su actuación médica contigo. Dile que informe de las veces que te ha tratado de lesiones o enfermedades ocasionadas directa o indirectamente por los malos tratos.

Cuando vas a urgencias por una lesión causada por tu pareja, tienes derecho a exigir que el médico que te atiende haga un parte de lesiones. Si se niega, recuerda que puedes denunciarlo.

Pregunta a tu trabajadora social por las ayudas existentes para las mujeres maltratadas y pídele que te ayude a tramitarlas.

Pregunta por las asociaciones o las instituciones que puedan ayudarte a buscar trabajo.

También puedes solicitar una entrevista con el fiscal de Violencia Doméstica más cercano.

Sería conveniente que te prepararas para el juicio con ayuda de tu terapeuta y de tu abogada.

> *No olvides el refrán que dice «más vale prevenir que lamentar».*

A ti... maltratador

Es común a todo ser humano el experimentar distintos tipos de emociones —miedo, deseo, alegría, tristeza, ira, culpa— frente a diferentes situaciones de la vida. La función de las emociones es adaptativa de cara a la supervivencia de la persona. Así, por ejemplo, la ira tiene un efecto energizante que facilita la adopción de conductas adecuadas para hacer frente a una frustración (Salaberría, 1995).

La raigambre biológica de estas emociones primarias se pone de relieve en los cambios fisiológicos que experimenta el organismo cuando se desencadenan. En el caso de la ira, la persona puede experimentar, por ejemplo, acaloramiento corporal, respiración acelerada, gestos crispados y puños apretados (Echauri, 2005).

No obstante, estas emociones pueden activarse en algunas condiciones sin este sentido funcional, y ser, por ello, responsables de consecuencias negativas en la salud física y/o psicológica de uno mismo, o, en el caso de la ira, en el bienestar de la otra persona.

Lo que confiere un carácter patológico a las emociones es, en unos casos, la inadecuación de las mismas a las situaciones que las han puesto en marcha; en otros casos, la excesiva intensidad y/o duración de las respuestas emocionales en relación con los estímulos que las han provocado.

El maltrato contra la pareja es consecuencia de un estado emocional intenso —la ira—, que interactúa con actitudes de hostilidad, con un repertorio de conductas pobres —déficit de habilidades de comunicación y de solución de problemas— y con unos factores precipitantes —situaciones de estrés, consumo abusivo de alcohol y celos, así como con la percepción de vulnerabilidad de la víctima (Echeburúa, 2004).

Los componentes de la conducta doméstica violenta

Según estos autores (Echeburúa y Fernández-Montalvo, 1998; Echauri, 2005, 2007a), en las conductas violentas dentro del ámbito familiar interactúan una serie de actitudes, los estados emocionales, y de otras cuestiones que permiten y favorecen que exista violencia doméstica en sus diversos tipos e intensidades. Postulan la teoría de que no es cuestión de un solo factor, sino de la interacción de al menos varios de ellos, y son los siguientes:

a) **La actitud de hostilidad del hombre hacia la figura de la mujer** como resultado del aprendizaje y la educación recibida por el maltratador y fundamentada en los roles y estereotipos sexuales machistas, en los que se considera que la actitud de la mujer debe ser de sumisión frente al hombre. También se cree que el agresor se siente libre para agredir porque percibe la indefensión y la debilidad de la mujer. A su vez, la existencia de celos patológicos en el agresor le ofrece la justificación para utilizar las conductas violentas como estrategia para solucionar sus problemas, que lógicamente el agresor cree son responsabilidad de la mujer maltratada. Más en concreto, la hostilidad deriva de actitudes y sentimientos negativos —de maldad, de venganza y de cinismo—, desarrollados por una evaluación negativa generalizada de las conductas de su pareja y de las mujeres en general, que generan un impulso a hacerle daño, y de esta forma buscar un cambio en su pareja.

b) **Un estado emocional de ira.** Ésta es una emoción interna, que puede oscilar en intensidad —desde la suave irritación a la rabia intensa— y en calidad —acciones constructivas o destructivas— y que en los agresores genera un impulso que les fuerza a hacer daño. En estos casos, el estado de ira irracional se ve reforzada por la actitud de hostilidad que el agresor tiene hacia la mujer, así como por los pensamientos y recuerdos relacionados con situaciones negativas vividas en su relación, o bien, que surgen directamente por algunos estímulos externos a la relación de pareja que le provocan malestar, como pueden ser los contratiempos laborales, las dificultades económicas o cualquier otra cuestión problemática.

En general, que el ser humano manifieste sentimientos de ira no se considera como algo insano. Es más, reprimirla sistemáticamente puede ser contraproducente y puede ser el origen de alteraciones psicosomáticas (úlceras gastroduodenales, problemas cardiovasculares y otros). La represión de la ira también puede desahogarse con explosiones intermitentes de ira descontroladas, de consecuencias imprevisibles, y frecuentemente con resultados negativos e inapropiados.

El aprendizaje del control de los sentimientos de ira es fundamental para poder llevar una vida equilibrada. Es imprescindible en todo ser humano el manejo de la expresión de la ira e incorporarla a nuestras herramientas personales que canalicen las insatisfacciones intensas en la búsqueda de soluciones útiles.

Por el contrario, el sentimiento de ira descontrolada, además de ser insana, suele estar acompañada de actitudes hostiles, genera conductas violentas y contribuye a deteriorar la relación con los demás.

c) **Los factores precipitantes directos.** Se describen como tales al consumo abusivo de alcohol y/o drogas, que cuando interactúa con las pequeñas frustraciones de la vida cotidiana en la relación de pareja contribuye a la aparición de las conductas violentas.

d) **Un repertorio pobre de conductas y los trastornos de personalidad.** Se ha observado en los agresores domésticos que suelen presentar algunos déficits conductuales, como la carencia de habilidades de comunicación y de resolución de problemas que les impide la canalización de los conflictos de una forma adecuada. El problema se agrava cuando existen alteraciones en los rasgos de la personalidad del agresor, como el tener una elevada suspicacia, celos patológicos, autoestima baja, falta de empatía afectiva y necesidad extrema de estimación.

e) **La percepción de vulnerabilidad de la víctima.** Hablando de los hombres maltratadores, cuando se encuentran irritados, frustrados o alterados, suelen descargar su ira en otra persona, habitualmente sobre aquella que perciben como más vulnerable e indefensa y que por lo general no tiene la capacidad física para defenderse y responder en igualdad de condiciones. También es habitual que las descargas de ira a modo de agresiones las haga el maltratador en un entorno privado —la familia—, en donde es más fácil ocultar lo ocurrido. Éste es uno de los motivos que hacen que las mujeres, los ancianos y los niños sean las personas más vulnerables y susceptibles de ser agredidas, y que el hogar —el refugio de protección por excelencia— pueda convertirse, paradójicamente, en un lugar de riesgo.

f) **El reforzamiento de las conductas violentas previas.** Frecuentemente, las conductas violentas del agresor familiar quedan impunes por varias cuestiones: porque no ha recibido una respuesta de similar violencia, porque ha sido perdonado por su víctima y porque no ha sido denunciado después de cometer este delito violento. Todo esto hace que las conductas violentas queden reforzadas para el hombre violento, porque con ellas consigue los objetivos deseados. La violencia puede ser un método sumamente efectivo y rápido para conseguir lo deseado. Por otra parte, la conducta sumisa de la mujer frente a las agresiones también se refuerza, pese a que con su comportamiento claudicante intente evitar o reducir las consecuencias derivadas de una conducta violenta por parte de la pareja.

LOS TIPOS DE MALTRATADORES

Siendo concisos, y para facilitar la localización de los hombres agresores, podemos decir que existen de dos tipos (Rodríguez de Armenta, 2003, 2007a):

— **Los dominantes,** que se caracterizan por tener una evidente personalidad antisocial, y por tanto, manifiestan sus conductas violentas, tanto dentro como fuera del hogar. Este tipo de agresores suelen tener problemas en el trabajo, con los vecinos, y en general, en muchos ámbitos de su vida.

A los agresores dominantes es fácil de detectarlos, y sus conductas violentas facilitan las primeras intervenciones de asistencia a la mujer maltratada, en el supuesto de que denuncie.

— **Los dependientes,** que tienden a ser depresivos, celosos, con poca confianza en sí mismos, desconfiados y se muestran violentos sólo en el ámbito doméstico, siendo con relativa frecuencia amables y de aspecto controlado en el trabajo, con los vecinos y con los amigos.

Hasta hace poco tiempo, este tipo de agresores familiares conseguían confundir a la policía, a los jueces, y en general, a casi todos los que asistían a la mujer agredida, que en contraposición a la imagen positiva del agresor, aparentaba ser ella la descontrolada.

Afortunadamente, actualmente el aspecto superficial de las conductas externas de los agresores cada vez confunden y engañan menos.

Obtener un perfil psicopatológico de los agresores es complicado, si bien se están realizando estudios de gran interés en estos momentos. Pero sí se puede establecer una serie de variables de riesgo asociadas al maltratador doméstico (Echeburúa, 1998): el escaso autocontrol (ira/hostilidad, frustración), las conductas celotípicas hacia su pareja (necesidad de control y dominación en la relación afectiva), la dificultad para expresar e identificar los afectos (analfabetismo emocional), las deficiencias en las habilidades comunicativas (escasa empatía y asertividad) y en la resolución de problemas (consecución de objetivos utilizando la violencia), las distorsiones cognitivas sobre el uso de la violencia y de los roles sexuales, la irritabilidad extrema, la labilidad emocional, los mecanismos de defensa (negación de la conducta violencia, minimización, atribuciones externas).

Un estudio reciente permite matizar las características que conforman el perfil del hombre maltratador (Martínez, M., Rodríguez de Armenta, M. J., Echauri, J. A. y Azcárate, J., 2007). El estudio se ha realizado con una muestra total de 117 hombres agresores (69 inmersos en los programas terapéuticos ambulatorios y 48 en prisión como reclusos). El perfil de los datos sociodemográficos en ambos programas es el siguiente: edad (30 a 50 años), nacionalidad (57 por 100 española, 43 por 100 extranjera), estudios (70 por 100 básicos), tiempo medio de relación de pareja (10 años) y trabajo activo (63 por 100). Si se comparan por separado las muestras de prisión y ambulatorias, no existen diferencias relevantes con respecto a las generales.

Por otra parte, también se ha observado que existen unas características comunes en el estilo de personalidad de los agresores de los dos programas terapéuticos —el ambulatorio y el de prisión—, y es el siguiente: presentan rasgos compulsivos, rasgos dependientes y rasgos narcisistas. Se observa una mayor psicopatología en los sujetos penados que en los ambulatorios y se caracterizan por los rasgos antisociales, esquizoides, paranoides, esquizotípicos, con trastornos delirantes, distimia, pensamiento psicótico, depresión mayor y por el abuso de alcohol.

Por todo lo expuesto, podemos distinguir ciertas señales de alerta a la hora de discriminar el perfil de un hombre potencialmente violento, y es:

— La baja o nula tolerancia a la frustración, habitual también en consumidores de droga-alcohol.

— El carácter impulsivo y con muchas dificultades para el autocontrol.
— El puntuar alto en rigidez, lo cual incrementa la dificultad para buscar soluciones y predispone a la obcecación-obsesión.
— El puntuar alto en paranoidismo, sobre todo en los perfiles celomáticos.
— Que piensen en la constante infidelidad de su mujer, y por tanto, la encierran, le impiden que hable con otras personas, y no deje de agredirla si lo considera necesario para el total control sobre ella; que sea posesivo. Su nivel máximo será el crimen pasional.
— Las dificultades en las conductas emocionales, que correlaciona con la rigidez, el paranoidismo, el aislamiento social y emocional.
— La baja autoestima que para compensarla actúa con violencia contra los demás a modo de autoafirmación.
— El consumo de alcohol-drogas, aunque no en todos los casos, pero siempre puede ser un factor potenciador de la predisposición a la violencia o del agravamiento de las conductas violentas habituales. Muchos distorsionan su culpa porque dicen que no sabían lo que hacían.
— La inestabilidad emocional que provoca cambios de humor, falsos arrepentimientos o de corta duración e inseguridades que resolverá iniciando un nuevo ciclo de violencia.

Otra característica del maltratador es la negación del maltrato doméstico. Cuando una conducta genera malestar al pensar fríamente en ella o es rechazada socialmente, se utilizan estrategias de afrontamiento para eludir la responsabilidad, como buscar excusas, alegar que se trata de un problema estrictamente familiar, hacer atribuciones externas, considerar lo que ocurre como normal en todas las familias o quitar importancia a las consecuencias negativas de esta conducta para la mujer maltratada (Fernández-Montalvo, 1997; Madina, 1994).

INDICADORES DE LA VIOLENCIA DOMÉSTICA

Si analizamos las declaraciones que habitualmente realizan las mujeres que han sufrido violencia doméstica, se puede inducir que los agresores manifiestan diversos «indicios» de conductas violentas, que pueden servir para apreciar el riesgo que supone el iniciar una relación violenta y prevenirlas.

Es muy característico del agresor el *ignorar los sentimientos* de las personas cercanas. Con frecuencia ridiculiza o humilla a la mujer, tanto en público como en privado, con frases como «no seas ridícula», «tú de esto no sabes nada», «ya estás llorando otra vez para no hacer lo que te he dicho, ¿no?».

Las *críticas, insultos y gritos* son el lenguaje diario con el que manifiesta su sentir. Al principio de la relación de pareja, este tipo de agresiones es más sutil —«pareces tonta», «tu familia es una pesadez y se meten donde no deben»—, pero lo habitual es que suban en intensidad y en grado de descalificación —«eres una puta que se va con todos», «no sirves para nada», «no sirves ni para follar».

El agresor intenta tener supeditada la víctima a través del *control de sus opiniones e ideas,* hasta conseguir que la mujer sea incapaz de tomar sus propias decisiones, incluso las más elementales de la vida cotidiana, creándole una gran dependencia emocional, difícil de superar incluso después de haberse separado del agresor —«no te pongas eso que estás horrible», «lees cada mierda que no me extraña que seas tan gilipollas».

La limitación del uso de los *bienes económicos,* el no permitirle el acceso o la posesión de bienes y propiedades, el dificultarle que tenga su propio trabajo son otros de los medios que el agresor doméstico emplea para limitar la libertad de la mujer agredida y una forma muy eficaz de controlarle. De esta manera, se consigue que la mujer se aísle socialmente al no permitirle trabajar y que no se relacione con las amistades y sus familiares.

Los frecuentes ataques de celos se suelen acompañar con amenazas de dejarla, suicidarse o de hacerle daño, consiguiendo intimidar a la mujer maltratada destrozando sus cosas e incluso haciendo daño a los animales domésticos (nuevo indicador predictivo de la violencia doméstica), y también utilizando o teniendo armas que le exhibe amenazadoramente a la mujer.

EL ABUSO DE ALCOHOL Y/O DE LAS DROGAS EN LA VIOLENCIA DOMÉSTICA

Se puede establecer una combinación de características comunes que están asociadas de forma constante con el maltratador doméstico. Los hombres que en su infancia han sido testigos de experiencias de maltrato, que están en paro, que tienen rasgos de personalidad antisocial y que abusan de las drogas y/o del alcohol tienen una probabilidad mayor de ejercer maltrato contra su pareja que los hombres que no tienen estas características. Parece que existe cierta base empírica que apoya el estereotipo del maltratador en lo que se conoce como el «holgazán borracho». La combinación de un estatus ocupacional bajo y el abuso de alcohol aumenta en 8 veces la probabilidad de aparición de conductas violentas frente a las situaciones en que el marido bebe poco y tiene estatus ocupacional alto (Coleman, 1983; Kaufman, 1987). Por otro lado, dado que la personalidad antisocial y la depresión mayor son entidades diagnósticas que se encuentran con bastante frecuencia entre los alcohólicos, no es sorprendente encontrar una asociación de estos trastornos con el maltrato físico (Dinwiddie, 1992; Swanson, 1990).

El abuso de alcohol está presente en más del 50% de los maltratadores domésticos (Bland, 1986; Kaufman, 1987; Sarasua, 1994; Van Hasselt, 1985; Walker, 1984). La agresión bajo la influencia directa del alcohol es muy variable y oscila entre el 60 y el 85% de los casos (Appleton, 1980; Roberts, 1988), si bien en otros estudios no ha rebasado el 25% de los sujetos estudiados (Kaufman, 1987). En cualquier caso, el abuso de alcohol no explica en su totalidad la presencia de conductas violentas en los maltratadotes, y desde luego no es un motivo para su justificación.

Por lo que se refiere al consumo de drogas, las tasas de incidencia en los hombres violentos son menores y oscilan entre el 13 y el 35% de los sujetos estudiados (Bergman, 1993; Roberts, 1988).

Los resultados de los que se disponen apuntan, por una parte, a que el maltrato es más grave cuando el maltratador está bajo los efectos de la droga o del alcohol, y por otra, a que las sustancias que se consumen con mayor frecuencia entre los maltratadores son la marihuana, la cocaína, las anfetaminas y el «speed» (Roberts, 1988). Con todo esto, no se puede considerar el abuso de alcohol como causa necesaria o suficiente a la hora de explicar la presencia de conductas violentas en el maltratador.

OTRA FORMA DE AYUDAR A LAS MUJERES: EL PROGRAMA TERAPÉUTICO PARA AGRESORES DOMÉSTICOS

Se ha considerado importante que la aplicación de cualquiera de los tipos de tratamiento psicológico a los hombres agresores se realice de forma individualizada, ajustados a las necesidades específicas de cada persona e intercalados con sesiones grupales.

El programa terapéutico deberá ser prolongado, con controles de seguimiento regulares y próximos en el tiempo y que cubran un período de uno o dos años.

Se adoptará una perspectiva realista: muchos de los agresores familiares no reconocen el problema que tienen y el que generan —no se reconocen como maltratadotes—, y por lo tanto, no tienen la motivación intrínseca necesaria para adoptar el cambio de las conductas agresivas.

Considerando esta hipótesis, se postula en la aplicación de algunos de estos programas terapéuticos que la motivación sea extrínseca, es decir, que sean motivados por la aplicación de alguna medida judicial (Martínez, 2007; Rodríguez, 2007a).

Todos los programas terapéuticos con agresores establecen unos objetivos prioritarios: el garantizar la seguridad de la víctima, el impedir la extensión del maltrato y el trabajar las limitaciones propias del sujeto agresor (Rodríguez, 2003, 2007a).

Los programas terapéuticos, tanto los ambulatorios como los de prisión, están basados inicialmente en los protocolos descritos por Echeburúa y Corral (1998), y se encuentran integrados en el siguiente esquema o procedimiento:

Derivación. Los sujetos agresores acceden al programa ambulatorio a través de la Administración autonómica con competencias en materia de justicia si se encuentran en libertad (voluntarios o con sentencia judicial), o al programa instaurado en la prisión mediante la Junta de Tratamiento del Centro Penitenciario (penados o preventivos).

Puede darse el caso de que sujetos que han comenzado el programa ambulatorio sean ingresados en prisión (vía judicial) y allí prosigan el programa, o, por el contrario, sujetos penados que se encuentran disfrutando de tercer grado, de libertad condicional o libertad, tengan la oportunidad de continuar su proceso terapéutico en el programa ambulatorio. Del mismo modo, los reclusos preventivos que son juzgados y son declarados inocentes tienen la opción de continuar voluntariamente en el programa ambulatorio.

Evaluación. Todos los individuos agresores, ya sean del programa ambulatorio o de prisión, son evaluados con los mismos materiales psicotécnicos y son considerados como aptos o no aptos con respecto a los siguientes *criterios de exclusión:* si el sujeto padece o se detecta un trastorno mental grave; si presenta adicción a tóxicos (drogas, alcohol...); si existe algún episodio violento durante el período de tratamiento; si amenaza o intenta alguna coacción al terapeuta; si el sujeto ha cometido algún delito contra la libertad sexual fuera de su relación de pareja o ex pareja (violaciones, abusos a menores), y si no superan las pruebas de evaluación psicotécnica (M. J. Rodríguez, 2007a).

Para la evaluación psicométrica se aplican los siguientes cuestionarios: Entrevista General Estructurada de Maltratadotes (Echeburúa y Fernández-Montalvo, 1998); el Listado de Síntomas SCL-90-R (Derogatis, 1975); Millon Clinical Multiaxial Inventory-III (MCMI-III); el Inventario de Manifestación de la Ira Rasgo-Estado-STAXI-2 (Spielberger et al., 1988) y el Inventario de

Pensamientos Distorsionados sobre la Mujer (Echeburúa y Fernández-Montalvo, 1997).

En el programa ambulatorio, si el sujeto es considerado no apto y ha accedido al programa a través de sentencia judicial, se realizará un informe con las razones de la exclusión y se remitirá a Servicios Sociales Penitenciarios para que lo deriven a la institución que mejor proceda. Si el paciente ha accedido al programa voluntariamente, se realizará un informe con las razones de la exclusión y se remitirá a los responsables de la Administración autonómica con competencia en materia de justicia para que lo deriven a las instituciones que se juzgue conveniente. Por el contrario, si el sujeto resulta no válido en el programa de prisión, se realiza el informe explicando los motivos y se remite a la Junta de Tratamiento del Centro Penitenciario.

Los programas terapéuticos

Los sujetos aptos en los programas, el ambulatorio y el de prisión, comienzan la fase de rehabilitación terapéutica siguiendo unas líneas basadas en la terapia cognitivo conductual y la terapia humanista, y son incluidos en los subprogramas —tres ambulatorios: el completo, el medio y el breve, y dos en prisión: el completo y el medio—, que más se adecuen a sus características y necesidades.

Existen unos criterios técnicos, tanto para los programas en régimen ambulatorio como para los de prisión, en base a una serie de variables presentes en el delito cometido por el maltratador, que se fundamentan en el tiempo, la frecuencia, la intensidad y el tipo de maltrato. Se intenta individualizar los programas ajustándolos a las necesidades, a la situación propia de cada individuo y a las características del delito.

Se incorporan al *programa completo* los agresores cuando el tiempo de relación con la mujer maltratada ha sido superior o igual a dos años, la violencia se ha ejercido contra la pareja, existen víctimas secundarias, los episodios violentos han sido frecuentes, el uso de la violencia se fue agravando conforme avanzaba el tiempo, se combinaron distintos tipos de maltrato y el agresor tiene graves limitaciones para resolver los conflictos de pareja o de la vida cotidiana. Además, también se incluye en este programa a los agresores que minimizan las consecuencias de sus actos, no asumen su responsabilidad y no están motivados para el cambio de actitudes.

En **el *programa medio*** se incluye a los agresores con similares características que el anterior programa, pero con la diferencia de que el sujeto está menos limitado psicológicamente, se encuentra motivado para cambiar y asume alguna responsabilidad en los actos violentos cometidos. Por otra parte, también se incluyen a sujetos que sólo se muestran violentos dentro del hogar y con su pareja.

*En **el programa breve*** se incluye a los agresores en los que el tiempo de relación con su pareja es inferior a dos años, las agresiones han sido muy puntuales, la violencia ha sido bidireccional (hombre/mujer, y viceversa), el tipo de maltrato es fundamentalmente físico y el agresor presenta algunas limitaciones para resolver conflictos de la vida cotidiana y autocontrolarse.

El criterio de éxito al finalizar la fase de tratamiento ha sido considerado como la desaparición completa de la violencia física, una reducción significativa de la violencia psíquica, una mayor adecuación en sus carencias psicológicas (autocontrol, distorsiones cognitivas, irritabilidad, falta de asertividad y empatía), una mayor capacidad para resolver los conflictos de la vida cotidiana.

Todos los programas tienen unos mismos objetivos generales (Rodríguez, 2007a):

— Garantizar la seguridad de la mujer maltratada.
— Prevenir situaciones de maltrato posteriores.
— Impedir la extensión del maltrato.
— Asumir la responsabilidad de sus actos. No culpar de los errores propios a males externos.
— Fomentar el sentimiento de autocontrol.
— Desarrollar las habilidades de comunicación y la conducta asertiva.
— Tomar conciencia de la relación entre la violencia hacia las mujeres y la educación recibida.

Con los tratamientos psicológicos se pretende cambiar las actitudes y creencias favorecedoras del uso de la violencia (comportamientos y hábitos violentos) por unos más empáticos, deseables y autocontrolados.

Las técnicas empleadas son las siguientes: la autoobservación y el registro de las emociones de ira (emociones negativas, celos), el reforzamiento a diferentes tipos de respuestas no violentas (a través de consecuencias gratificantes), el entrenamiento en resolución de problemas y de habilidades sociales (inadecuado uso de la violencia para resolver conflictos), la reestructuración cognitiva para modificar estructuras de pensamiento sexista y de justificación de la violencia, el mejorar sus capacidades para poder anticiparse adecuadamente a situaciones o estímulos precipitantes de una conducta violenta, el modelado de comportamientos no violentos, la interrupción de comportamientos agresivos a través de técnicas de tiempo muerto.

1. **Programa completo para agresores**

a) **La fase de evaluación.** Programa ambulatorio y en prisión: 2 sesiones.

b) **La fase terapéutica:**

— **El programa ambulatorio.** Terapia individual: 15 sesiones espaciadas entre sí por 15 días. Después de la terapia individual existen dos alternativas: si el sujeto está conviviendo con la pareja y ésta también ha estado en terapia psicológica, se inicia la terapia de pareja: 10 sesiones (una cada 15 días). Si, por el contrario, el sujeto no convive con la pareja o ésta no ha realizado un tratamiento psicológico, el sujeto inicia la terapia de grupo: 10 sesiones. Durante el proceso de terapia grupal se realizará una sesión al mes de terapia individual como apoyo al proceso grupal.

— **El programa prisión.** Terapia individual: 15 sesiones. Si se considera oportuno, el sujeto inicia la terapia de grupo: 10 sesiones. Realizándose una sesión al mes de terapia individual como apoyo al proceso grupal, o, por el contrario, se prosigue con la siguiente fase.

Al finalizar la fase terapéutica se valora al sujeto agresor con los siguientes criterios: éxito, mejoría y fracaso.

c) **La fase de seguimiento.** Programa ambulatorio y en prisión: 4 sesiones (1, 3, 6 y 12 meses). Se realiza un control psicométrico al comienzo (STAXI-2 y SCL 90-R) y final (STAXI-2, SCL 90-R y MCMI-II]) de esta fase.

La valoración del tratamiento recibido se hace a los 12 meses, valorando al sujeto con los criterios de éxito, de mejoría o de fracaso.

El programa medio de agresores

a) **La fase de evaluación.** Programa ambulatorio y en prisión: 2 sesiones.
b) **La fase terapéutica.** Programa ambulatorio y en prisión. Se inicia la terapia individual: 5 sesiones. Se ayuda al paciente a centrar su problemática como maltratador y se le señala pautas de actuación personalizadas y se le informa de los recursos disponibles. No se realizará terapia de grupo. No se realizará terapia de pareja.

Al finalizar la fase terapéutica se valora al sujeto agresor con los siguientes criterios: éxito, mejoría y fracaso.
c) **La fase de seguimiento.** Programa ambulatorio y en prisión: 3 sesiones (1, 3 y 6 meses). Se realiza un control psicométrico (STAXI-2, SCL 90-R y MCMI-II) al final de la fase de seguimiento.

A los 12 meses se valora al sujeto con los siguientes criterios: éxito, mejoría y fracaso (valoración del tratamiento).

Programa breve de agresores

El programa breve para agresores familiares sólo se realiza en sujetos que pueden seguirlo de forma ambulatoria.

a) **La fase de evaluación:** 2 sesiones.

b) **La fase terapéutica:** 2 sesiones. Se ayuda al paciente a centrar su problemática. Se le señala pautas individualizadas de actuación y recursos disponibles. No se realizará terapia de grupo. No se realizará terapia de pareja.

Se valora al sujeto con los siguientes criterios de valoración del tratamiento: éxito, mejoría y fracaso.

c) **La fase de seguimiento:** En este programa no se realizan sesiones de seguimiento.

Comentarios

Estos programas han sido realizados con una muestra total de 117 hombres agresores (69 ambulatorios y 48 reclusos). Actualmente, se están dando las primeras altas y los resultados obtenidos hasta el momento son alentadores y positivos respecto al éxito de los tratamientos.

Además de la función terapéutica, se han desarrollado interesantes trabajos de investigación que han permitido obtener distintos perfiles de hombres maltratadores, la descripción de los diversos estados psicológicos en relación con los años del maltrato y la evolución terapéutica de cada grupo de maltrato.

En los programas para maltratadores se ha visto la importancia que tiene el grado de motivación para participar en alguno de los grupos. Se han observado diferencias en el programa ambulatorio entre los agresores voluntarios y los que acuden por sentencia. Para los sujetos que acceden al programa vía judicial, el programa es una obligación y un castigo impuesto que deben acatar. Los voluntarios muestran una mayor concienciación del problema que tienen como maltratadores y tienen una mayor disponibilidad al cambio. Paralelamente, ocurre algo similar en prisión con los preventivos y los penados: los preventivos son más cautos y más reticentes que los penados, y perciben que el reconocimiento de los hechos denunciados o de sus limitaciones en las sesiones terapéuticas pudiera perjudicarles en el juicio que tienen pendiente.

Es fundamental que la relación terapéutica se base en la confianza y en la confidencialidad. Por ello, es importante establecer unos límites claros y unas normas básicas desde el principio del tratamiento. El terapeuta debe evitar los juicios morales acerca de las conductas o los pensamientos negativos con respecto al agresor.

El abordaje terapéutico varía según las características de personalidad encontradas en cada agresor: los rasgos narcisistas se abordan desde técnicas de apoyo y confrontación, intentando contactar con el mundo interior (afectivo) y mostrando la disociación entre la imagen interna y externa. Los rasgos antisociales se abordan desde técnicas de escucha activa, el establecimiento de límites y la empatía. Los rasgos esquizoides, desde una confrontación activa y el cuestionamiento directo de ideas y conductas.

Como el agresor se encuentra inmerso en un contexto judicial, es preciso que el tratamiento rehabilitador sea llevado por psicólogos clínicos y jurídicos, que son los que ostentan un adecuado conocimiento de diferentes técnicas e instrumentos psicopatológicos en relación con el delito cometido y son sabedores de la dinámica en la que se encuentra el sujeto agresor y su víctima.

La implantación de programas de agresores, por experiencia propia, conlleva numerosas dificultades en su aceptación. Estos programas son necesarios aunque suelen obtener cierto rechazo inicial en la sociedad donde se intentan implantar.

Creemos necesario, antes de llevar a la práctica un programa de agresores en el ámbito familiar, realizar los siguientes pasos: elegir un programa (instrumentos, técnicas, personal, presupuestos, etc.), contactar e interesar al poder judicial e Instituciones Penitenciarias, realizar la puesta en práctica (coordinación y modificaciones) y finalmente homologarlo (Rodríguez, 2003; 2007a).

PEDRO: EL HOMBRE PERFECTO. EL PERFECTO MALTRATADOR

Pepa: de 45 años; 20 años de matrimonio; tiene 2 hijos: el mayor de 16 años y la pequeña de 10; no trabaja fuera de casa; su marido es notario y la violencia sufrida ha sido: psicológica, física, sexual, económica y social.

Pedro: de 47 años, era para los amigos —amigos influyentes, como jueces, fiscales, notarios y abogados— un hombre estupendo; un notario con mucho trabajo, con dos despachos abiertos con gran éxito, que ganaba mucho dinero y era encantador. Para las amigas, Pedro era un hombre guapo, muy detallista, educado, «un buen partido» y que tenía mucha paciencia con la histérica de su mujer.

Para Pepa era un luchador que había tenido que trabajar duro para estudiar una carrera con becas y aprender a cambiar de «clase social». Pensaba que la familia de Pedro no era buena porque le tenían envidia y ella siempre creyó lo que el agresor contaba de sus padres y familiares. Pero es que, además, Pepa le quería mucho, tanto que incluso después de varios juicios penales, seguía pensando que «a lo mejor ahora ve las cosas distintas y podemos empezar de nuevo».

Para los hijos de Pedro, Pepa era la culpable porque tenía poca paciencia con Pedro, era la que «no sabía más que hacer tonterías y perder el tiempo con cursos absurdos». No le perdonaron durante años que se separase de Pedro, y sólo con el paso del tiempo empezaron a ver a cada uno de ellos como son en realidad. Pepa no les contó hasta pasado mucho tiempo las agresiones y demás delitos sufridos, y aun y todo, lo ha contado muy tamizadamente.

Para el juez de instrucción de la primera denuncia mutua, Pedro era un pobre hombre que se mataba a trabajar, y su mujer, que era una caprichosa, quería quedarse con sus bienes y sus ahorros presentando una denuncia falsa.

Para el entorno social, Pedro era la víctima de la loca de Pepa, y por ello tuvo que escuchar en muchas ocasiones: «me cuesta creer lo que cuentas», «¿no será que los nervios te hacen imaginarte cosas?».

Porque Pedro era un hombre perfecto, pero también un perfecto maltratador.

La historia es la siguiente:

> *Pepa estudió Derecho y tenía un trabajo importante que dejó después de casarse porque el agresor le ofreció trabajar en su despacho privado para poder atender mejor al hijo que nació con un problema físico grave. La procedencia social y cultural de Pepa permitió que el agresor se introdujera en ambientes de «clase alta» para él desconocidos y de difícil acceso en una pequeña localidad socialmente cerrada. Pero desde un principio se preocupó de aislar a Pepa de sus relaciones con los amigos de toda la vida, en las actividades laborales y en las sociales y con su propia familia.*
>
> *Poco a poco, él le fue dejando sin trabajo en el despacho que compartían, con el argumento de que no era capaz de hacerlo bien, y desde un principio, le impidió conocer las cuentas de la empresa de la que ella también era socia. Le convenció que dejase el despacho de abogados, pues su deber era cuidar más a su hijo y hacer mejor de ama de casa, porque «es un desastre como llevas la casa, da asco y estos temas de derecho ya ves que no los manejas bien».*
>
> *Las agresiones físicas y las psíquicas fueron aumentando paulatinamente desde que se casaron, y en los últimos años, cada día eran más intensas y frecuentes.*
>
> *Recuerda ella cómo poco a poco, aun siendo una mujer de gran belleza física, él le empezó a menospreciar en la intimidad —«ya no estás tan buena como antes; ya no me pones nada; te estás poniendo como una vaca celulítica»—, a ridiculizarle delante de los amigos —«es que ésta no se entera de nada, no sé en qué piensa»—, a mandarle callar —«anda, cállate, tonta, que no sabes de qué hablamos»—, a llamarla loca y a darle grandes pellizcos a escondidas en las cenas con los amigos... hasta que llegó el día en que se creyó que era tonta, estaba gorda y empezaba a estar loca.*
>
> *No le permitía hablar ni opinar en las reuniones de amigos —«hoy ni se te ocurra decir gilipolleces, que me dejas en ridículo siempre»—, y ella, para no recibir más palizas ni que le gritase tanto, tomó una actitud sumisa, completamente preocupada en complacer al marido, y cuenta que «en las cenas con amigos, me quedaba callada, con una sonrisa en la boca y me intentaba poner elegante para que no pensasen que estaba loca o que era una idiota», «en las cenas o así, cuando me daba unos pellizcos horribles en las piernas o en el brazo, me costaba no gritar o llorar, y claro, algo raro me notaban y por eso pensaban todos que estaba de los nervios».*
>
> *Pepa me cuenta un ejemplo de hasta qué punto estaba supeditada a su opinión que cuando iban a esquiar le obligaba a cambiarse de ropa 2 o 3 veces durante el día porque según él estaba horrible —«y claro, eso llamaba mucho la atención y encima él decía que estaba loca y sólo pensaba en trapitos»—.*
>
> *Pepa empezó a creerse muy en serio que se estaba volviendo loca. Pedro no hacía más que repetírselo y ella perdía los objetos personales, se le olvidaba donde colocaba las cosas y después de estar buscándolas durante horas y días, luego aparecían donde pensó que las había dejado y ya las había ido a buscar. Pidió ayuda primero a salud mental y luego acudió a una psicóloga privada que le confundieron más aún en el proceder a seguir porque en ninguno de los sitios observaron y/o dieron importancia a las agresiones que Pepa estaba*

sufriendo, y por supuesto, no se le trató como a una mujer maltratada. Mientras tanto, las agresiones físicas y psicológicas siguieron siendo constantes y cada vez más serias.

Además, la situación legal de Pepa es un ejemplo de lo que no se debe hacer nunca con una mujer maltratada.

Siguió esta farragosa situación y llegó el día en que Pepa le pidió la separación. Lógicamente, y como es habitual, el agresor se volvió más violento, más acosador y su presencia en la casa empezó a ser más frecuente. Pepa no se consideraba como una víctima de violencia doméstica, y como se avergonzaba de lo que estaba viviendo en su matrimonio, nunca contó nada a nadie. Por ello, acudió a una abogada matrimonialista de alto caché que desvirtuó la situación real y complicó y retrasó las acciones necesarias para que Pepa resolviese su problema. Es decir, que aun sabiendo que Pepa estaba sufriendo agresiones continuadas de diversos tipos por parte de su prestigioso marido, esta reconocida abogada matrimonialista inició las acciones civiles obviando informar de las acciones penales necesarias para que Pepa pudiese salir de la situación tan dramática en la que se encontraba.

Ante el aumento de las agresiones en ese período de tiempo, Pepa denunció al agresor después de recibir una fuerte paliza, pero, a su vez, él la denunció a ella —que se escondió debajo de la cama para que no pudiese pegarle más y se defendió dando patadas para que no pudiese sacarle de su improvisado refugio—. En esta vista oral, y aterrorizada frente a su marido, que acudió con dos abogados de renombre, ella se quedó paralizada y sin poder mediar palabra ante las preguntas del juez instructor, que comenzó a gritarle para que le contestase y acusándola de «querer sacar beneficio en su separación presentando una falsa denuncia». El propio juez observó que Pepa parecía estar sufriendo un ataque de pánico, y por ello llamó al médico forense para que le diese un tranquilizante. Desde este momento, el médico forense recondujo completamente el asunto: se derivó a Pepa a la Oficina de Asistencia a las Víctimas del Delito y se inició la atención integral. Todo esto, después de dos años de trámites civiles y de consultas psicológicas y también después de haber gastado sumas ingentes de dinero. Pese a todo, se dictó una sentencia de «agresiones mutuas», aunque Pepa presentaba golpes por todo el cuerpo y un brazo y dos costillas rotas.

Como inciso quiero comentar que esta situación no es muy extraña en los casos de violencia doméstica. En mis once años de trabajo atendiendo a mujeres maltratadas he visto demasiados casos en los que el especialista consultado (médico, psicólogo, abogado o juez) no aborda el asunto adecuadamente, bien por desconocimiento de qué es la violencia doméstica o bien —he llegado a mal pensar— por intereses crematísticos de algunos despachos profesionales.

El motivo por el que Pepa pensaba que se estaba volviendo loca puede explicarse con la lectura del relato siguiente: Pepa y su agresor no compartieron dormitorio en el último año de matrimonio porque Pepa estaba cansada de que la forzase sexualmente, para acabar dándole una paliza e insultándola. Por eso se cambió de cuarto y puso un cerrojo en la puerta del suyo.

Ella, y al cabo de 20 años de violencia, decidió irse a dormir a otro cuarto y poner un pestillo, porque el temor que le tenía era cada vez mayor y no podía ni conciliar el sueño, esperando que en cualquier momento la violase violentamente.

Como Pepa pasaba días en las que le dominaba el pánico y no se atrevía a estar sola con el agresor, su madre iba a dormir con ella de vez en cuando, y ésta me dijo que «estaba muy preocupada porque observaba muy desquiciada a su hija, y a él se le veía tan bien».

Un día en el que Pepa se fue a llevar a los niños al colegio, su madre se quedó encerrada en su cuarto, y vio sorprendida y a la vez aterrorizada cómo el agresor entraba por la ventana del techo de la habitación de Pepa, y una vez dentro de la habitación, se dirigía al tocador de Pepa y le revolvía sus cosas, los cajones. Cuando el agresor se dio cuenta de que estaba su suegra en la habitación observándolo horrorizada, sin mediar palabra salió por la puerta.

Lógicamente, después de conocer este grave hecho, Pepa comprendió que el agresor estuvo entrando en su habitación desde hacía mucho tiempo y le fotocopió sus diarios íntimos en los que describía cómo se sentía, le quitaba objetos y los colocaba en otro sitio o los hacía aparecer de nuevo al cabo de los días. La estaba volviendo loca deliberadamente.

Pepa inició un programa de terapia individual especializado para mujeres víctimas de la violencia doméstica. También se le remitió al psiquiatra para que le diese apoyo farmacológico que le permitiese poder dormir con regularidad y controlar las crisis de angustia que sufría con frecuencia.

Tardó varias sesiones en confiarse y mostraba una enorme desconfianza en la posibilidad de poder mejorar emocionalmente; tardó en reconocerse como víctima de violencia doméstica e intentaba matizar diferencias con respecto a las demás maltratadas. En las sesiones terapéuticas desviaba la atención a sus hijos para no tener que relatar los hechos que sufrió durante su matrimonio. Cuando Pepa rompió las defensas psicológicas, pudo comenzar a contar su larga historia de maltrato y a explicarse cómo consiguió sobrevivir a tanto dolor. Actualmente es una mujer que sonríe y disfruta de la vida y que se reconoce como una luchadora, «pero porque siempre fui optimista desde niña y no me ha quedado otra».

A ti... que piensas retirar la denuncia

CUANDO LA MUJER COMPRENDE QUE NO PUEDE MÁS

Son muy pocos los casos de maltrato doméstico que se denuncian —se estima que sólo se denuncian entre un 10 y un 30 por 100 del total de los casos que existen.

Esta teoría se puede reforzar con los datos del informe sobre muertes violentas en el ámbito de la violencia doméstica o de género del año 2006, realizado por el Observatorio contra la Violencia Doméstica y de Género (Consejo General del Poder Judicial), en el que se han examinado 88 casos de muertes por violencia doméstica o de género, de los que sólo en 24 de ellos se ha verificado que existían procedimientos incoados por malos tratos con anterioridad a la muerte, lo que representa un 27,3 por 100 del total. Es decir, que casi en el 73 por 100 de los casos, la muerte se produjo sin que la situación de violencia hubiese trascendido fuera del ámbito familiar.

Por lo que se puede afirmar que el 73 por 100 de las víctimas de la violencia doméstica de España en el año 2006 nunca pidieron ayuda a nadie, nunca denunciaron su situación, nunca contaron la historia de violencia que estaban sufriendo.

Y como es lógico, nos preguntamos: ¿Por qué esas mujeres no pidieron ayuda? ¿No se pudo detectar esta situación de alguna manera?

¿POR QUÉ NO SE DENUNCIA MÁS LA VIOLENCIA DOMÉSTICA?

Existen múltiples razones que explican conjuntamente el por-qué las mujeres maltratadas no denuncian o pidan ayuda.

En muchos casos, la mujer maltratada tiene la esperanza de que la situación de violencia que sufre cambie, bien porque las causas externas, a las que responsabiliza de su maltrato, mejoren (que el agresor obtenga un puesto de trabajo, que deje de beber, que no tenga problemas laborales, etc.), bien porque cree que el agresor va a cumplir sus promesas de no volverle a agredir más, o bien porque se considera capaz de aguantar y frenar los episodios de violencia.

Por otra parte, y si decide pedir ayuda para escapar de la violencia doméstica que padece, es habitual que la mujer maltratada tenga miedo a las represalias que puedan sufrir ella o sus hijos. De hecho, he observado muchas veces, cuando se está interponiendo una denuncia por malos tratos domésticos, que de pronto la mujer maltratada suele tomar consciencia de que la situación que está denunciando puede llegar a oídos del agresor y pregunta sobresaltada: «¿Pero esto se lo van a contar a el? ¿No pueden detenerlo? ¿Pero es necesario que le avisen?», y en muchos casos, al explicarle que el procedimiento obliga a informar al denunciado y que se dictarán las medidas de protección pertinentes que la protegerán, pero también se le informa de que casi con toda seguridad la detención de su agresor será durante unas horas, es entonces cuando decide no denunciar y nos pide que le dejemos tranquila, que no pasa nada grave que no pueda controlar ella sola.

Además de todo lo dicho, se ve limitada y agravada la recogida de información en la denuncia, porque es habitual que la mujer maltratada se sienta avergonzada de todas las vejaciones y agresiones que ha ido soportando, que nunca se ha atrevido a contar por pudor y por defender «el honor» de su familia, y que se sienta con una enorme sensación de fracaso o de culpa por no haber podido resolver el problema íntimo y personal con el agresor. Por todo ello, le cuesta un enorme esfuerzo comunicarse y transmitir los datos con precisión.

Otro problema considerado como muy grave es el tiempo en que la mujer ha soportado el maltrato. El hecho de estar durante tiempo soportando violencia doméstica provoca en la mujer maltratada un alto grado de tolerancia a los comportamientos violentos, que los acepta y los incorpora a sus experiencias vitales para poder sobrevivir, y, a su vez, le va creando una dependencia emocional respecto a su pareja maltratadora. En estos casos, la situación psicológica de la mujer llega a ser dramática, observándose en muchas mujeres maltratadas, unas lesiones emocionales graves y de difícil reparación.

Pero además existe el miedo lógico al aparato judicial, el no saber a quién dirigirse o a qué servicios acudir y la falta de apoyo familiar, social o económico, que refuerzan negativamente a las mujeres que no saben cómo solucionar su problema de violencia doméstica.

Las carencias actuales de ayudas reales, eficaces y rápidas a las mujeres maltratadas es un hecho que puede estar frenando que se denuncie y se pida ayuda, o bien, que se arrepientan de haberlo hecho.

CON LA DENUNCIA EMPIEZA EL PROCESO

Lo primero que debe plantearse una mujer maltratada es si va a denunciar o no. **Denunciar** es poner en conocimiento de las autoridades los hechos ocurridos, a fin de que éstas lleven a cabo las acciones pertinentes.

La denuncia es la declaración que hace una persona para poner en conocimiento del juez, del ministerio fiscal o de la policía, unos hechos que se considera que pueden constituir un delito.

La interposición de la denuncia es un derecho y un deber de la víctima, a fin de evitar nuevas agresiones.

Si se desea, en la interposición de la denuncia se puede solicitar ser atendida por una mujer; pero en cualquier caso, se ha de exigir un trato correcto y profesional.

Los delitos objeto de denuncia pueden ser públicos, perseguibles de oficio por las autoridades —como la violencia doméstica— o privados, señalando que éstos sólo podrán ser perseguidos si la denuncia es presentada por los sujetos determinados por la ley.

La denuncia puede realizarse por escrito o de palabra ante el funcionario correspondiente, personalmente o por medio de representante con poder especial.

Como ejemplo práctico, relato los **pasos habituales** que se siguen cuando una mujer notifica que está sufriendo violencia doméstica y ha decidido denunciar:

Primer paso: La mujer maltratada puede elegir dónde y cómo interponer la denuncia. Puede acudir a denunciar, bien en una comisaría de policía, y en este caso la denuncia se realizará verbalmente ante los agentes de policía (en su mayoría, especializados en temas de violencia), o bien puede acudir al despacho de un abogado para que sea éste quien redacte, por escrito, la denuncia y la presente ante el Juzgado.

La denuncia debe ser firmada por la denunciante o por alguien a petición suya, si no pudiera firmarla.

Si la denuncia se realiza verbalmente, se extenderá un acta en forma de declaración que será firmada por la declarante y por el funcionario o autoridad que tome la declaración. En esta acta debe hacerse constar la identidad de la denunciante.

Generalmente se entregará un resguardo de haber formulado la denuncia; en caso contrario, puede solicitarlo. Una vez formalizada la denuncia, se procederá a comprobar la veracidad de los hechos denunciados.

En la denuncia es importante que conste lo siguiente:

— Todo lo que ha pasado, no callar nada.
— En qué ha consistido la violencia: física, psíquica, amenazas, coacciones, violaciones, roturas o destrozos de la vivienda, y si se han utilizado armas u otros instrumentos.

— Si ha habido agresiones anteriores y si se habían denunciado.
— El parte médico de las lesiones.
— Los datos identificativos de personas que hayan sido testigos de las agresiones.
— Antes de firmar la denuncia se ha de leer y se pueden hace las modificaciones o ampliaciones que se consideren oportunas.
— Solicitar una copia de la denuncia.

Segundo paso: Puede que durante la instrucción policial o judicial se le pida a la mujer maltratada que realice alguna gestión, como por ejemplo acudir a la consulta del médico y/o del psicólogo forense y que le soliciten todas aquellas diligencias que se consideren necesarias para el esclarecimiento de los hechos (ampliación de la denuncia, reconstrucción de los hechos, entrega de informes médicos o psicológicos, aportación de testigos, etc.).

Tercer paso: La víctima presta su declaración ante el juez de violencia sobre la mujer o el de instrucción, convirtiéndose en testigo de los hechos, y por tanto, debe declarar la verdad de lo sucedido. Se le ofrece si quiere personarse en la causa con abogado y procurador, que según la Ley Integral 28/2004 será de asistencia gratuita. Ésta será la forma en que podrá estar al tanto del procedimiento, ejerciendo así la acusación particular. Deberá declarar cuantas veces lo solicite el juez (en la mayor parte de los casos será una sola vez).

Cuarto paso: Terminada la instrucción del procedimiento, se inicia la fase de vista o juicio oral en la que la mujer maltratada puede ser citada a comparecer como testigo; en este caso permanecerá fuera de la sala de vistas hasta que sea llamada. Una vez llamada, y ya en la sala donde se celebra el juicio oral, declarará bajo juramento o promesa y contará toda la verdad de los hechos que ha denunciado. Deberá responder a las preguntas del ministerio fiscal, de la defensa del acusado, de su propio abogado si se ha personado en la causa, y a las del juez o presidente de la sala.

Terminada su declaración puede quedarse en la sala para observar el resto del procedimiento. Lo que no ha podido oír es la declaración del acusado, que ha hablado el primero, cuando la víctima no estaba aún presente en la sala. En el caso de no ser llamada como testigo, podrá estar en la sala como una persona más del público. La fecha de la vista oral se la habrá comunicado su abogado, en el caso de haber ejercido la acusación particular, o puede haberse enterado por otras vías; y en otros casos, no tendrá ninguna noticia de la fecha de la vista.

Quinto paso: Tras finalizar la vista o juicio oral, se dictará la sentencia y únicamente en el caso de que la mujer maltratada se haya presentado como acusación particular, tendrá acceso a la misma, y por tanto, podrá recurrirla si así le interesa. En otro caso, sólo el ministerio fiscal puede hacerlo, pero no se puede olvidar que el fiscal defiende a la ley y no directamente a la víctima.

Sexto paso: Una vez que se terminan los posibles recursos de las partes, la sentencia es firme. Si ha habido condena, además de las posibles responsabilidades penales del acusado (prisión, pena de multa u otras) cabe también interponer una demanda de responsabilidad civil que irá destinada a reparar el daño sufrido por la víctima, pudiendo ser indemnizada por daños y perjuicios, siempre que el acusado sea solvente. En casos extraordinarios pueden darse indemnizaciones por parte del Estado.

Otra posibilidad de que se conozca la existencia de violencia doméstica se da en los casos en que tras requerir la mujer maltratada una asistencia médica por haber sufrido una agresión, sea el centro hospitalario quien dé parte a la policía o al Juzgado, y de esta forma se inicie la investigación de su caso.

Pero también puede que el delito sea perseguido de oficio por el ministerio fiscal —auténtico objeto y espíritu de la Ley Integral—, tal y como se puede observar en el procedimiento siguiente (copia de caso real):

JUZGADO DE VIOLENCIA SOBRE LA MUJER N.º 1 DE PAMPLONA/IRUÑA
DILIGENCIAS PREVIAS 00/2005

EL FISCAL, en las Diligencias Previas del margen, interesa, de conformidad con la Ley Orgánica 7/88, la apertura del juicio oral ante el JUZGADO DE LO PENAL y formule el siguiente escrito de acusación...

1º

El acusado **XXXX XXXX** mayor de edad y sin antecedentes penales, en las Navidades del año 2003 vino a España desde su país de origen Bolivia a estar con su esposa; XXXX XXXX, que trabajaba en Pamplona.

Debido a que el acusado creyó que su esposa había cambiado y que el cambio se debía a que tenía una relación sentimental con otra persona, entabló una violenta discusión con ella y en el transcurso de la misma le dio una paliza golpeándola en la boca y los oídos.

Una vez pasadas las Navidades el acusado volvió a Bolivia para hacer todos los trámites necesarios para venir a vivir a España con los dos hijos de la pareja, XXXX XXXX, nacido el 15 de febrero de 1990 y XXXX XXXX nacido en el mes marzo de 1997.

Todos ellos vinieron a Pamplona a reunirse con XXXX en el mes de mayo de 2004. El acusado seguía sospechando que su esposa tenía otra relación y sobre las 11 horas del día 20 de mayo de 2004 en el domicilio que compartían en la Calle Mercaderes de Pamplona el acusado la volvió a. golpear causándole arañazos en las manos y los brazos que no precisaron asistencia médica.

XXXX abandonó junto con sus hijos el domicilio que compartía con el acusado pero en el mes de agosto de 2004 debido a la insistencia del acusado de nuevo volvieron a vivir los cuatro juntos en la Calle Chapitela de Pamplona.

El acusado y XXXX compartían el domicilio, pero su convivencia estuvo salpicada de continuas discusiones motivadas por los celos en las que el acusado imputaba a su esposa que tenía otros «machos» y terminaba agrediéndola.

En la mañana del día 9 de octubre de 2004 el acusado por celos le dio un bofetón a XXXX XXXX en la cara, le impidió durante toda la mañana descansar obligándole a hacer tareas domésticas y a la tarde la agredió tan violentamente que ella muy asustada salió del balcón del domicilio a la cornisa donde tuvo que ser rescatada por la policía municipal.

Como consecuencia de esta última agresión XXXX XXXX sufrió contusiones en la zona frontal alta y la cara y herida en la parte inferior del labio superior que precisó una sola asistencia médica.

La relación entre el acusado y su esposa continuó igual, ya que él le imputaba que miraba a los hombres, que los provocaba, que tenía otra pareja. Le registraba constantemente el bolso, le miraba las llamadas y mensajes telefónicos. Cuando su hijo mayor intervenía en las discusiones también lo golpeaba para quitarlo de en medio y empujaba a XXXX XXXX.

Sobre las 13 horas del día 19 de julio de 2005 en el domicilio, en el que entonces vivían en la calle Estafeta, el acusado le dio un puñetazo en la boca a XXXX XXXX pero enseguida llegó su hijo que la apartó, entonces el acusado también golpeó a su hijo mayor y accidentalmente debido a que también quiso intervenir, XXXX XXXX golpeó en la ceja a su hermano pequeño.

Como consecuencia de estos últimos hechos XXXX XXXX sufrió una crisis de ansiedad y una herida en el labio inferior que precisaron una sola asistencia médica y XXXX XXXX sufrió un traumatismo facial maxilar superior que precisó igualmente una sola asistencia médica.

En fecha 24 de Julio de 2005 XXXX XXXX **retiró la denuncia presentada y renunció a las acciones que pudieran corresponderle.**

2º

Los hechos son constitutivos de:

UN DELITO DE MALOS TRATOS HABITUALES del Art. 173 número 2 del CP.

TRES DELITOS DE AGRESIÓN EN EL ÁMBITO FAMILIAR del Art. 153 en su redacción anterior a la L.O.1/2004

UN DELITO DE AGRESIÓN EN EL ÁMBITO FAMILIAR del Art. 153 números 1 y 3 del C.P.

UN DELITO DE AGRESIÓN EN EL ÁMBITO FAMILIAR del Art. 153 números 2 y 3 del C.P.

3º

De los expresados delitos es responsable en concepto de autor el acusado.

4º

No concurren circunstancias modificativas de la responsabilidad criminal.

5º

Procede imponer al acusado las siguientes penas:

Por el delito de malos tratos habituales las de UN AÑO Y MEDIO DE PRISIÓN, PRIVACIÓN DEL DERECHO A LA TENENCIA Y PORTE DE ARMAS DURANTE DOS AÑOS, PROHIBICIÓN DE ACERCARSE A XXXX XXXX DURANTE DOS AÑOS Y MEDIO y la accesoria de inhabilitación especial para el ejercicio del derecho de sufragio pasivo durante el tiempo de la condena en lo que le afecte debido a su condición de extranjero.

Por cada uno de los tres delitos de agresión en el ámbito familiar cometidos antes de la entrada en vigor de la LO. 1/04 las de OCHO MESES DE PRISIÓN, PRIVACIÓN DEL DERECHO A LA TENENCIA Y PORTE DE ARMAS DURANTE UN AÑO Y UN DIA, PROHIBICIÓN DE ACERCARSE A XXXX XXXX DURANTE DOS AÑOS y la accesoria de Inhabilitación especial para el ejercicio del derecho de sufragio pasivo durante el tiempo de la condena en lo que le afecte debido a su condición de extranjero.

Por el delito de agresión en el ámbito familiar cometido contra su esposa después de la entrada en vigor de la L.O. 1/04 las de NUEVE MESES DE PRISIÓN, PRIVACIÓN DEL DERECHO A LA TENENCIA Y PORTE DE ARMAS DURANTE UN

AÑO Y UN DIA, PROHIBICIÓN DE ACERCARSE A XXXX XXXX DURANTE DOS AÑOS y la accesoria de Inhabilitación especial para el ejercicio del derecho de sufragio pasivo durante el tiempo de la condena en lo que le afecte debido a su condición de extranjero.

Por el delito de agresión en el ámbito familiar cometido contra su hijo las de OCHO MESES DE PRISIÓN, PRIVACIÓN DEL DERECHO A LA TENENCIA Y PORTE DE ARMAS DURANTE UN AÑO Y UN DIA, PROHIBICIÓN DE ACERCARSE A XXXX XXXX XXXX DURANTE DOS AÑOS y la accesoria de inhabilitación especial para el ejercicio del derecho de sufragio pasivo durante el tiempo de la condena en le que le afecte debido a su condición de extranjero.

El acusado indemnizará a XXXX XXXX en la cantidad de 300 euros por las lesiones y perjuicios morales causados.

En cuanto a las indemnizaciones que se reconozcan en la sentencia, se estará a lo dispuesto en el Art. 576 de la ley de Enjuiciamiento Civil.

Para el juicio oral, el Fiscal propone las siguientes pruebas:

1°. INTERROGATORIO DEL ACUSADO.
2°. DOCUMENTAL contraída a la lectura de los folios: 4 a 29, 42 a 44, 59, 80, 81 a 91, 92 a 137, 141, 142, 143, 144, 153, 155 a 195, 203, 204, 207 a 232.
3°. TESTIFICAL de los siguientes testigos que serán citados de oficio: POLICÍAS MUNICIPALES DE PAMPLONA N°s. 00, 000, 0000.
5ª TESTIGOS MÁS.

Así como las otras pruebas que propongan las partes a las que se adhiere y hace suyas.

Pamplona/Iruña, a 10 de julio de 2006

OTROSÍ: Fórmese pieza de responsabilidad civil del acusado, acordando la prestación de la correspondiente fianza procediendo en su caso al embargo de bienes.

Pamplona/Iruña, fecha anterior.

ISABEL: LA MUJER QUE NO QUERIA DENUNCIAR

Mujer de 31 años, casada en 1992 y separada en 2003; madre de dos hijos, de 9 y 6 años; estudió FPII y comenzó a trabajar a los 18 años en hostelería, trabajo que siguió realizando durante casi toda su vida.

La primera entrevista que tuve con ella fue el 29 de mayo de 2002 y anoté en la ficha general: «Estado de apreciable ansiedad. Se muestra desconfiada, temerosa y excesivamente cauta. Transmite miedo, temor, pero no quiere relatar qué le pasa. Muestra la conducta propia de una mujer bloqueada por el miedo ¡Ojo, caso a vigilar!».

Acudió a la Oficina de Asistencia a las Víctimas del Delito con la excusa de pedir información general respecto a los trámites civiles para realizar una separación, de los pasos a seguir para el cambio de colegio de sus dos hijos y abandonar el pueblo en donde estaba viviendo y de otras cuestiones sin importancia. Relató que su marido deseaba separarse de ella y que no veía otra alternativa que aceptarlo. No había denunciado ser víctima de ningún tipo de violencia ni indicó verbalmente encontrarse en una situación de riesgo. Sin embargo, sus conductas externas fueron contradictorias al relato: temblores en las manos, mirada asustada, desconfianza al responder, respuestas confusas y contradictorias y nerviosismo intenso.

En mi informe interno de junio de 2002 comento: «Creo que está sufriendo algún tipo de violencia extrema que le impide incluso contarme qué le pasa. Me transmite pánico».

En julio de 2002, la denunciante abandonó el domicilio familiar junto con sus hijos y se fue a vivir con su madre. En todo momento trató de obtener la separación de mutuo acuerdo, pero la propuesta económica de su marido en cuanto a la pensión alimenticia de sus hijos era ofensiva, teniendo que pagar ella, además de los gastos hipotecarios, todas las necesidades básicas de sus hijos. Fue imposible llegar a un acuerdo. Finalmente se dictaron en el Juzgado de Familia unas medidas provisionales sin que se conociese absolutamente nada sobre su situación de maltrato.

A raíz de ese auto, su marido le llamó en dos ocasiones al móvil, diciendo en la primera llamada: «No se te ocurra abrir la boca y contar nada, puesto que no es nada lo que te ha pasado para lo que te puede pasar». Y en la segunda llamada le dijo: «¿Estás satisfecha con la sentencia? No esperes ver un duro y cada céntimo que me obliguen a pagar será para pagar tus "servicios"», y que en «cualquier momento apareceré para cobrarme».

El 15 de noviembre de 2002, y después de haber mantenido con Isabel seis conversaciones telefónicas que consideré y anoté como «muy inquietantes: no me cuenta nada importante pero me transmite que está en una grave situación de riesgo», ante mi insistencia acudió a la consulta de la oficina. En esta ocasión, Isabel vino con claros signos de violencia reciente (quemazos con cigarros en los brazos y en los pechos, golpes por todo el cuerpo, cortes de navaja...). Emocionalmente, este día Isabel estaba aturdida, no era capaz de hablar, no expresaba su cara emoción alguna y sus ojos estaban como vacíos; su actitud era pasiva pero huidiza; se mostraba en estado de aturdimiento. Le indiqué la necesidad de presentar una denuncia, hecho al que se negó en rotundo.

Frente a esta situación, decidí, en contra de su opinión, llamar a la Unidad Asistencial de la Policía Autonómica para que acudiesen a mi despacho y denunciar de oficio los hechos, que fuese acompañada Isabel al reconocimiento médico y cuando estuviese preparada, y si lo deseaba, relatase los hechos sufridos.

Los hechos que denunció Isabel ese mismo día y que se recogen literalmente en la **denuncia interpuesta** son los siguientes:

ACTA DE DENUNCIA PRESENTADA POR DOÑA ISABEL.

Hecho denunciado: Malos tratos físicos, psíquicos y agresión sexual reiterada.
Fecha: 15/11/02 Lugar: C/ Fuente de la Teja, s/n.
Policía Foral Actuante: XXXX UNIDAD: Grupo Asistencial
Denunciante: Dña. Isabel XXXX XXXX DNI: XXXX

Denuncia que

1. Datos correspondientes a la persona denunciante
2. Datos del autor:
3. Hechos que motivan la denuncia
4. Antecedentes:

Conoció al marido en el año 1990, estando con él durante dos años de noviazgo. Posteriormente se casó con él y al año siguiente nació su primer hijo.

La situación entre ellos fue bastante normal hasta que cuando tenía un año el niño su marido tuvo una fuerte discusión con su padre y se marchó de su trabajo. Esta situación hizo que su marido cambiara totalmente su carácter con respecto a ella. Continuamente le decía que hacía todo mal, le chillaba con frecuencia, le hacía continuamente desprecios, etc. Con respecto al niño también se mostraba más distante, aunque no mostraba ningún tipo de agresividad hacia el.

No obstante su marido con el resto de la familia y sus amistades mantenía un carácter completamente normal.

Tres o cuatro meses después ambos cónyuges comienzan a trabajar, su marido en la construcción y ella en la hostelería. Pese a que la denunciante pensaba que esto solucionaría el problema, la situación fue a peor.

A su marido todo le parecía mal, los chillidos se hicieron más frecuentes, y comienza a insultarle y a desvalorarla con frases como «estás gorda, no te cuidas», «con tu físico quién se va a acostar contigo» «te hago un favor estando contigo», todos estos insultos no venían a cuento y se los decía con toda normalidad y únicamente para ofenderla. Una de las frases que más utilizaba era «eres una puta mal nacida».

Asimismo se metía con la familia de la denunciante diciéndole que «tu familia no vale para nada», «vaya familia tienes», esta desvalorización también las hacía continuamente con ella y continuamente le indicaba que no valía para nada.

Asimismo cualquier trabajo del hogar que realizaba, era criticado y minusvalorado con frases como «estar todo el día para planchar una camisa así» y frases por el estilo. A la denunciante le daba la sensación que todo lo hacía mal, afectándole psíquicamente ese menosprecio.

Continuamente le echaba la culpa de la situación diciendo que «era porque ella le había alejado de su familia».

Toda esta situación se alargó hasta que se quedó embarazada del segundo hijo en el año 1995. El embarazo lo deseaba sobre todo él que insistía en tener otro hijo, pese a que la denunciante en un principio y debido a su situación no lo deseaba.

En esa época su marido se reconcilia con sus padres con lo que durante cuatro meses la situación se normaliza y la situación es buena. Hay total ausencia de insultos, frases vejatorias, etc.

A partir del quinto mes de embarazo, y cuando la denunciante fue a realizarse una ecografía y le dijeron que era mejor que abortara por los problemas que traía el niño. Esto le causó una crisis a la denunciante pero contrariamente, a su marido, le dio por no asumir el problema, por echarle la culpa a ella y decirle cosas como «ese hijo no es mío», «tú sabrás con quién te has acostado».

A partir de ahí, su marido comienza a maltratarla psicológicamente como antes pero mucho más violentamente, los insultos se hacen más frecuentes y con frases como «no es mío aborta ese hijo», «puta», «yo no me voy a hacer cargo de ese hijo, tú lo vas a mantener», «ojalá nazca mal y se muera».

Aunque no lo sabe con certeza esta situación psíquica hizo que su hijo naciera con poco peso, problema que no le habían detectado hasta el quinto mes.

En el sexto mes sufrió una caída por las escaleras de casa de su madre y su marido reaccionó a esta caída con la frase «si querías abortar, no te preocupes que yo tengo mejores medios».

El resto del embarazo fue un continuo sufrimiento, aparte de los insultos, vejaciones, etc., de su marido, sufrió una neumonía, su marido llevaba poco dinero a casa, apenas 30.000 pesetas al mes aduciendo que «no había más dinero y con eso te tiene que sobrar para pasar el mes». Además notaba que los antibióticos que compraba le desaparecían del lugar donde los dejaba, ignorando por qué lo hacía y respondiendo su marido cuando le preguntaba «te estarás volviendo loca, no sabes dónde dejas las cosas» y «si tienes tan poca cabeza que no sabes dónde dejas las cosas cómo vas a llevar una familia».

En marzo de 1996, nació su segundo hijo, nació normal, su marido se mostró indiferente e incluso apenas fue al hospital cuando nació. Una vez en casa siguió siendo más atento, aunque no excesivamene, con el hijo mayor que con su hijo recién nacido al que ignoraba por completo.

El marido de la denunciante llega a dudar incluso de que su primer hijo fuera suyo y le comienza a decir que «se va a hacer la prueba de paternidad para demostrar que no es suyo», «puta, te acuestas con cualquiera», etc.

En esa época perdieron cualquier tipo de relación con amigos ya que apenas salían de casa y la denunciante no salía puesto que al volver había con su marido grandes broncas y le acusaba de haber «estado con otro», «te vas con cualquiera», todo esto hizo que la denunciante prefiriera no salir.

Asimismo también cambiaron los arrepentimientos de su marido, si antes cada vez que le hacía algo le pedía perdón después, ahora los perdones o los arrepentimientos eran más esporádicos y menos creíbles.

El primer año de la vida del segundo hijo fue fatal, el niño tenía problemas digestivos y devolvía continuamente, con lo que la denunciante apenas dormía, su marido ante estos problemas reaccionaba diciendo «deja a ese niño en paz que se trague su propio vómito» y cosas por el estilo.

En sus relaciones sexuales su marido era él el que las solicitaba normalmente y aunque no la llegó a forzar, la denunciante accedía ante tanta insistencia y para evitar el altercado.

La relación con los padres de su marido también era mala, sobre todo con la madre. Su esposo delante de los padres mantiene una actitud de menosprecio e irónicamente le dice que no vale nada. Los padres de su marido asienten y le dan la razón.

Su marido llegado un tiempo deja de meterse con el niño pero no así con ella, a la que llega a «machacar psicológicamente».

Por aquel entonces la denunciante comienza a trabajar, con lo que los niños pasan al cuidado de sus padres y posteriormente al de los padres de él, ya que deciden trasladarse a otro pueblo. El trabajo de la denunciante es en el mismo polígono del pueblo anterior.

Los padres de su esposo cuidan al niño pero dominan de tal manera la situación con el asentimiento de su marido que son ellos los que le visten y le arreglan como desean, etc., en una palabra los que mandan sobre el niño. La denunciante les deja hacer por evitar riñas.

Posteriormente su marido vuelve a discutir con sus padres y se traslada a trabajar a Pamplona, volviendo después al pueblo. La madre de su marido se niega entonces a cuidar a sus hijos, con lo que la denunciante que trabaja de noche deja a los niños esas horas al cuidado de su marido, aunque ya cenados y dormidos antes de irse.

En mayo del año 1998, la situación es insostenible, no puede más, trabaja de noche y al llegar a casa se tiene que ocupar de las labores del hogar, de los niños, etc., puesto que su marido no hace nada. Además su marido le sigue haciendo la vida imposible.

La denunciante da el paso y le dice a su marido que se quiere separar, la reacción de su marido es de indiferencia. La denunciante comunica a las familias que quiere desaparecer, que no desea ni dinero, ni casa, ni hijos únicamente irse. Esta declaración es considerada por ambas familias negativamente y piensan que la denunciante tiene a otra persona por lo que la rechazan. A su familia no les da ninguna explicación por lo que tampoco la comprenden. Su marido les sigue diciendo «haz lo que quieras». Ambas familias le culpabilizan.

A punto de irse la denunciante, su marido da un cambio radical y se muestra cariñoso, confiesa que «es culpa suya» y le pide «que no se fuera», «perdón», «no lo volveré a hacer más». Ella se niega puesto que muchas veces ha dicho esas frases y no han servido para nada puesto que no ha cambiado. Finalmente se deja convencer y se queda.

Después de esto su esposo se muestra cariñoso, atento, le apoya, le da cariño y se siente querida. No obstante algo no termina de funcionar. Su marido que hasta ahora era muy activo sexualmente pasa a tener una indiferencia total en cuanto al sexo se refiere. Finalmente la denunciante observa que su marido padece eyaculación precoz, este problema llegan a hablarlo, su marido no reacciona mal e incluso accede a acudir a un especialista en varias ocasiones. No obstante de repente deja de ir y se excusa diciendo «para follar no necesito ayuda de nadie».

La denunciante por aquel entonces comienza a trabajar de noche.

A partir de ese momento su marido comienza de nuevo a tener una actitud vejatoria con respecto a la denunciante, le insulta continuamente y siempre con insultos y frases referidas al sexo, tales como «eres tan puta y tan ninfómana que no te basta», «con cuántos te habrás acostado antes que conmigo», «no vas a la cocina del hostal a trabajar, te vas de puta», «eres una fulana con los camioneros que paran», «a cuánto cobras la hora», «es imposible con las horas que trabajas que cobres tanto».

Todas estas «observaciones» se las hacía al venir de trabajar y evitaba tener a los niños delante. Los insultos son continuos cada día hasta que se va a trabajar.

Todo sigue igual hasta que a finales de año, en concreto recuerda que un jueves puesto que no trabajaba, hay un punto de inflexión más grave si cabe. De repente a su marido parece que se le soluciona el problema de la eyaculación precoz cosa a la que no dio importancia.

Un día regresa muy bebido a casa y se muestra muy cariñoso, la lleva a la cama, se desnudan pero la denunciante observa su estado y se niega a hacer nada al no estar en condiciones. Su marido reacciona violentamente, le dice «¿no te has acostado nunca con clientes borrachos?», «tu pedías sexo y a partir de ahora lo vas a tener». Esa noche se niega pero su marido le dijo «ya veremos».

Su marido empeñado esa noche la forzó, le dio puñetazos en la cara y en el cuerpo, le dio patadas, etc. Le sujeta con las manos sus brazos y se pone encima suya, penetrándola varias veces. La denunciante se resistía y chillaba pero todo fue inútil y su marido consumó la violación.

Debido a todos los golpes recibidos tuvo varios moratones por todo el cuerpo, no obstante ocultó el hecho y no fue al hospital, inventando varias excusas para no acudir al trabajo durante tres o cuatro días.

A partir de ese momento su marido comienza a visionar películas porno continuamente y descubre que se masturba antes de llegar la denunciante con el fin de solucionar su problema de eyaculación precoz.

El siguiente paso fue obligarla a visionar con él las películas y obligarla a realizar todos los actos que en la película observaban.

Comenzó a obligarla a tener sexo oral con la excusa de ser «la mejor forma de que te excites», «sé que te gusta», sufrió dos o tres penetraciones anales sin su consentimiento a que según su marido «la tenía que preparar pues iba a traer a otro tío para que se acostara con los dos».

Además le introducía toda clase de objetos sin su consentimiento «me metía todo lo que pillaba». Asimismo compró dos «bolas chinas» y le obligaba a llevarlas e incluso a salir de casa con las bolas introducidas en la vagina, al salir de casa se las sacaba.

El siguiente episodio más violento o más vejatorio si cabe, sucedió hace dos o tres años, en esa ocasión le violó en una habitación de una hermanastra de la propia denunciante. Los hechos fueron así: Su marido y ella salieron con esta pareja, bebiendo, tomando éxtasis y hachís durante toda la noche voluntariamente. Finalmente fueron a casa de esta hermanastra, la denunciante se encontraba en un estado de semiinconsciencia, se daba cuenta de todo pero era incapaz de ejecutar acciones, incluso le tuvieron que acostar en la cama. Su marido se acostó con ella, pidiéndole tener relaciones sexuales a lo que la denunciante se negó debido a su estado. A su marido esta negativa le dio igual y siguió. Esa noche hizo con la denunciante lo que quiso y fue la primera vez que le penetró analmente sin su consentimiento. Estaban solos en la habitación con lo que ignora si su hermanastra vio u oyó algo. La denunciante afirma que esa fue una de las peores noches de su vida.

Después de este hecho su marido no le pidió perdón en absoluto y le echó dinero encima de la mesilla diciendo «eso es en pago por tus servicios».

La denunciante admite que muchas veces su marido ha abusado de ella a veces por la fuerza y otras porque la denunciante por evitar esa violencia accedía. Incluso hay muchos días que por evitar los malos tratos físicos y por miedo accedía a mantener relaciones sexuales.

Durante todo este período (finales de 1998 hasta julio de 2002) una o dos veces por semana ha sido violada por su marido soportando frases como «tú me lo has pedido», «ya no tiene que salir fuera de casa así lo tienes dentro».

Es posible que algún vecino oyera sus gritos durante estos años pero no lo puede asegurar.

Asimismo muchas veces ha tenido marcas de los golpes, patadas y agresiones recibidos, consistentes en moraduras o enrojecimientos pero no cree que nadie se las haya visto ya que ha perdido cualquier tipo de relación con la gente. Incluso con su familia se relaciona por teléfono. No ha acudido al hospital nunca y por este motivo ha faltado varias veces al trabajo, aunque ha dado otros motivos.

Estas situaciones suceden durante el día ya que de noche trabaja. Hay días que viene de trabajar y encuentra a su marido dormido con lo que ha llegado muchas veces a dormir en el sofá para no despertarle y así evitar estas violaciones sistemáticas.

El siguiente episodio que recuerda sucedió hace aproximadamente un año, él llegó tarde de trabajar y muy bebido, además con síntomas de haber fumado hachís. Su marido le invita a tomar unas copas pero la denunciante se niega, no obstante su marido le obliga a beber y a ver una película porno. La denunciante piensa que echó algo en la bebida que le dio puesto que algo le afectó y se empezó a sentir muy mal. Cuando su marido observa que le ha hecho efecto, la tira al suelo y «comienza a hacerme de todo».

En repetidas ocasiones le fuerza y mantiene con ella penetraciones anales, vaginales y orales. Le obliga a someterse, a realizarle el sexo oral. Mientras su marido le increpa con frases como «no seas tonta y disfruta», «no te hagas la víctima», «sé que te gusta, tú disfrutas más que yo», «lo hago por tu bien», «te preparo para cuando venga el otro».

Además le introduce vaginal y analmente objetos varios, «todo lo que pillaba», en concreto el cilindro final del papel de váter, zanahorias, de todo.

Estas penetraciones las hacía sin ningún tipo de protección ya que en su casa no hay preservativos «lo hacía a lo bestia».

Después de introducírselos analmente los objetos, se los metía a la boca.

Esto sucedió en el salón cuando los críos estaban dormidos. Después la denunciante fue al baño y cuando estaba sentada en la taza de váter, llegó su marido y le dijo que se levantara la denunciante le dijo que no podía y él le dijo entonces «yo tengo necesidad» mientras orinaba encima de la denunciante.

Debido a todos estos abusos la denunciante sufrió daños anales pero no se atrevió a ir al médico. Asimismo ha tenido hongos pero su marido le ha dicho que «será culpa tuya, no te acuestes con nadie». A este respecto cabe destacar que en repetidas ocasiones ha dicho que las infecciones vaginales son por acostarse con otros, esto se lo ha dicho a una persona del entorno de la denunciante.

En relación a los niños tiene que decir que muchas veces los niños al oír sus gritos se despertaban y lloraban, con lo que la denunciante tenía que ir a decirles que era una pesadilla suya. A veces al volver su marido paraba pero otras veces seguía forzándole y al día siguiente si los daños habían sido graves la denunciante no iba ir a trabajar.

Piensa que los niños no han visto nada aunque no lo puede asegurar, asimismo tiene miedo de que su marido esté con los niños aunque no ha notado nunca nada en ellos. El pequeño no desea ir con su padre y llora cada vez que según el régimen de visitas impuesto en las medidas provisionales tiene que ir con su marido.

No ha denunciado nunca estos hechos.

Situación familiar

En estos momentos se encuentra separada de su marido, habiendo vivido con él durante casi diez años. Fruto de este matrimonio tiene dos hijos, de nueve y de seis años.

Situación económica

La vivienda donde reside en estos momentos su marido está hipotecada y es propiedad de ambos. Su marido la usa y no quiere venderla.

La denunciante trabaja en un Hostal, ahora tiene el turno de día.

En esos momentos la denunciante reside en casa de su madre en Pamplona.

Solicitud de adopción de medidas especiales de protección y de carácter cautelar por parte del Juzgado

Se solicitan todas las medidas cautelas de protección existentes.

La lectura de la denuncia es muy elocuente. En ella se observan las típicas conductas lesivas de los maltratadores domésticos: menosprecio absoluto a la mujer, aumento gradual de los insultos y de las agresiones, obsesión con definir a su mujer como «puta y te vas con todos», violaciones muy violentas, amenazas contra los hijos... También se observa que Isabel aguantó demasiado tiempo la violencia doméstica y que sufrió agresiones físicas, agresiones sexuales y agresiones psíquicas continuadas durante más de 10 años y también y con incluso mayor violencia, después de separarse del agresor, el cual se saltó la orden de alejamiento en varias ocasiones para violarla y apalearla muy violentamente.

El policía que intervino desde un principio en este caso manifestó en varias ocasiones, y asimismo lo declaró en el juicio oral, que «era el delincuente más violento que se había encontrado en su larga trayectoria como policía».

Isabel me contó que ocultó la situación que estaba viviendo de enorme violencia familiar, por el sentimiento de vergüenza, de culpa, de desconfianza hacia los demás que no se daban cuenta de lo que estaba pasando y por temor a no ser comprendida —características habituales en las víctimas de la violencia doméstica.

La evolución emocional que fue manifestando Isabel a lo largo del proceso nos demostró que la intensa, constante y diversa violencia que sufrió hizo que su recuperación psicológica fuese francamente difícil. Además, Isabel no tuvo los apoyos sociales, familiares y económicos necesarios, e incluso no consiguió que el agresor respetase la orden de alejamiento y de incomunicación y dejase de agredirla. Por otra parte, las cuestiones que deberían haberse resuelto con urgencia (el procedimiento penal, el civil, la búsqueda de un trabajo con horario compatible con el cuidado de sus hijos, la falta de recursos económicos e incluso de vivienda) se fueron dilatando en el tiempo por la intervención de la defensa insensible e incluso acosadora, que permitió que la fase de instrucción durase más de tres años y que se tuviese que revisar cualquier aspecto de la parcela civil constantemente. Toda esta insoportable situación dañó aún más la malograda integridad emocional de Isabel.

Este caso de violencia doméstica guarda muchos puntos de similitud y convergencia con los casos que he atendido diariamente durante muchos años, como, por ejemplo, que la mujer maltratada, después de tomar la decisión de denunciar, no tenga la fuerza emocional suficiente para enfrentarse a todo lo que de forma obligada se empieza con la denuncia; las ayudas que establece la ley no son suficientes, son lentas o no existen muchas de ellas; que el proceso penal sea interminable en su fase de Instrucción; que la defensa someta a la mujer maltratada a un acoso continuado... Y éste fue el caso de Isabel, que tuvo una serie de dificultades y de limitaciones que le impidieron que la asistencia fuese la adecuada y desde luego que no llegase a tiempo. De esta forma, incluso la ayuda psicológica que empezó a recibir Isabel fue insuficiente para compensar tanto desaguisado.

Nos encontramos con un caso en el que la víctima se encontraba en una situación especialmente vulnerable; no se le ofreció la ayuda precisa para poder iniciar su nueva vida cuando lo necesitaba, no supo ni tuvo fuerza para luchar más y para conseguir vivir tranquila y con normalidad junto a sus hijos.

Isabel se suicidó en el 2006 dejándonos la clara emoción de que no pudimos ayudarle, si bien, también creo que hicimos todo lo que estuvo en nuestras manos por ella y algo más.

Estos casos creo que no se contabilizan como muertes por violencia de género, y según nuestra opinión, sí debería de hacerse, porque es una muerta más de la violencia doméstica

Por mi parte, no he olvidado la mirada de Isabel, sus ojos vacíos de esperanza.

¿QUÉ DEBEMOS HACER CUANDO UNA MUJER MALTRATADA RETIRA LA DENUNCIA?

El 2 de junio de 2007, y en Vitoria, fue asesinada Asunción, apuñalada por su marido, al que había denunciado ante la policía autónoma vasca cinco meses y medio antes por maltrato psicológico. Al parecer, ya le había denunciado anteriormente, en 2002, aunque no lo mencionó en la segunda denuncia.

Las declaraciones a *El País* (junio de 2007) de Consuelo Abril, presidenta de la Comisión de Investigación de Malos Tratos a Mujeres, son contundentes y claras: «Es un caso paradigmático, porque ella había avisado al Estado de que algo pasaba, aunque luego retirara la denuncia. Una de las piezas clave de la ley es que estos delitos se pueden perseguir de oficio. Al menos debió haberse iniciado una investigación. Deberían haber buscado al psiquiatra que la asistía, a los vecinos, a la familia; tendrían que haber encontrado la denuncia de 2002 y un equipo psicosocial debería haberla examinado. El sistema, en su conjunto, no ha sabido dar respuesta a esta mujer».

Este asesinato dio una imagen pública muy negativa. Aparecieron en los medios de comunicación distintos responsables del ámbito asistencial en materia de violencia de género, «pasándose la pelota» respecto a quién debía de haber protegido a Asunción y quién falló, mostrando la descoordinación y la falta de implicación en el caso. Este triste suceso, unido a tan lamentables reacciones públicas, pueden tirar por la borda el trabajo de muchos años contra la violencia doméstica.

A continuación, y a modo de ejemplo, traslado literalmente retazos de conversaciones que son el reflejo de muchas situaciones que se vive cuando se está trabajando atendiendo a mujeres maltratadas que han denunciado y se sienten desprotegidas:

Ana, 37 años, casada hace 9 años, con 3 hijos, sin trabajo

«¿Puedes acompañarme a quitar la denuncia? Es que me da mucha vergüenza ir al Juzgado y la chica que atiende encima me dijo la otra vez que no hacía más que molestar. ¿Sabes? Es que he estado hablando con Miguel y tiene razón. Tampoco es para tanto. Y luego si le meten en la cárcel, fíjate tú qué pensará la gente. Y los hijos... Me ha prometido que va a pedir ayuda a un psicólogo. Además parece que igual le dan un trabajo... Es que es muy bueno. Sólo que pierde los nervios pero como todo el mundo.»

Cristina, 41 años, casada hace 6 años, tiene 2 hijos y trabaja de auxiliar administrativa

«Que vengo a quitar la denuncia. Total que sí me ibas a ayudar y qué estás haciendo, ¡nada! Tú te crees que puedo vivir con ese poco dinero, y además ¿dónde voy a vivir? No sé por qué me dijiste que debía denunciar. Es todo una puta mentira que os montáis porque no hay nada de nada, y las hostias me las llevo yo. Y ahora el tío está más mosqueado y no puedo ni llamar por teléfono, ¿y quién me ayuda a mi?»

Nieves, 53 años, casada hace 32, con 3 hijos, ama de casa

«No sé cómo se me ocurrió denunciar. No consigo hablar con la abogada, no entiendo nada de lo que me decís. Ahora nadie tiene tiempo para escucharme. Estoy todo el santo día de un sitio para otro y no tengo ni idea de para qué. Encima el médico forense dice que no le parezco maltratada. Ya lo sabía yo, si a las desgraciadas como yo sólo se nos hace caso para sacar números. No me cree nadie y me preguntan cosas para ver si miento. Luego mi madre con el rollo de que debía haber dicho algo y eso me duele casi más que los golpes de él. Mis hijos están mosqueados porque dicen que no debía haberle denunciado y que les da mucha pena (su padre). No tengo dinero ni para comer. Total ¿para que voy a ir a la terapia? Y él tan pancho, con el rollo de la pena, con la pasta... vamos, como siempre.»

Quizá la reproducción de estas conversaciones puedan hacernos entender la situación tan complicada en la que se encuentran muchas mujeres que han decidido denunciar.

Y es que, aunque se tiene información bastante precisa del número de denuncias que se retiran actualmente, se desconoce completamente los **motivos** por los que las mujeres que han presentado una denuncia por haber sufrido violencia doméstica deciden retirarla o no ratificar los hechos denunciados.

Los siguientes documentos son el ejemplo de un texto devastador al retirarse una orden de protección a solicitud de la mujer maltratada.

JUZGADO DE VIOLENCIA SOBRE LA MUJER

DILIGENCIAS PREVIAS
Procedimiento: 0000/2006 C\ San Roque sIn. Pamplona/Iruña

Adjunto remito, a los efectos que procedan, resolución del día de la fecha, por la que **se deja sin efecto la medida de alejamiento e incomunicación acordada** por Auto de fecha 30 de noviembre de 2006 a favor de XXXX XXXX y en contra de XXXX XXXX.

En Pamplona/lruña, a 21 de enero de 2007.
EL/LA SECRETARIA JUDICIAL

JUZGADO DE INSTRUCCIÓN N.º 5 PAMPLONA

Auto

En Pamplona a 21 de Enero de 2007

PRIMERO.—En este Juzgado se tramitan las diligencias previas nº 000/06 incoadas en virtud de atestado policial, en relación con un delito de violencia en el ámbito familiar.

SEGUNDO.—Por auto de fecha 30 de noviembre de 2006 fue dictada medida de alejamiento, **habiendo comparecido posteriormente la denunciante, manifestando su voluntad de retirar la denuncia y de que se deje sin efecto la medida de alejamiento** y dado traslado al Ministerio Fiscal informa en el sentido que consta en las presentes diligencias.

Fundamentos jurídicos

PRIMERO.—La parte denunciante, quien solicitó la adopción de la medida ha comparecido ante el órgano judicial solicitando **que se deje sin efecto la medida; retirando así mismo la denuncia,** por su parte el Ministerio Fiscal y ante lo manifestado por la denunciante, nada opone a que se deje sin efecto la medida acordada; por lo anteriormente expuesto y ante el estado del presente procedimiento, y dada la comparecencia de Dña. XXXX XXXX procede resolver en el sentido de la Parte Dispositiva de la presente resolución.

Parte dispositiva

SE DEJA SIN EFECTO LA MEDIDA DE ALEJAMIENTO ACORDADA POR AUTO DE FECHA 30 de noviembre de 2006 EN LA PRESENTE CAUSA A FAVOR DE XXXX XXXX y EN CONTRA DE XXXX XXXX.

Líbrense requisitoria de cese de las medidas acordadas, ofíciese a los cuerpos policiales, organismos y exhórtese, en su caso a los órganos judiciales, a los que se hubiera puesto en conocimiento la orden de protección con remisión de testimonio de este auto; póngase en conocimiento del Registro Central para la protección de Víctimas de Violencia Doméstica.

Notifíquese la presente resolución al Ministerio Fiscal y demás partes personadas, así como al imputado personalmente y a la denunciante, haciéndoles saber que cabe interponer recurso de reforma y/o apelación en la forma y plazos establecidos en la Ley de Enjuiciamiento Criminal.

Así lo acuerda, manda y firma Dña XXXX XXXX XXXX, Magistrada Juez del Juzgado de Instrucción nº CINCO de Pamplona.

Doy fe.

El espíritu de la Ley Orgánica 1/2004, de 28 de diciembre, de Medidas de Protección Integral contra la Violencia de Género, insta a los funcionarios públicos a que persigan de oficio este delito, otorgándole a la víctima de todos los recursos disponibles de protección y de ayuda. Por lo que la retirada de la denuncia debería acompañarse de un estudio de la situación de riesgo en el que está en ese momento esa mujer maltratada y conocer con exactitud los motivos por los que retira la denuncia. Dejar que una mujer que ha denunciado maltrato doméstico retire la denuncia y pueda volver con el agresor o deje de estar protegida parece, a todas luces, un acto de tremenda irresponsabilidad por parte de nuestra sociedad.

La situación de riesgo real en que se encuentran muchas mujeres, en muchos casos no es percibida como tal ni por ellas mismas. La mujer maltratada tiene una considerable adaptación a elevados niveles de violencia y difícilmente puede darse cuenta de que el agresor, precisamente por haber interpuesto una denuncia, puede fácilmente dar el paso definitivo en la escalada de violencia y asesinarla. Si se le explica a la víctima la situación de peligrosidad en la que se encuentra y qué conductas y situaciones le pueden exponer a un gran peligro, la mujer maltratada puede reconsiderar el hecho de retirar la denuncia y no renunciar a estar protegida.

Pero también es frecuente que la mujer maltratada, pese a no retirar la denuncia, incumpla las medidas de protección y acuda a una cita convencida por el agresor de que no está en peligro, o que sin ser consciente del alto riesgo que corre, mantenga una cita para tratar de temas familiares o de otras cuestiones. Si desde el primer momento en que la mujer maltratada denuncia, se analiza su situación de riesgo y se le explica qué acciones debe evitar por estar relacionadas experimentalmente con agresiones muy graves en casos de violencia doméstica, estamos potenciando que la mujer maltratada tome medidas de autoprotección y que las mantenga a lo largo de todo el proceso.

Por último, si la policía, los Juzgados de Violencia sobre la Mujer y otros técnicos que asisten a las mujeres maltratadas, conocen desde el primer momento el grado de peligrosidad en el que se encuentra la víctima, difícilmente se podrá desproteger a la mujer que retira la denuncia, y lógicamente se deberán pensar y crear métodos de trabajo que ayuden a estas mujeres a vencer el miedo, la dependencia emocional y a reestructurar su nueva vida.

Podemos afirmar que la mayoría de las mujeres que han muerto en el año 2006 nunca pidieron ayuda (el 70 por 100), pero también debemos pensar que el 30 por 100 que fueron asesinadas en ese mismo período de tiempo en España, y que en algún momento pidieron ayuda a la sociedad, no fueron protegidas adecuadamente por múltiples cuestiones de gran relevancia, pero desde luego porque no se tuvo presente en todo momento que podían estar en una situación de alta peligrosidad (Consejo General del Poder Judicial, 2007).

Siguiendo estos argumentos, parece interesante que, desde el primer contacto con la mujer maltratada, el técnico interviniente (policía, psicólogo forense, trabajadora social, etc.) analice el grado de peligrosidad en que se encuentra la víctima (ver cuestionario en el anexo) con los siguientes objetivos: evaluar el potencial riesgo de que se produzca una nueva agresión; evaluar la situación de peligro en el que se encuentra la víctima y sus familiares; informar a los órganos judiciales y policiales de forma urgente de la situación potencial de peligro en que se encuentra la víctima; ofrecer las medidas de protección adecuadas en cada caso y ofrecer información exhaustiva a la mujer maltratada para que cree sus medidas de autoprotección en relación directa con los datos obtenidos con su situación real de peligro (Rodríguez, 2007a).

Debemos considerar que una mujer que ha sufrido violencia doméstica está en una situación de peligro por el mero hecho de presentar una denuncia. El conocimiento real del grado de peligro efectuado de forma individualizada en cada mujer maltratada favorece que los escasos recursos que existen puedan ser utilizados de forma racional. Es decir, no todas las mujeres maltratadas tienen las mismas necesidades urgentes ni se encuentran en idéntica situación de peligro; por lo tanto, a cada mujer maltratada se le deberá ofertar los servicios adaptados a su caso.

Los dos documentos siguientes son una muestra del procedimiento de intervención creado para conocer el grado de peligrosidad en el que se encuentra la mujer maltratada desde el momento en que está denunciando y evitar su desprotección (Azcárate, 2007; M. J. Rodríguez, 2007a).

DOCUMENTO INTERVENCIÓN URGENTE (Primera Parte)
(enviado al Juzgado de Violencia sobre la Mujer junto al Atestado Policial)

Intervención Nº: 110-07
Realizada por la Psicóloga Colegiada: **Fecha:** 13 / octubre / 2007

1. **Intervención solicitada por:** Policía Municipal de Pamplona.
2. **Activación realizada por:** 112 SOS Navarra
3. **Hora de activación:** 19,30 horas

   • **Hora de intervención:** 19,50 horas
   • **Hora de finalización:** 22,30 horas

4. **Lugar de la intervención:** Dependencias Policía Municipal de Pamplona.
5. **Casuística de la intervención:** Violencia de género (malos tratos físicos y psicológicos) continuados.
6. **Persona atendida: XXXX XXXX** .
7. **Derivaciones.**

   La Policía Municipal de Pamplona solicita asistencia psicológica (O.A.V.D.) y de un letrado (S.A.M.) de urgencia a través de SOS Navarra 112. Tiene lugar en la comisaría y la casuística de la intervención es denunciar la violencia de género (física y psicológica) ejercida por XXXX XXXX sobre su esposa **XXXX XXXX**. En España, ésta es su primera denuncia. Aunque la Policía Municipal se trasladó en abril de este mismo año al domicilio conyugal (ver denuncia). **XXXX XXXX** manifiesta que en su país de origen, Bolivia, existen varias.

   XXXX XXXX manifiesta que conoce a su esposo desde hace 9 años, que llevan conviviendo desde hace 7 años y que tienen un hijo en común de 5 años (permanece en Bolivia al cuidado de la abuela materna). Refiere que los malos tratos comenzaron al inicio de su vida en común y que al principio éstos eran sólo psicológicos (gritos,

---

insultos, alguna amenaza), para proseguir con los físicos (graves palizas con posibles secuelas). Desde hace 7 años hasta hace dos, los episodios de violencia física y psicológica eran continuos, pero que éstos han disminuido al venir a España («mi esposo tiene miedo de la policía y de la justicia de aquí»).

Los episodios violentos que describe XXXX XXXX tienen lugar dentro y fuera del hogar y al agresor parece no importar la presencia o no de testigos (en Bolivia: ante hijo menor, desconocidos y conocidos y familia de él, y en España: inquilinos del piso compartido, personas desconocidas de la calle).

XXXX XXXX denuncia los siguientes tipos de maltrato (ver denuncia):

Psicológicos: insultos, amenazas (incluso de muerte), desprecios en público y en privado hacia su persona, humillaciones relacionadas con su condición de mujer y esposa (obligación de estar supeditada a él).

Relaciones sexuales forzadas desde hace tres años. Al principio parece ser que ella se plantaba y se negaba, pero igualmente era forzada. Actualmente le hace saber su desagrado y negativa, pero ya no se siente con ánimo de enfrentarse físicamente a él («es peor, se violenta y me causa más daño»).

Ha conseguido aislarla socialmente en España y en Bolivia.

Desde hace aproximadamente 9 años no se relaciona con su padre, la causa parece ser que XXXX XXXX no ha roto con XXXX XXXX («no hablamos, me ha dado la espalda»). Refiere que su familia la rechaza por estar con su esposo.

Todos los trabajos domésticos son responsabilidad de XXXX XXXX y su esposo se lo hace saber continuamente. Parece que ella ha dejado su trabajo de la tarde para poder atender mejor a su esposo («se quejaba que no tenía tiempo de hacerse la comida del día siguiente»)

Refiere ocuparse de la economía familiar, pero tras haber su esposo cubierto sus necesidades para sus gastos. Ella gana unos 400€/mes y su esposo unos 1300€/mes.

Físicos:

Graves palizas desde hace aproximadamente 5 años (al quedar embarazada). Relata que han existido graves agresiones estando embarazada de 4 meses. Que incluso en una de ellas perdió el conocimiento y que desde entonces podría padecer secuelas: entumecimiento en cara y extremidades superiores e inferiores cuando está tensa emocionalmente, junto con opresión en el pecho y leve desorientación espaciotemporal).

En algunos de estos episodios violentos su esposo ha utilizado alguna arma y la ha llegado a quemar con un cigarro (ver denuncia). Incluso ha llegado a agredir a su hijo pequeño, en Bolivia, con un cinturón.

Todo lo anteriormente descrito en XXXX XXXX un miedo continuo que ha conseguido anularla. La ha imposibilitado tomar la decisión definitiva de separarse («le he dado muchas oportunidades, pero le he perdonado cuando me lo ha pedido»). Dice haber intentado hablar «amigablemente» de la separación con su esposo y según parece éste no lo acepta. XXXX XXXX manifiesta gran dependencia emocional hacia su esposo. Se siente muy culpable y avergonzada de haber llegado a estos extremos en la relación. Durante la intervención se muestra abatida y con gran carga emocional (lloros continuos, respiración dificultosa, sensación de mareo y ahogo). Además de sentirse dolorida por la paliza recibida (existe parte de lesiones del Ambulatorio General Solchaga).

Define a su marido, fuera y dentro del matrimonio, como un hombre violento, suspicaz y rencoroso. Que descarga toda su ira y frustración en ella. Teme por su integridad, le cree capaz de lo peor. Solicita medidas de protección.

Las agresiones tienen lugar cuando el esposo se encuentra ebrio y sobrio. Describe que cualquier incidente puede provocarlo. XXXX XXXX relata que desde hace 7 años hasta este mismo momento no ha podido actuar libremente ya que XXXX XXXX intenta controlar todas sus actividades ejerciendo su papel dominante de hombre y esposo (le impide entablar relaciones sociales, manifiesta conductas celotípicas, la acusa de serle infiel, intenta violar su privacidad cogiéndole el teléfono, sabiendo en todo momento dónde se encuentra y con quién).

El último episodio ha tenido lugar en el presente día (13/10/07) y ha sido desencadenado por no escuchar XXXX XXXX el telefonillo automático que tocaba XXXX XXXX insistentemente (ver denuncia).

No se le administra el SCL-90-R, ya que XXXX XXXX se encuentra muy abatida y dolorida y cansada. Se realiza la entrevista semiestructurada para la valoración de riesgo en Víctimas de M. J. Rodríguez (2001) y el grado de peligrosidad es Muy Alta Peligrosidad.

Se le da información de la Oficina de Atención a las Víctimas del Delito.

Este informe tiene carácter de observación temporal y puntual. No tiene capacidad técnica para ser utilizado como un peritaje psicológico forense ni como una entrevista psicológica clínica.

Observaciones

Como consecuencia del altercado con su esposo ha tenido que ser atendida en un centro médico (parte médico, ver denuncia).

Refiere antecedentes de maltrato en la familia de su esposo.

La psicóloga con nº de colegiada 0000 INFORMA:

Que como psicóloga de guardia con contrato de asistencia psicológica de urgencia para la Oficina de Asistencia a las Víctimas del Delito y conforme a los protocolos de actuación, fui llamada por 112 SOS Navarra, al teléfono de guardia por solicitud de la Policía Municipal de Pamplona.

Que fui llamada para atender psicológicamente a Doña XXXX XXXX, por recibir malos tratos físicos y psicológicos por parte de su esposo, XXXX XXXX de manera sistemática y reiterada desde hace cinco años.

Durante la intervención Doña XXXX XXXX se muestra muy abatida por lo que se desestima realizar el SCL-90-R. Se siente avergonzada y culpable. Demuestra gran dependencia emocional hacia su esposo. Se administra la entrevista semiestructurada para la valoración de riesgo en Víctimas (M. J. Rodríguez. 2001) y el grado de peligrosidad es Muy Alta Peligrosidad.

Este informe psicológico debería formar parte del Atestado nº 6143-10-07/D, de la Policía Municipal de Pamplona, y deberá ser incluido en las Diligencias que se llevan en el Juzgado de Guardia (Nº 3) de Pamplona.

Pamplona, a 14 de octubre de 2007.

DOCUMENTO INTERVENCIÓN (Segunda parte)

Intervención Nº: 116-07
Realizada por la Psicóloga Colegiada: **Fecha:** 16 / octubre / 2007

1. **Intervención solicitada por:** Policía Foral de Pamplona.
2. **Activación realizada por:**
3. **Hora de activación:** 19,00 horas

- **Hora de intervención:** 19,00 horas
- **Hora de finalización:** 20,00 horas

4. **Lugar de la intervención:** Ninguna.
5. **Casuística de la intervención:** Informe de la valoración psicológica de peligrosidad en la que se encuentra la víctima en relación con la intervención 110-07 del 13/10/07 en Policía Municipal.
6. **Persona atendida:** XXXX XXXX
7. **Derivaciones:** Oficina de asistencia a Víctimas del Delito de Navarra.

Informe breve

La Policía Foral de Pamplona solicita el informe de la valoración psicológica de peligrosidad en la que se encuentra la víctima (relación intervención urgente 110-07). En esta intervención se detectó un **índice de peligrosidad muy alto.** La policía Municipal ha derivado el caso a la Policía Foral y estos últimos contactaron con la psicóloga N-000, que realizó la intervención para obtener el informe de valoración de peligrosidad.

Observaciones

La Policía Foral informa que en su valoración también se obtiene un alto grado de peligrosidad. Contactan con la víctima y le **ofrecen protección con escolta,** parece que **XXXX XXXX** la rechaza, aunque se realizara una vigilancia específica en su vida cotidiana hasta que se le facilite un teléfono.

La coordinación y colaboración entre los psicólogos de urgencia, las policías y los Juzgados de Violencia sobre la Mujer puede reducir los casos de agresiones graves o mortales al protegerse a la mujer maltratada con los medios imprescindibles existentes en cada comunidad (teléfonos móviles con GPS, escoltas) y siempre con una valoración exhaustiva e individualizada de cada caso.

Pero en modo alguno se debe dejar que la mujer al retirar la denuncia asuma la responsabilidad de proteger su vida sin la ayuda de la sociedad, más aún sabiendo que en la mayoría de los casos la denuncia puede ser retirada por motivos relacionados con la violencia que está sufriendo: su incapacidad para afrontar adecuadamente los hechos denunciados, la carencia de medios reales de ayuda para resolver el problema, el miedo a la reacción del agresor y la dependencia emocional al agresor que fácilmente podrá convencerle de que es mejor que retire la denuncia.

El siguiente documento es la copia de una sentencia en la que la víctima retiró la acusación particular y demuestra el perjuicio judicial que supone para la mujer maltratada que se retire como acusación particular del caso que denunció.

SENTENCIA N° 385/06

Que es pronunciada, en nombre de SM el Rey de España, en Pamplona/lruña, a 20-12-06, por el/la Ilmo/a. Sr/a. D/Dña, XXXX XXXX Magistrado-Juez del Juzgado de lo Penal N° 3 de Pamplona/lruña, quien ha visto los presentes autos de Juicio Oral N° 0000/2006, procedentes del Diligencias previas n° 00000/2005-00 y seguidos por violencia habitual sobre convivientes y agresión sexual, habiendo sido parte como acusado/a XXXX XXXX, con PASP.: 000000, hijo/a de XXXX y de XXXX nacido/a en XXXX , el día 0 de junio de 1970 y con domicilio en XXXXXXXX, en situación de libertad provisional por esta causa de la que consta cautelarmente privado LOS DÍAS 25-7-05 15 Y 16-1-06, representado/a por el/la Procurador/a XXXX XXXX y asistido/a por el/la Letrado/a XXXX XXXX y actuando como acusación particular XXXX representada por el/la Procurador/a XXXX y asistido/a por el/la Letrado/a XXXX XXXX y habiendo intervenido el Ministerio Fiscal en la representación que la Ley le otorga.

Antecedentes de hecho

PRIMERO.— Las presentes actuaciones fueron remitidas a este Juzgado de lo Penal para su enjuiciamiento y fallo, habiéndose celebrado la vista oral en el día de hoy con el resultado que obra en el acta del juicio.

SEGUNDO.— En sus conclusiones definitivas el Ministerio Fiscal interesó la condena del acusado como autor penalmente responsable de un delito de malos tratos familiares del art. 173 n° 2 del Código Penal y de uno de agresión en el ámbito familiar del art. 153 n° 1 del Código Penal, sin la concurrencia de circunstancias modificativas de la responsabilidad criminal, a las siguientes penas por el primero, 1 año de prisión inhabilitación especial para el derecho de sufragio pasivo durante el tiempo de la condena, privación del derecho a la tenencia y porte de armas por 2 años, prohibición de acercarse a menos de 500 metros por un tiempo de 3 años, de la persona, domicilio y lugar de trabajo de XXXX XXXX XXXX por tiempo de 3 años y costas y por el segundo la pena de 40 días de trabajos en beneficio de la comunidad y al abono de las costas procesales en 2/8y de oficio el resto.

No procede fijar responsabilidad civil al no solicitarse en este acto. **Procede absolverse de las restantes responsabilidades al haberse retirado la acusación.**

TERCERO.— Antes de iniciarse la práctica de la prueba, el/los acusado/s y su/s defensa/s expresaron su conformidad con la/s calificación/es y con la/s pena/s contenida/s en el escrito de acusación.

CUARTO.— Se anticipó verbalmente el fallo de la Sentencia, declarándose firme en el mismo acto tras manifestar las partes su voluntad de no recurrirla

Hechos probados

Por conformidad de las partes se declara probado que el acusado XXXX XXXX nacido el 0 de Junio de 1970, sin antecedentes penales y de nacionalidad XXXX, inició una relación sentimental en su país con XXXX XXXX aproximadamente en el mes de Julio del año 2001 y a finales del mismo año empezaron a vivir en el mismo domicilio. En el año 2002 tuvieron a su único hijo XXXX XXXX.

Desde el inicio de la convivencia, el acusado ha agredido física y psíquicamente a su esposa, despreciándola con expresiones como «puta, perra, no tienes ni idea de nada», la ha ignorado en otras ocasiones delante de terceras personas, le ha repetido que sus amigas son mejores que ella, le ha dado innumerables empujones cuando se enfadaba con ella y otras veces la ha golpeado violentamente.

El acusado se trasladó a España para trabajar en el mes de Diciembre de 2003 y XXXX XXXX junto con su hijo vinieron en el mes de Octubre de 2004, debido al deseo del acusado y a sus promesas de que iba a cambiar.

Los tres se instalaron en una habitación alquilada en la Avenida XXXX nº 00-0º A de Pamplona y enseguida el acusado volvió a tratar a su compañera de la misma forma en que lo había hecho en XXXX, por lo que ella abandonó el domicilio dos meses después de vivir en la casa ya que además de insultarla le dio dos tortazos.

A principios del mes de Julio de 2005, XXXX volvió al domicilio de la Avenida XXXX junto con su compañero y su hijo; pero el acusado desde el primer día discutía violentamente con ella, incluso en una ocasión le dio varias patadas y puñetazos.

En la madrugada del día 25 de Julio de 2005, en el domicilio, el acusado comenzó a golpear a XXXX en la cara, en los brazos, en el costado y le daba patadas en las piernas a la vez que le decía «eres una mierda, una puta, una perra, no sirves para nada, ¿Por qué no te vas de aquí? Y desapareces de nuestras vidas».

XXXX muy asustada salió corriendo del domicilio, seguida por su compañero que ante unos empleados de la limpieza que se encontraban en el lugar le dijo a ella «eres una puta» y dirigiéndose a los empleados le dijo «pregúntenle que puta es», a la vez que le daba un puñetazo en la cara a XXXX y era sujetado por las personas que se encontraban en el lugar que llamaron a la Policía

Como consecuencia de esta agresión XXXX sufrió cinco erosiones superficiales en tercio medio de la cara externa del brazo derecho, dolor a la palpación en reborde orbitario derecho, parrilla costal derecha, hombro derecho y ambas extremidades inferiores, erosión superficial en región pretibial izquierda y erosión en mucosa interna del labio superior.

Estas lesiones precisaron una sola asistencia médica y tardaron en curar tres días sin producirle ni incapacidad, ni secuelas.

Como consecuencia de los hechos narrados, XXXX XXXX presenta un estado de ansiedad generalizado, síntomas depresivos y muy baja autoestima.

Fundamentos jurídicos

PRIMERO.— El art., 793.3 de la Ley de Enjuiciamiento Criminal establece que, antes de iniciarse la práctica de la prueba, la acusación y la defensa, con la conformidad del acusado presente, podrán pedir al Juez o Tribunal que proceda a dictar sentencia de conformidad con el escrito de acusación que contenga pena de mayor gravedad, o con el que se presentara en ese acto, que no podrá referirse a hecho distinto ni contener calificación más grave que la del escrito de acusación, dictando el Juez o Tribunal sentencia de estricta conformidad con la aceptada por las partes si la pena no excediere de seis años.

SEGUNDO.— Es así como los hechos declarados probados por conformidad de las partes constituyen delito de malos tratos familiares del art. 173 n° 2 del C.P. y un 2° delito agresión en el ámbito familiar del art 153 n° 1 del Código Penal, no siendo necesario exponer los fundamentos legales y procesales referentes a dicha/s calificación/es, a la participación, a la imposición de las costas y, en su caso, a la concurrencia de circunstancias modificativas de la responsabilidad penal y al pronunciamiento sobre responsabilidades civiles, sin que por otra parte concurra en el presente supuesto ninguna de las circunstancias que, conforme al párrafo segundo del mencionado art. 793.3, pudieran determinar la procedencia de otro contenido en esta resolución.

VISTOS los artículos citados y demás de aplicación del Código Penal y de la legislación orgánica y procesal.

Fallo

Que debo condenar y condeno a XXXX XXXX como autor penalmente responsable de un delito de malos tratos familiares del art. 173 n° 2 del Código Penal y de uno de agresión en el ámbito familiar del art. 153 n° 1 del Código Penal, sin la concurrencia de circunstancias modificativas de la responsabilidad criminal, a las siguientes penas por el primero de los delitos a 1 año de prisión, inhabilitación especial para el derecho de sufragio pasivo durante el tiempo de la condena, privación del derecho a la tenencia y porte de armas por 2 años, prohibición de acercarse a menos de 500 metros por un tiempo de 3 años de la persona, domicilio y lugar de trabajo de XXXX XXX de por tiempo de 3 años y al pago de costas, y por el segundo a la pena de 40 días de trabajos en beneficio de la comunidad y al abono de las costas procesales en 2/8 y siendo de oficio el resto.

No procede fijar responsabilidad civil al no solicitarse en este acto. Procede absolverse de las restantes responsabilidades al haberse retirado la acusación.

Para el cumplimiento de la pena impuesta será de abono en su caso la totalidad del tiempo que el/los acusado haya/n sufrido cautelarmente privado/s de libertad

La presente Sentencia es firme y contra ella no cabe recurso ordinario alguno.

Llévese certificación de la misma a los autos principales y notifíquese al Ministerio Fiscal y a las partes, comunicándose en su caso Registro Central de Penados y Rebeldes del Ministerio de Justicia.

A ti... que estás siendo maltratada

¿Cómo te sientes?

Si has interpuesto una denuncia por malos tratos, es inevitable que desde este momento en tu vida se vayan entrelazando las fases del proceso judicial con la evolución de tu proceso personal y emocional. Por ello, te verás afectada en más de una ocasión por algún trámite judicial que era para ti inesperado y que puede resultarte muy doloroso.

Bien es cierto que no todas las mujeres maltratadas reaccionáis y os sentís afectadas de igual manera, incluso podemos decir que cada una de vosotras tenéis vuestra propia historia de maltrato —con sus momentos buenos y malos, con estados emocionales que oscilan en relación con cada momento personal y con situaciones únicas de cada caso—. Pero también es cierto que existen puntos convergentes entre todas vosotras, mujeres maltratadas. De esta forma, se puede generalizar agrupando en dos a la amplia y variopinta gama de reacciones que tenéis las mujeres que habéis sido maltratadas.

En un primer grupo estáis las mujeres maltratadas que os mantenéis cerradas en vosotras mismas, que no queréis contar vuestra situación a nadie, que no manifestáis el cómo os sentís; estáis aisladas del entorno social y familiar; no buscáis ayuda de ningún tipo y no aceptáis las ayudas que se os ofrece; también os intentáis mantener al margen de los procesos legales, no demostráis curiosidad por la evolución de vuestro caso y os manifestáis aparentemente pasivas e incluso indiferentes con vuestra situación. De esta forma, la imagen que trasmitís al exterior es de entereza, de sentiros fuertes y de haber superado el trauma vivido.

El segundo grupo de mujeres maltratadas es el caso opuesto. Es decir, sois aquellas que buscáis de forma desesperada que se os ayude y pedís todo tipo de ayudas, requerís explicaciones de cualquier asunto y lo preguntáis a distintas fuentes, manifestando externamente sentimientos de enfado, de rabia y de odio por lo que habéis sufrido, y con el tiempo culpáis a todas las personas con las que os relacionáis de vuestro problema antiguo y del nuevo, y no aceptáis que no se resuelva pronto y favorablemente vuestro caso. Vosotras trasmitís la imagen de ser unas personas desequilibradas, exigentes en exceso y poco colaboradas.

Pero bien es cierto que la mayoría de las mujeres maltratadas presentáis reacciones moderadas y muy cambiantes en el tiempo. Lo habitual es que presentéis reacciones intermedias entre los dos extremos señalados y que a lo largo del proceso penal y personal tengáis reacciones pasivas, de desinterés y de desengaño y también de enorme enfado, indignación y desesperación.

La cuestión es que cuando has denunciado el delito del maltrato, te has visto obligada a hablar de tu trauma, que era íntimo y del que no habías hablado nunca. Este hecho te ha supuesto un esfuerzo emocional titánico. Los hechos que denuncias te han generado sentimientos muy dolorosos, que al ser difíciles de asumir, te han ido generando unos mecanismos de defensa frente a los recuerdos del maltrato —estos mecanismos son inconscientes y automáticos y te sirven para aliviar tu sufrimiento.

Ésta es una explicación del por qué algunas mujeres maltratadas reaccionéis evitando todo lo relacionado con el objeto de vuestro dolor, así como que también otras muchas de vosotras reaccionéis con una rabia enorme: porque son unas respuestas emocionales al esfuerzo de declarar vuestra historia de malos tratos en la interposición de la denuncia.

El delito de maltrato doméstico os es difícil de denunciar verbalmente por varias cuestiones, como por ejemplo:

— La primera y más importante es que como mujer maltratada debes relatar en una denuncia toda una vida llena de agresiones de varios tipos y sufridas a lo largo de mucho tiempo y en distintos lugares. Es demasiada la información a emitir, que, habitualmente, ni siquiera habías estructurado y preparado previamente.

— Además, todas las agresiones y hechos delictivos que estás denunciando te hacen sentirte avergonzada, culpable e incomprendida, e incluso sientes que no te creen.

— Para ti como mujer maltratada, todas las agresiones son igual de importantes, y por ello, no discriminas por la gravedad de los hechos y relatas con todo tipo de detalles tanto un insulto como una agresión grave.

— Además, el exceso de hechos denunciables te dificulta para situar cada agresión en un espacio y un tiempo concreto, y como consecuencia, el relato suele ser farragoso y con escasa apariencia de coherente.

— Cuando como mujer maltratada denuncias por primera vez, el relato requiere un esfuerzo enorme de concentración para recordar todo lo sufrido— y de búsqueda de información en tu memoria a largo, medio y corto plazo, para además comunicar adecuadamente los hechos sin verte limitada por los estados emocionales muy alterados en esos momentos.

Conocedores de esta situación, el personal que recoge la denuncia debe ayudarte a intentar que el relato se centre en los hechos delictivos más relevantes. El hecho de centrarte en lo importante en tu declaración —cortándote el relato y retomando la dirección de la entrevista— en muchas ocasiones como mujer maltratada lo vives negativamente, porque te ves interrumpida, no te sientes comprendida y crees que le quitan importancia a tus vivencias.

Algunas policías especializadas en este tema se toman el tiempo necesario para que en el relato cuentes todo lo que consideras importante, y en algunos casos, y si lo aceptas, se te ofrece la presencia de un abogado gratuito de asistencia a la mujer, para que te ayude a redactar por escrito la denuncia con todo tipo de detalles, y de esta forma también tengas tu abogado de referencia para todo el proceso penal que estás emprendiendo al denunciar.

Ahondando en el malestar emocional que sientes como mujer maltratada, y una vez interpuesta la denuncia, puedes ser citada en más de una ocasión durante la instrucción judicial para el esclarecimiento de los hechos que has denunciado, situación que te aumenta los sentimientos de desamparo e incomprensión porque como mujer maltratada interpretas que lo importante es el proceso en sí mismo y no tú con todas tus necesidades y dolores emocionales. Además, es posible que debas acudir a las revisiones médico-forenses que buscan pruebas físicas que avalen la veracidad de los hechos denunciados —y obvian tu malestar psicológico—, y también debas realizar alguna prueba pericial sobre tu salud mental y/o sobre la credibilidad de tu testimonio. Es frecuente que las revisiones médicas y psicológicas refuercen la desconfianza que tienes como mujer maltratada respecto al proceso judicial emprendido, porque te sientes cuestionada, examinada y evaluada, y es en muchos casos, en esta fase de la instrucción, cuando muchas de vosotras decidís retirar la denuncia, mostrándoos resentidas y arrepentidas por haber denunciado.

En el caso de seguir con el proceso penal, como mujer maltratada deberás prestar declaración ante el juez, pero como testigo de los hechos que has sufrido y denunciado. Este hecho os confunde profundamente, ya que se os pide que dejéis vuestra condición de dañadas y seáis sólo un testigo que declara o ratifica la denuncia. Esta situación os crea un considerable estado de ansiedad que incrementa las dificultades de comunicación y de memoria que acompañan a todo lo relacionado con el trauma del maltrato denunciado. Es muy difícil de explicaros este hecho humanamente y es uno de los aspectos que se trabaja en terapia desde un principio: *que asumáis que el proceso judicial es así y debéis estar preparadas para afrontarlo con entereza y sin ver al sistema judicial como un enemigo.*

No podemos olvidar que al tratarse de violencia doméstica, como mujer maltratada sigues estando en una situación de riesgo real y no puedes evitar seguir sintiendo el miedo de sufrir nuevas agresiones. Lógicamente, esta situación interfiere en todas vuestras actuaciones y declaraciones. El recuerdo del agresor reactiva vuestros propios temores como mujer maltratada, y cuando se os requiere para realizar un careo con el agresor, os aparecen sentimientos de incapacidad y de minusvalía que pueden manifestarse tanto en un nuevo estado de retraimiento como en una actitud de rabia incontenible que desvirtúa vuestra declaración. Y de nuevo os sentís relegadas a un segundo plano y cuestionadas sobre lo que ha ocurrido y habéis denunciado.

En el supuesto en que como mujer maltratada decidas no ejercer el derecho a personarte como acusación particular —por falta de información o incomprensión de la misma—, es habitual que te sientas aislada y abandonada frente al proceso legal. Esta vivencia de desamparo puede provocar que como mujer maltratada aumentes el retraimiento, que se extreme tu descontento y se te incrementen los sentimientos de injusticia y de exclusión.

Transcurridos largos meses de instrucción y de espera —sabiendo que el agresor está en libertad—, recibirás una fría citación judicial para la vista oral, en donde se te informa del día y la hora en que debes acudir a la sala de vistas y que si no lo haces serás debidamente sancionada. Tal y como te hemos indicado, como mujer maltratada comparecerás como testigo y te situarás nuevamente como una de las partes del proceso. Como percibes tu participación en todo el proceso como secundario, se refuerzan tus sentimientos de abandono y de incomprensión de tu situación y de todo lo que has denunciado.

En el juicio oral te sentirás cuestionada por todos y percibirás una desigualdad en el trato que recibes comparado con el del agresor. Porque tú eres un testigo de la causa, estás obligada a decir la verdad de los hechos y no has podido escuchar la declaración del acusado; serás interrogada por la defensa del acusado —que tratará de ejercer su función en muchas ocasiones de forma cruel—, por tu propio abogado —únicamente si te has personado en la causa—, por el juez o presidente de la sala y por el fiscal, que, en su función de defensa de la ley, suele ser vivido como uno más de los que te están cuestionando tu verdad. Por el contrario, el agresor ha podido optar por no declarar o por dar cualquier versión de los hechos. Esta realidad, para ti como mujer maltratada, al igual que para el resto de las víctimas de delitos violentos, hace que te nazcan sentimientos de falta de amparo ante la estructura legal, que es garantista de los derechos del acusado y hace que como víctima sientas tus derechos como inexistentes.

Estamos hablando de la victimización secundaria, la que nace de los sentimientos de las víctimas que perciben que no reciben el apoyo esperado por parte de las instituciones con las que contaba para su defensa, y se sabe que provoca heridas que pueden ser incluso más profundas que las producidas por el delito sufrido y denunciado.

Otra fase del proceso que puede llevarte como mujer maltratada a sufrir nuevas alteraciones emocionales se produce al dictarse la sentencia. En cada caso concreto se producirá un mayor o menor grado de satisfacción, en función de la relación entre la magnitud de la sentencia esperada y la dictada. Como mujer maltratada puedes llevarte un gran golpe emocional por la diferencia entre los daños que has sufrido y los que han sido reconocidos por la justicia. No podemos olvidar que el sistema es garantista de los derechos del agresor y que las víctimas quedan fuera del entramado garantista. Al existir una condena, se te pide que socialmente te des por satisfecha, ya que el agresor ha tenido una sentencia «justa». Esta realidad se suele vivir dolorosamente como injusta, porque existe una gran distancia entre lo que es la justicia, tu vivencia concreta y la que has tenido como «bien social».

Como mujer maltratada no puedes comprender cómo algo que para ti es evidente, ha tardado incluso años en poder ser sentenciado —sin tener en cuenta si la sentencia te es o no favorable—. El final del proceso penal supone para muchas de vosotras la vivencia de ser víctimas de una nueva injusticia que os aumentará el trauma inicial y os hará sentir que la sociedad es un medio inseguro y agresivo para vosotras. Pero para otras muchas de vosotras, la llegada de la sentencia es el broche final de un duro y traumático período de vuestra vida que os permite empezar una nueva etapa, en la que vais a luchar por dejar de lado vuestra historia de malos tratos, recuperar vuestra salud mental y las ganas de vivir en libertad y sin miedo.

¿OS ENTENDEMOS?

Muchas veces nos preguntamos y os preguntamos a vosotras: ¿Por qué sigues con el agresor? ¿Por qué no rompiste con él cuando recibiste el primer tortazo? ¿Por qué no has escapado de las agresiones? ¿Cómo pudiste soportar tanta violencia? ¿Cómo es posible que le sigas queriendo y defendiendo? ¿Por qué el 70% de las mujeres permanecéis con vuestra pareja violenta más de 10 años? ¿Por qué minimizas la violencia que estás padeciendo? ¿Por qué lo ocultas? ¿Por qué no pides ayuda? ¿Por qué no se lo cuentas a nadie? ¿Por qué niegas las agresiones aunque sean evidentes? ¿Qué procesos psicológicos explican que justifiques a tu maltratador o que asumas sus excusas? ¿Por qué aceptas su perdón después de cada agresión? ¿Por qué el miedo no te facilita que escapes? ¿Por qué retiras las denuncias? ¿Por qué declaras a su favor en el juicio? ¿Por qué aceptas una conformidad el día de la vista oral?

Éstas son algunas de las preguntas más frecuentes que os hacemos y que bien se pueden responder con alguna de las siguientes teorías, pero, y sobre todo, quisiéramos que sean una explicación que **evite el que os juzguemos.**

¿PODEMOS EXPLICARLO?

El conocimiento de las diversas teorías explicativas referentes a la violencia doméstica facilita que se pueda abordar el asunto asumiendo la complejidad del mismo y evitando enjuiciar las conductas de vosotras, las mujeres maltratadas.

Partimos de las principales **explicaciones etiológicas** del maltrato en la pareja que se han ido sugiriendo a lo largo de estos últimos años por muchos autores, y que son las siguientes:

— **La perspectiva cultural** señala que existen ciertos valores culturales patriarcales que favorecen, justifican o toleran el uso de la violencia como instrumento para conseguir que se mantenga del orden establecido en esa cultura.

— **La perspectiva estructural** explica que la conducta agresiva se genera porque en la sociedad existen enormes desigualdades sociales, que impiden y delimitan el acceso en igualdad de oportunidades y de condiciones al progreso social, y como consecuencia de ello, algunas poblaciones tienen muchas dificultades para alcanzar los objetivos socialmente deseables, que provocan en algunos individuos graves tensiones y una elevada agresividad, de las que acaban siendo víctimas sus cónyuges/parejas o algún miembro de la familia.

— **La perspectiva psicopatológica** postula que el agresor presenta algunas disfunciones patológicas, como la impulsividad o algún tipo de psicopatía, y que tiene un rasgo alto de hostilidad, consume de forma abusiva alcohol, etc., y éstos son algunos de los motivos directos de las conductas violentas.

— **La perspectiva de la interacción** señala que el origen de las agresiones deben buscarse en los estilos de interacción que se han establecido en el seno de la familia, y en particular en la pareja. Dentro de esta perspectiva existen dos modelos explicativos estrechamente relacionados, que son: el modelo del aprendizaje social y el cognitivo. Ambos dan importancia a los estímulos que preceden a la agresión y los que siguen a ésta, y a las elaboraciones cognitivas y emocionales que el sujeto realiza de los anteriores estímulos en la interacción familiar.

— **La perspectiva jurídica** que agrupa a todas las teorías cuyos objetivos son el aumentar el grado de detección de la violencia, la denuncia y la condena penal de los agresores familiares.

Las teorías sociológicas

Algunas teorías sociológicas dicen que la violencia doméstica se refuerza y tiene apoyo de la sociedad por las siguientes cuestiones (Rodríguez, 2007a):

— La estructura de poder de nuestra sociedad es masculina.
— El legado cultural y los valores sociales son masculinos.
— El proceso de socialización es diferente entre el hombre y la mujer.
— El sistema de creencias de las propias instituciones refuerza el papel masculino.
— La tolerancia social frente a la violencia sigue siendo alta y se ejerce poco control en los casos de violencia doméstica.
— El mandato social y las tradiciones refuerzan el papel de la mujer maltratada para que aprenda a tolerar la violencia.
— El rol social está definido para el hombre y para la mujer, y no se modifica.
— El lenguaje, las bromas, los chistes siguen siendo machistas. Los medios de comunicación y la publicidad denigran la imagen de la mujer.
— Predomina un modelo estético y social de mujer difícil de conseguir (muy delgada, muy cuidada, bien vestida, dulce...).

Algunas teorías psicológicas

Las primeras teorías psicológicas referidas a la violencia doméstica explicaban los casos revictimizando y culpabilizando a las mujeres maltratadas, siendo analizadas como generadoras y causantes de las agresiones por sus actos y actitudes con el agresor. Esta situación respondía al contexto sociocultural del momento.

Como medio para comprender el problema, se analizó cuáles eran las características de las mujeres maltratadas, que, lógicamente, es el medio que justificaba y motivaba el por qué se las maltrataba (juzgando a las mujeres y centrando todo el problema en la mujer agredida).

Se llegó incluso a pensar en el masoquismo como explicación del aguante en estas mujeres maltratadas, y se postularon oscuras teorías acerca de las «resistencias» de las mujeres, para las que el maltrato entrañaba una fuente de placer al que no querían renunciar.

Estas teorías olvidaron y no valoraron algunas cuestiones importantes, como es la existencia de una relación de poder desigual en la sociedad y en las relaciones de pareja.

Posteriormente, se explicó parte del problema de la violencia doméstica a través de la teoría de *la indefensión aprendida* de Seligman (1975), la cual postula que la mujer maltratada tiene la percepción cognitiva de «no ser capaz» de resolver o controlar su vida. Esta distorsión cognitiva se generaliza a otros ámbitos de su situación vital y diaria. Como consecuencia de ello, la mujer maltratada fracasa en el empleo de sus habilidades para resolver sus problemas diarios y es incapaz de reducir los episodios de violencia que viene sufriendo, por lo que la mujer comienza a padecer déficit cognitivos, afectivos y motivacionales. Es entonces cuando la mujer maltratada reconoce que sus estrategias para sobrevivir y sus respuestas para reducir las agresiones no obtienen los resultados deseados para resolver su dramática situación. En esta fase es cuando la mujer maltratada empieza a buscar alternativas para conseguir una salida urgente a su situación; pero como no consigue resultados positivos y comprende que sus conductas son ineficaces y comienza a sufrir la llamada «indefensión aprendida», *cualquier cosa que haga no sirve para nada.*

Otra teoría explicativa es la del *ciclo de la violencia* de Walker (1979), que postula que la violencia doméstica sigue un ciclo que consta de tres fases de desarrollo y permanencia de la violencia: la fase de formación de la tensión, la fase de explosión y la fase de amor o de reconciliación.

Esta teoría señala que cuando en la relación de una pareja aparece un episodio de agresión y de violencia, se puede considerar que existe un alto riesgo de que las agresiones sean cada vez más frecuentes y más graves.

La mujer maltratada no es consciente de la presencia de este ciclo de violencia, y por tanto, y por incomprensión de la situación que está viviendo, adopta la responsabilidad de apoyar al agresor en los momentos de arrepentimiento y de aparente cambio de actitudes. Esta situación lleva a que la víctima se culpe por no tener la capacidad para conseguir el cambio deseado, y por tanto, su autoestima también se ve afectada.

Esta teoría dice que el ciclo es cada vez más corto, es decir, que el tiempo que transcurre desde la vivencia de la primera a la tercera fase es menor y el maltrato es cada vez más frecuente y violento. La consecuencia es que la mujer maltratada cada día confía menos en su capacidad para resolver esta situación y tiene menos recursos psicológicos para escapar el problema. Por tanto, cuanto mayor sea el tiempo que la víctima forme parte de este ciclo de violencia, mayor será el esfuerzo de recuperación y mayor la dificultad para salir del mismo.

Más actual es la teoría de don Enrique Echeburúa (1998), que señala que el estado emocional de ira que habitualmente presenta el hombre maltratador en los episodios de violencia doméstica interactúa con algunas cuestiones, como son los estereotipos del género masculino, junto con una actitud de hostilidad hacia las mujeres, que unido con los pensamientos activadores de la violencia que ha ido generando cada maltratador, con el déficit de habilidades sociales y de otra índole que suele caracterizar a los maltratadotes, con la enorme vulnerabilidad que presentan las víctimas de la violencia doméstica y con el abuso de alcohol o de otras sustancias, provoca que exista el maltrato. Este autor considera que la violencia doméstica es el producto interactivo de todas esas variables y factores.

Por último, podemos señalar que actualmente se considera que la mujer maltratada se caracteriza por el denominado **síndrome de**

adaptación paradójica (2001). La descripción de la instauración y permanencia de este síndrome en la mujer maltratada sigue una serie de pasos, y son los siguientes:

La mujer maltratada va generando diversos procesos que son paralizantes y limitadores y los mantiene pese a su ineficacia para eludir las agresiones, por el pánico que siente hacia el maltratador. La mujer maltratada observa que no tiene escapatoria de esta situación de violencia que vive y no encuentra ninguna salida a la situación de tortura diaria a la que está sometida. En esta situación, la mujer víctima de la violencia doméstica no tiene, o ha ido perdiendo, los recursos alternativos que le ayuden a escapar. Habitualmente, las mujeres maltratadas tienen cargas familiares que no pueden eludir y que limitan sus posibles escapatorias de urgencia (los hijos), han perdido los apoyos sociales, los familiares y de su entorno. Se sienten y están aisladas. Es entonces cuando comienzan a sufrir graves distorsiones cognitivas. Y curiosamente presentan «reacciones paradójicas» o contradictorias a la situación de violencia doméstica que sufren de forma intensa y dramática.

¿Cómo os podemos empezar a ayudar?

Si has sido víctima de violencia doméstica y no te incorporas a un programa terapéutico o bien recibes algún tipo de apoyo psicológico, difícilmente recuperarás tu salud mental, porque perdurará tu dolor emocional, te será muy difícil reiniciar una nueva vida y tenderás a mantener las conductas patológicas aprendidas en esa relación violenta.

Debes saber algunas cuestiones sobre el programa terapéutico que necesitas para que realmente te sea de utilidad. Para empezar, el programa terapéutico se debe abordar con carácter integral, es decir, considerando que te encuentras inmersa en complejos procedimientos judiciales y personales y que tienes múltiples y diversas necesidades que cubrir. En muchas ocasiones, al psicólogo en la consulta psicológica se le plantean dudas que le obligan a conocer una parte del proceso penal o civil y así poder reducir la angustia que te ha provocado una situación desconocida —la revisión médico-forense, que se te evalúe tu estado mental, que conozcas en profundidad cómo debes de cumplir la orden de alejamiento o el régimen de visitas de tus hijos, etc.—. También es conveniente que el psicólogo conozca y te informe de los recursos de los que puedes beneficiarte, y que, si es necesario, ambos estéis en contacto con la policía o con el fiscal y con todo el entramado judicial. A todas luces, es difícil que puedas recibir un adecuado apoyo psicológico de forma aislada e independiente del delito de maltrato doméstico.

Dada la complejidad que conlleva el haber sufrido violencia doméstica, es importante que el grupo de terapeutas que intervenga con vosotras, esté formado o cuente con la colaboración de un equipo multidisciplinar, ya que como mujer maltratada necesitas la intervención de distintos especialistas que irán entrelazando y relevando su asistencia contigo a lo largo de un período extenso de tiempo.

Difícilmente se conseguirá que se cree un adecuado vínculo terapéutico si observas que los psicólogos no están bien informados respecto a cuestiones fundamentales de tu proceso judicial y personal. Pero, y además, ¿cómo se puede conseguir que comiences a vencer tu miedo, a recuperar tu confianza, si el agresor no cumple la orden de alejamiento y no se te explica qué debes hacer? ¿Cómo vas a ser capaz de no estar angustiada si no tienes donde vivir, ni trabajo ni medios para mantener a tus hijos, y no te agilizan los trámites de estas necesidades básicas?

En numerosas ocasiones me ha sorprendido que el terapeuta que está tratando a la víctima y/o al agresor lo haga de forma aislada en su despacho, sin considerar que la evolución de estas personas está relacionada directamente con los aspectos judiciales —porque estamos hablando de un grave delito—, y en algunos casos, incluso que no se esté protegiendo a la mujer maltratada y que no se le oferte e informe sobre todas las ayudas sociales, económicas imprescindibles para su recuperación integral.

Éstas son algunas de las cuestiones prácticas por las que el psicólogo clínico que desee trabajar con víctimas de delitos violentos, es decir, con todas vosotras, deba tener conocimientos de psicología jurídica y forense; deba estar en contacto con la policía y con la fiscalía; deba tener en su equipo a psicólogos jurídicos y forenses, y a trabajadores sociales y abogados que tengan actualizada toda la guía de recursos asistenciales creados para ayudar a la mujer maltratada.

EL PROGRAMA TERAPÉUTICO PARA LAS MUJERES MALTRATADAS

La Ley Orgánica 1/2004, de 28 de diciembre, de Medidas de Protección Integral contra la Violencia de Género, establece medidas de sensibilización e intervención en el ámbito sanitario para optimizar la detección precoz y la atención física y psicológica de las víctimas, en coordinación con otras medidas de apoyo. En el Título II, **Derechos de las mujeres víctimas de violencia de género,** en el Capítulo I, **Derecho a la información, a la asistencia social integral y a la asistencia jurídica gratuita,** el artículo 19, *Derecho a la asistencia social integral,* dice que:

1. Las mujeres víctimas de violencia de género tienen derecho a servicios sociales de atención, de emergencia, de apoyo y acogida y de recuperación integral. La organización de estos servicios por parte de las comunidades autónomas y las corporaciones locales responderá a los principios de atención permanente, actuación urgente, especialización de prestaciones y multidisciplinariedad profesional.
2. La atención multidisciplinar implicará especialmente:

   a) Información a las víctimas.
   b) Atención psicológica.
   c) Apoyo social.
   d) Seguimiento de las reclamaciones de los derechos de la mujer.

e) Apoyo educativo a la unidad familiar.

f) Formación preventiva en los valores de igualdad dirigida a su desarrollo personal y a la adquisición de habilidades en la resolución no violenta de conflictos.

g) Apoyo a la formación e inserción laboral.

Pues bien, sabes que tienes derecho a la asistencia social integral, incluida la atención psicológica, y bien sabemos que todavía hoy en día en nuestro Estado español, ni el Ministerio de Sanidad ni las Consejerías de Salud de las comunidades autónomas —que yo sepa—, han incorporado dentro de las redes de salud mental ni a los especialistas en atención terapéutica a las mujeres maltratadas ni tampoco para los maltratadotes, ni han creado ningún programa apropiado para tales fines. Esta grave carencia impide que vosotras tengáis garantizadas vuestra recuperación psicológica, y por lo tanto, os obliga a que permanezcáis sumidas en el daño psíquico que los malos tratos os han causado.

El primer estudio sobre la violencia doméstica realizado por la Organización Mundial de la Salud (OMS, 1998) puso de manifiesto que la violencia ejercida por la pareja es la forma de violencia más común en la vida de las mujeres, mucho más que las agresiones o violaciones perpetradas por extraños o simples conocidos. En el estudio se describen las gravísimas consecuencias para la salud y el bienestar de las mujeres que tiene en todo el mundo la violencia física y sexual ejercida por el marido o la pareja, y se expone el grado de ocultación que sigue rodeando este tipo de violencia.

De entre todas aquellas consecuencias que conllevan el maltrato para la mujer se pueden destacar como las más frecuentes: la depresión, la ansiedad, la baja autoestima, el estrés postraumático y el consumo excesivo de fármacos y alcohol (Campbell, 1995; Dutton, 1992; Douglas, 1987).

Te sugiero que en el programa terapéutico que te ofrezcan, o al que decidas acudir, te evalúen los diferentes trastornos psicológicos que puedes presentar como víctima de la violencia doméstica y también que analicen los problemas derivados de la experiencia de violencia que has sufrido. De esta forma se puede desarrollar un programa terapéutico individual —a tu medida— adecuado para que puedas afrontar eficazmente la reducción de la sintomatología postraumática.

Dicho tratamiento debes iniciarlo lo más rápidamente posible, desde que interpones la denuncia y se inicia el proceso judicial, momento en que necesitas un intenso apoyo psicológico para afrontar las numerosas decisiones personales y familiares que inevitablemente te irán surgiendo.

La gravedad del daño moral que has sufrido y los síndromes característicos de vosotras como víctimas de la violencia doméstica hace que sea necesaria una intervención global con cada una de vosotras. Es necesario, igualmente, personalizar y contextualizar la intervención dentro de los patrones culturales, sociales y personales de cada una de vosotras y de vuestro propio sistema familiar.

Habitualmente, como mujer maltratada has visto limitada tu capacidad para tomar cualquier decisión por muy sencilla que fuese, y tampoco has podido opinar ni resolver tus problemas: tu agresor ha decidido todo por ti.

Por tanto, como objetivo primordial, se comienza el apoyo terapéutico, reforzándote para que definas qué problemas tienes, cuál es el más grave y cuál el más urgente de resolver. De esta forma se te permite que identifiques tus sentimientos (positivos y negativos), absolutamente necesarios para que seas capaz de empezar a tomar tus propias decisiones. Para ello, se te informa acerca del proceso judicial y sobre cómo te va a afectar psicológicamente y a tu evolución terapéutica.

Además, deberás aprender nuevas formas de solucionar tus problemas y a crear nuevas conductas para afrontarlos.

Cuando has definido tus problemas y has aprendido estrategias para afrontarlos, puedes comenzar a identificar y resolver, por lo menos parcialmente, los conflictos subyacentes representados o reactivados por la crisis que te produce el asumir que eres víctima de la violencia doméstica. Para ello, deberás definir y movilizar tus recursos individuales externos e internos que te lleven a la solución de la crisis que te ha provocado este delito violento, y de igual manera a reducir las afecciones desagradables o incómodas relacionadas con la crisis producida por el maltrato que has sufrido.

Terapéuticamente se busca que mejores los síntomas que te han aparecido a raíz del maltrato; recuperes el control de tu vida y de tus emociones; desarrolles las estrategias de afrontamiento y de resolución de conflictos; aumentes la sensación de valía y de autonomía; potencies tus recursos personales; reconozcas y expreses tus sentimientos; te desahogues emocionalmente; detectes los bloqueos y las distorsiones que te impiden el desarrollo de tu personalidad y de tus conductas sanas; te aceptes a ti misma; te relaciones con la realidad presente; analices las relaciones desde otra perspectiva y te responsabilices de ellas como adulta; reconozcas los posibles beneficios del cambio; recuperes los parámetros de seguridad perdidos y vuelvas a confiar en los demás y normalices tu vida cotidiana.

También se considera que no todas las mujeres maltratadas necesitáis un tratamiento psicológico. Cuando el suceso traumático no interfiere negativamente en tu vida cotidiana y existe apoyo familiar y social que te ayude a normalizar tu vida diaria, aunque tengas recuerdos dolorosos, puede ser que no necesites un tratamiento.

En nuestro caso os proponemos tres tipos de intervenciones terapéuticas dirigidos a vosotras, mujeres maltratadas: la intervención breve de urgencia, el programa de terapia individual y el programa de terapia grupal (Azcárate, 2007; Rodríguez, 2007a).

1. La intervencion breve de urgencia

En este tipo de programa podéis incorporaros las mujeres maltratadas que presentáis problemas concretos, independientemente de la situación traumática vivida, y que, por diversas circunstancias, requerís ser derivadas a otros servicios aunque no hayáis denunciado.

También es conveniente esta intervención breve con aquellas de vosotras que, por vuestra precariedad laboral y vuestra situación familiar, no podéis acudir regularmente a un tratamiento terapéutico.

En esta intervención terapéutica se realizan cuatro sesiones encaminadas a centraros como mujeres maltratadas —después del acontecimiento traumático que habéis sufrido— y que entendáis todo el proceso judicial en el que podéis veros inmersas.

Los objetivos de la intervención breve de urgencia son

— Ayudaros en el restablecimiento de los parámetros de seguridad rotos por el suceso traumático.

— Que os expreséis sobre el suceso traumático y su significación para vosotras.

— Proporcionaros información sobre lo que estáis viviendo respecto al suceso traumático, la evolución futura de los síntomas y sobre todo el proceso judicial.

— La preparación y planificación de la rutina diaria.

— El trabajar la sintomatología de la ansiedad.

— El detectar, evitar o prevenir posibles consecuencias psicopatológicas que puedan desencadenar en un trastorno adaptativo, afectivo o de estrés postraumático.

— La responsabilización como adulta de vuestros actos y sus consecuencias.

El método de trabajo

— **En la primera sesión:** Se crea un buen clima terapéutico y un espacio donde puedas hablar abiertamente sobre el trauma que has padecido y sobre los sentimientos y emociones que te generó y te sigue generando en el día a día. Se trabaja la toma de decisiones en relación a tu situación, que implica que sepas elegir qué hacer: si denunciar o no, si abandonas el domicilio, si acudes a un piso de acogida, o bien que analices las posibilidades reales para solucionar la relación con el maltratador. También, se te da toda la información que solicites acerca del proceso judicial en el que ya estás inmersa, y sobre cómo te va a afectar todo ello psicológicamente y sobre las posibilidades de tu evolución terapéutica.

— **En la segunda sesión:** Se trabaja la reducción de la ansiedad enseñándote las técnicas de control de la respiración, de relajación mental y de distracción cognitiva.
— **En la tercera y cuarta sesiones:** Se te prepara para que inicies la normalización cotidiana y se trabaja el afrontamiento de tus problemas y tus habilidades sociales.

2. El programa de terapia individual

En este programa os podéis incorporar aquellas de vosotras que habéis presentado denuncia y ya estáis inmersas en el proceso judicial. Con vosotras, además de la atención terapéutica individual y grupal que se detalla posteriormente, se realiza una intervención específica para prepararos para el juicio oral, al que, si vosotras lo requerís, os acompañaremos.

Hay que tener en cuenta que para muchas de vosotras, víctimas de la violencia doméstica, el proceso judicial es una situación nueva y estresante, que en muchas ocasiones puede reactivaros la sintomatología de la ansiedad padecida y que puede haceros reaparecer el miedo que en vosotras provoca el agresor, al que no habéis visto desde hace tiempo y con el que os vais a volver a encontrar en el Juzgado. Es importante prepararos para que podáis afrontar en las mejores condiciones posibles y con las máximas garantías todo el proceso.

Para ello es necesario recordaros las técnicas de relajación ya trabajadas anteriormente y dar toda la información que necesitéis acerca de cómo es una sala de vistas, cómo es un juicio oral, cómo y dónde declararás... para ayudarte a disminuir y a controlar tu ansiedad.

Los objetivos terapéuticos

— Favorecer el encuentro interpersonal terapéutico.
— Mejorar los síntomas que te hayan aparecido a raíz del suceso traumático.
— Recuperar el control de tu vida y de tus emociones.

— Desarrollar las estrategias adecuadas de afrontamiento y de resolución de conflictos.
— Aumentar la sensación de valía y autonomía.
— Potenciar tus recursos personales.
— Trabajar el reconocimiento y la expresión de tus sentimientos; facilitar el desahogo emocional.
— Detectar bloqueos y distorsiones que impiden el desarrollo de tu personalidad y de tus conductas sanas.
— Aceptación de ti misma.
— Facilitar la capacidad del contacto pleno con la realidad presente.
— Apertura a la experiencia.
— Analizar tus relaciones desde otra perspectiva y responsabilizarte de ellas.
— Reconocer los posibles beneficios del cambio.
— Reforzar tu responsabilidad como adulta.
— Recuperar los parámetros de seguridad perdidos durante el suceso traumático, volviendo a confiar en los demás.
— Buscar la normalización de tu vida cotidiana.

El método de trabajo

En el tratamiento psicológico individual que os proponemos se hace hincapié en los diferentes síntomas y carencias detectados, y se actúa de acuerdo a la decisión que hayas tomado en relación a tu situación.

a) **Fase de acogida y evaluación**

Duración: 3-4 sesiones.
Para planificar la intervención psicológica individualizada es necesario:

— Llevar a cabo previamente una minuciosa evaluación y seguir un proceso diagnóstico.

— Es conveniente establecer contigo un buen contacto personal creando un adecuado clima en la relación terapéutica.
— Es importante realizarte entrevistas clínicas para lograr una historia clínica lo más completa posible, recogiendo información a nivel evolutivo, cognitivo, familiar... Además, se contacta con otros profesionales que intervengan en el caso para ampliar y contrastar la información recogida.
— Se te pueden aplicar diferentes cuestionarios sobre síntomas concretos (ansiedad, depresión, autoestima) y cuestionarios de personalidad. Normalmente se utiliza los siguientes: Cuestionario de 90 síntomas (SCL-90-R) (Derogatis, 1977); Inventario Clínico Multiaxial de Millon II (MCMI-II) (Theodore Millon); Inventario de Ansiedad estado-rasgo (STAI) (versión española de TEA, 1982); Inventario de Depresión de Beck (BDI) (versión española de Vázquez y Sanz, 1997); y la Escala de autoestima (EAE) (Rosenberg, 1965).

La información recogida permite obtener información detallada de la situación personal de cada una de vosotras y planificar el tratamiento psicológico idóneo para cada mujer maltratada.

b) **Fase de reducción de la sintomatología psicopatológica**

Duración: 4-6 sesiones.

Se comienza a trabajar con los síntomas más graves. En este momento se puede necesitar la ayuda de fármacos (es imprescindible colaborar con los centros de salud mental).

Se trabaja la sintomatología de la ansiedad y de la depresión, presente en la mayoría de los casos con víctimas de maltrato doméstico.

— *Para la ansiedad:* Se os enseña el control de la respiración; las técnicas de relajación mental; la distracción cognitiva y las técnicas de parada del pensamiento.

— *Para la depresión:* Se trabaja la reestructuración cognitiva; la búsqueda de actividades placenteras y de aficiones; la ocupación del tiempo libre; el buscar los aspectos positivos de las actividades diarias y el trabajar con los sentimientos de culpa, racionalizándolos.

A su vez, se te facilita la *expresión emocional,* que tiene como objetivo proporcionarte comprensión y apoyo. Con ella se pretende facilitarte el desahogo emocional de la irritabilidad y de las humillaciones que has sufrido.

Se te vuelven a aplicar los cuestionarios siguientes para ir valorando tus progresos: BDI, STAI, EGS.

c) Fase de desarrollo personal

Duración: 4-6 sesiones.

Una vez reducida la sintomatología anterior, el trabajo terapéutico se centra en otras carencias que aparecen en las mujeres maltratadas: la baja autoestima, la carencia de habilidades sociales (expresión de sentimientos, aprender a decir no, manejo de la crítica, la toma de decisiones, el afrontamiento de problemas) y el crecimiento personal.

— *Para la autoestima:* Se trabaja el concepto de autoestima; la descripción de los aspectos positivos y negativos de ti misma, con refuerzo de los positivos y relativización de los negativos; el cómo relacionarte con los demás —evitar las comparaciones—, y el control de tus emociones.

— *Para las habilidades sociales:* Se trabajan los distintos estilos de respuesta —la pasiva, la agresiva y la asertiva—: el desarrollar la asertividad; el aprender a expresar sentimientos positivos y negativos; el aprender a «decir no» cuando queremos decir no; el manejo de la crítica, la solución de problemas y la toma de decisiones.

— *Para el crecimiento personal:* Se te refuerza para la aceptación de ti misma, la responsabilización de tus actos y de sus consecuencias y de tu responsabilidad como adulta.

d) Fase de reestructuración y cierre

Duración: 2 sesiones.

Se aplican por última vez los cuestionarios de depresión, ansiedad y estrés postraumático (STAI, BDI, EGS) y el MCMI-II.

Se te prepara para la despedida terapéutica, evaluando positivamente los progresos que has adquirido; se te recuerdan las técnicas aprendidas y cuándo debes utilizarlas, y se trabaja con las expectativas de tu futuro.

e) Fase de seguimiento

Duración: 3 sesiones.

Durante el seguimiento se realizan normalmente 3 sesiones: Al mes, a los 3 meses y a los 6 meses. En estas sesiones se incide fundamentalmente en los siguientes aspectos: la valoración y refuerzo del progreso adquirido; la ayuda en el caso de existir problemas a la hora de poner en práctica las habilidades adquiridas, y la evaluación de nuevos problemas que puedan presentarse para buscar una solución a tiempo.

En definitiva, en las sesiones de terapia individual se persigue que vayas adquiriendo y poniendo en práctica diferentes habilidades de forma gradual.

3. La terapia de grupo con las mujeres maltratadas

El tratamiento psicológico realizado en grupo tiene una serie de ventajas sobre la terapia individual. No es recomendable empezar el apoyo psicológico por este tipo de tratamiento, y por tanto, esperamos a que hayas comenzado a recuperarte de la sintomatología más grave y hayas adquirido unas habilidades de comunicación y de relación interpersonal en la terapia individual, con la finalidad de afianzar estas habilidades adquiridas y fomentar realmente la autoayuda entre sus participantes.

Los objetivos de la terapia de grupo

— Fomentar la relación entre diferentes mujeres maltratadas que habéis atravesado una situación similar, lo que reduce vuestra ansiedad, facilita la comprensión del suceso traumático padecido y de las secuelas derivadas de él.

— Ayudar a la desaparición del sentimiento de «soy la única» y de que nadie os puede comprender que se desarrolla en vosotras.

— Ayudar a que podáis observar cómo los sentimientos y las sensaciones que os ha generado la vivencia del maltrato son muy similares.

— Facilitar una mayor toma de conciencia de las situaciones que habéis vivido cada una de vosotras y de las decisiones que habéis ido tomando al respecto.

— Fomentar la motivación para el cambio, porque ya no os sentís solas y os apoyáis mutuamente.

— Ayudar a la mutua comprensión entre todas vosotras, que os reforcéis las nuevas conductas realizadas y los cambios positivos que vais consiguiendo, independientemente del apoyo de la psicóloga.

— Permitir el aprendizaje y ensayo de habilidades sociales y de afrontamiento de situaciones concretas.

El método de trabajo

En las sesiones grupales se afianzan las habilidades adquiridas durante el tratamiento individual, facilitan el aprendizaje de conductas y habilidades de tipo social y de nuevas formas de relacionarse con los demás. Los grupos deben ser reducidos, entre 6 y 8 personas, y lo más homogéneos posible en función del delito, la edad y situaciones familiares.

El número de sesiones es variado y la duración de cada una de ellas es de aproximadamente una hora y treinta minutos.

Las sesiones grupales se inician una vez que hayáis recibido buena parte del tratamiento individual, y están estructuradas de la siguiente manera:

a) **Fase de identidad**

Duración: 4 sesiones.

En estas sesiones iniciales se busca crear la cohesión de grupo y plantear los objetivos comunes para trabajar con todas vosotras.

Se explican las normas de funcionamiento del grupo, haciendo hincapié en la confidencialidad de lo tratado en las sesiones.

Se quiere crear un espacio donde cada una de vosotras podáis expresaros con toda libertad ante personas que han vivido situaciones similares a la vuestra y que van a aceptaros y comprenderos.

En estas sesiones se trabajan los siguientes temas: el afrontamiento del aislamiento social; las preocupaciones que más os inquietan; los tipos de conducta y de respuesta que dais a las distintas situaciones, y cómo afrontáis la rutina diaria.

b) **Fase de influencia**

Duración: 10 sesiones.

En estas sesiones se hace un entrenamiento en relajación y se trabaja las distintas preocupaciones que afectan a todas vosotras. Concretamente se empieza con el control de la respiración y la práctica de la relajación al inicio de cada sesión; se afianza en el grupo las habilidades adquiridas en el programa individual y las técnicas cognitivas para hacer un cambio de pensamiento hacia lo positivo; se tratan las principales preocupaciones de las participantes —la relación con los hijos, la situación económica y búsqueda de trabajo, la relación con el agresor por el tema de los niños, el incumplimiento de las órdenes de alejamiento, el proceso judicial—; se pone en práctica las distintas habilidades sociales en el ámbito de la vida diaria; se exploran las posibles actividades para el tiempo libre —buscar aficiones y formas agradables de pasar el tiempo libre—; se comentan en cada sesión los progresos que realiza cada una de vosotras y los nuevos problemas que van surgiendo y cómo se afrontan: y se trabaja el refuerzo positivo por parte de las compañeras y de la psicóloga.

c) Fase de cierre

Duración: 2 sesiones.

En estas últimas sesiones se intenta que cada una de vosotras haga su propio balance de los logros conseguidos y se insiste en las estrategias para afrontar los problemas futuros.

d) Fase de seguimiento

El seguimiento se realiza una vez finalizado el tratamiento individual y el grupal y se extiende a lo largo de un año. Una vez finalizado éste, la persona recibe el alta terapéutica.

Durante el seguimiento se realizan normalmente 3 sesiones: al mes, a los 3 meses y a los 6 meses.

En estas sesiones se incide fundamentalmente en los siguientes aspectos: la valoración y refuerzo de los progresos adquiridos; la ayuda en el caso de existir problemas a la hora de poner en práctica las habilidades adquiridas; la evaluación de nuevos problemas que puedan presentarse para darles una solución a tiempo.

Comentarios

El desarrollo teórico y experimental de los tres programas terapéuticos para mujeres maltratadas lo he realizado junto con las psicólogas clínicas doña Juana Azcárate Seminario y doña Paloma Pérez-Solero Puig, y se ha llevado a la práctica con 145 mujeres maltratadas con resultados excelentes.

Además de la función terapéutica, se han desarrollado interesantes trabajos de investigación que han permitido obtener distintos perfiles de mujeres maltratadas, la descripción de los diversos estados psicológicos en relación con los años del maltrato y la evolución terapéutica de cada grupo de maltrato.

¿ESTE EL FINAL DEL CAMINO?

Dos años y medio después de que se iniciase la aplicación de la Ley Orgánica 1/2004, de 28 de diciembre, de Medidas de Protección Integral contra la Violencia de Género, permite que se pueda hacer un primer balance sobre su seguimiento jurídico y penal. Desde junio de 2005 hasta mediados del 2007, 50.086 hombres han sido condenados por maltratar a sus parejas o ex parejas —el 72 por 100 del total de las sentencias emitidas sobre este tipo de delitos—. El poder judicial ha anulado la sensación de impunidad que antes favorecía a los agresores, pero no ha conseguido que desaparezca el fenómeno de la violencia contra la mujer. En 2005 murieron a manos de maridos o parejas 52 mujeres, en el 2006 fueron 62, y en el 2007, la cifra de muertas ascendió a 72. Además, se han solicitado casi 72.000 órdenes de protección y de ellas el 75,5 por 100 han sido concedidas (54.320). En este tiempo los jueces han dictado 56.000 sobrescimientos provisionales de las causas abiertas por maltrato porque muchas mujeres retiran la denuncia —ha bajado del 11 al 9 por 100— por miedo o por dependencia emocional, o bien se acogen a la dispensa de no declarar contra su marido admitida en la Ley de Enjuiciamiento Criminal. Su testimonio es a menudo la única prueba de cargo y sin él la acusación es difícil de que se mantenga en el juicio oral. La presidenta del Observatorio contra la Violencia Doméstica y de Género, Montserrat Comas, propone eliminar esa dispensa de la ley. También sugiere dejar a criterio del juez acordar o no la orden de alejamiento en los casos de condena leve para el agresor. Ahora se decreta el alejamiento de forma automática y muchas veces es la propia mujer quien incumple el alejamiento porque no se ve en peligro y quiere reanudar la convivencia con el agresor tras el «escarmiento» judicial (CGPJ, 2007).

La responsable del observatorio admitía, en la comparecencia parlamentaria del 15 de octubre de 2007, que la ley integral «no ha conseguido reducir las cifras mortales. Pero deducir de ahí que la norma no sirve sería tanto como decir que existe terrorismo porque no tenemos las leyes adecuadas», y matiza diciendo que «no es posible pretender que en dos años de vigencia se logre erradicar esta violencia tan enraizada en patrones culturales machistas». Respecto a los motivos por los que tantas maltratadas no cuentan su situación, Comas dice que es «el gran interrogante» y propuso estudiar el «rastro sanitario» de ese 70 por 100 de mujeres sin antecedentes judiciales en las consultas médicas, en los ambulatorios, que es a menudo donde pueden detectarse de manera precoz los malos tratos.

Por otra parte, en el informe anual del Defensor del Pueblo de 2006, presentado el 29 de mayo de 2007 a los presidentes del Congreso de los Diputados y del Senado, se indica que: «Los datos reflejan una frustración de las expectativas de lucha contra la violencia de género que se tenían con la entrada en vigor de la Ley [...] de Protección Integral contra la Violencia de Género». Y añade: «Hemos de cuestionarnos qué razones impiden que las medidas legales previstas no sean eficaces para la reducción de esta lacra social».

En el informe de Amnistía Internacional editado en junio de 2007 y titulado «Pongan todos los medios a su alcance, por favor. Dos años de Ley Integral contra la Violencia de Género», se incluye un exhaustivo análisis de los aspectos que la ley menciona y que se han ido desarrollando e implantando en nuestro país, y también se comenta sus carencias. El documento es merecedor de su lectura por las aportaciones y recomendaciones en clave positiva y constructiva, pese a la denuncia expresa de las carencias que —según dicha organización no gubernamental—, existen en la actualidad en la asistencia integral a las mujeres que sufren violencia de género en el Estado español.

Público

«Dos años después de la plena entrada en vigor de la Ley Integral las mujeres siguen encontrando obstáculos a la hora de ser protegidas, atendidas y obtener reparación frente a la violencia de género. Algunos derechos de las mujeres siguen estando solamente en el papel y no en la realidad. Esta situación significa, por ejemplo, que no siempre las mujeres disponen de asistencia letrada en el momento de interponer la denuncia; que hay Comunidades Autónomas en las que no tienen un centro de atención integral al que dirigirse; que las mujeres inmigrantes en situación irregular siguen siendo discriminadas en el acceso a las ayudas y corren el riesgo de ser expulsadas cuando presentan una denuncia por malos tratos.

La respuesta institucional frente a la violencia de género sigue siendo heterogénea entre las distintas Comunidades Autónomas y está muy lejos de conseguirse el objetivo de que todos los y las profesionales involucrados cuenten con una formación especializada sobre el problema. Colectivos de mujeres especialmente vulnerables o con necesidades específicas, como por ejemplo las mujeres inmigrantes en situación irregular, drogodependientes o con hijos mayores de 12 años no disfrutan en pie de igualdad de los mismos derechos que asisten a otras mujeres víctimas de violencia de género.

En conclusión, los avances siguen estando todavía sobre el papel. Algunos aspectos esenciales previstos por la Ley Integral están aún por desarrollar o se están poniendo en práctica con demasiada lentitud. Al evaluar los 18 indicadores propuestos en junio de 2006 por Amnistía Internacional como una forma de medir si los derechos de las mujeres frente a la violencia de género se están haciendo efectivos, la conclusión es clara: más de la mitad de esos 18 indicadores siguen sin ser una realidad. Las Medidas Urgentes anunciadas por el Gobierno dos años después de su aprobación para afrontar un problema que sigue dejando un número de víctimas mortales que no desciende suponen avances sobre el papel para avanzar hacia el cumplimiento de estos indicadores; pero esas medidas siguen siendo en su gran mayoría, seis meses después, un catálogo de intenciones por concretar. Sólo una de ellas ha tenido un claro avance: la elaboración de un Protocolo Común Sanitario para la detección de la violencia de género y la atención a las víctimas que finalmente ha sido aprobado; sin embargo, aún queda por concretar cómo será implantado.

Cuando el Estado español ratificó la Convención para la Eliminación de todas las Formas de Discriminación contra la Mujer (CEDAW) en 1984 se comprometió, en virtud de lo dispuesto en el artículo 2 del Tratado, a actuar contra la discriminación y la violencia contra las mujeres "sin dilaciones" y "con todos los medios a su alcance". ¿Está cumpliendo el Estado español este compromiso?

Amnistía Internacional sigue reclamando un enfoque de derechos humanos para afrontar la violencia de género, contrario a cualquier tipo de desigualdad territorial y discriminación basada en circunstancias personales. La organización insta al Gobierno español, a las Comunidades Autónomas y al Poder Judicial a poner todos los medios a su alcance para garantizar que los derechos previstos en las leyes se hagan realidad y a poner en práctica, para ello, el conjunto de recomendaciones que se exponen en este informe.

En cuanto a la protección frente a la violencia de género de las mujeres víctimas de tales abusos en otros países, hay que señalar como un importante avance la disposición incluida en la Ley para la Igualdad Efectiva de Mujeres y Hombres (conocida como Ley de Igualdad) para modificar la Ley de Asilo vigente, de 1984, de modo que queda establecida la posibilidad de obtener protección para "las mujeres extranjeras que huyan de sus países de origen debido a un temor fundado a sufrir persecución por motivos de género". Amnistía Internacional y otras organizaciones especializadas en el trabajo de asilo y refugio lo habían reclamado durante años».

Por otra parte, el Gobierno español prosigue elaborando las herramientas que —en un futuro próximo— permitirán que las mujeres que sufren violencia doméstica se sientan resarcidas por el daño sufrido y que se observe que se cumplen los derechos que la propia ley marca. Para ello, la Ley Integral manda que se elabore un «Plan Nacional de Sensibilización y Prevención de la Violencia de Género», y tal y como señala la ley, «que introduzca en el escenario social las nuevas escalas de valores basadas en el respeto de los derechos y libertades fundamentales y de igualdad entre hombres y mujeres, así como en el ejercicio de la tolerancia y de la libertad dentro de los principios democráticos de convivencia, todo ello desde la perspectiva de género». El plan, además, deberá dirigirse «tanto a hombres como a mujeres desde un trabajo comunitario e intercultural».

Para tales fines se ha diseñado un plan nacional de actuaciones en el cual todos los profesionales que intervienen en la lucha contra la violencia de género puedan compartir los mismos conceptos y directrices básicas con las que orientar su trabajo. La asunción de dicho plan, en consecuencia, implica un marco común de actuación en materia de sensibilización y prevención de este tipo de violencia y recoge el compromiso del conjunto de las Administraciones públicas que operan en esta materia.

El plan nacional se ha desarrollado en torno a dos parámetros de actuación:

— **La prevención,** distinguiendo los niveles de prevención primaria (cuando el conflicto no ha surgido aún), secundaria (con la presencia de conflicto) y terciaria (arbitrando procesos de protección a la víctima declarada como tal a todos los efectos).

— **La sensibilización,** dotando a la sociedad de los instrumentos cognitivos necesarios para que sepa reconocer cuándo se inicia o se está ante un proceso de violencia y qué papel asumen las mujeres y los hombres como víctimas y agresores.

Este plan nacional tiene dos objetivos generales: el mejorar la respuesta frente a la violencia de género y conseguir un cambio en el modelo de relación social.

Para convertir al Plan Nacional de Prevención y Sensibilización en una verdadera herramienta de intervención se han identificado una serie de ejes prioritarios de actuación. Los ejes, a su vez, son de dos tipos: temáticos, aquellos que definen ámbitos de actuación, y transversales, que son los que contemplan intervenciones horizontales comunes al conjunto del plan.

Los ejes temáticos son siete: la justicia, la seguridad, la salud, los servicios sociales, la información, la educación y la comunicación.

Los ejes transversales, por su parte, son cinco: la investigación y el estudio, la formación y especialización de profesionales, la movilización de actores, la coordinación y el seguimiento y la evaluación.

Aceptando que efectivamente existen grandes carencias en la atención integral a las mujeres que sufren violencia doméstica, también debemos reconocer que se está avanzando y trabajando mucho en este tema. No podemos ser pesimistas. La situación de la mujer maltratada ha mejorado considerablemente en estos últimos años. La implantación de la Ley Integral, la creación de Juzgados específicos de violencia contra la mujer, la extensión entre de los profesionales de la formación e información sobre qué es la violencia doméstica y sus formas de actuación, y el que se vaya poco a poco dotando de presupuestos a las leyes que permitan que las ayudas a las mujeres sean reales, favorece a que la preponderancia del hombre agresor contra la mujer vaya siendo cada día menor.

La copia literal del siguiente auto es el reflejo del avance que en esta materia se ha producido en los Juzgados: ha prevalecido la palabra de la mujer maltratada y de forma urgente se ha solicitado su protección. En el juicio oral, las dos partes tendrán ocasión de demostrar la verdad, pero mientras tanto, la mujer está cautelarmente protegida.

Auto

En Estella, a 28 de septiembre de 2007

Hechos

PRIMERO.— En la causa criminal arriba referenciada se ha solicitado por XXXX XXXX orden de protección frente a XXXX XXXX.

SEGUNDO.— Se han practicado como diligencias urgentes la toma de declaración de las denunciantes y del imputado

Se ha celebrado la audiencia prevista en el artículo 544 ter en la que el Ministerio Fiscal ha informado en el sentido de solicitar como medida de protección la prohibición de acercamiento a menos de 200 metros y comunicación del imputado con respecto de la víctima durante el tiempo de instrucción de la presente causa.

El Letrado del SAM se ha adherido a lo solicitado por el Ministerio Fiscal.

El Letrado de la defensa se ha opuesto a todo lo solicitado.

Razonamientos jurídicos

PRIMERO.— Conforme a lo dispuesto en el artículo 544 ter de la Ley de Enjuiciamiento Criminal (LECr), el Juez de Instrucción dictará orden de protección de las víctimas de la violencia doméstica, cuando concurran los siguientes presupuestos:

1.º que existan indicios fundados de la comisión de un delito o falta;
2.º que unos u otras sean contra la vida, la integridad física o moral, la libertad sexual y la libertad o seguridad;
3.º que el delito o falta se haya cometido por y contra alguna de las personas enumeradas en el artículo 153 en relación con el 173 del Código Penal, es decir, comprendidas en el entorno familiar y

---

4.º que de todo ello resulte una situación objetiva de riesgo para la víctima que requiera la adopción de alguna de las medidas reguladas en el propio artículo.

Para fundamentar la adopción de la medida solicitada, habrán de acreditarse los diferentes requisitos a los que hemos aludido, denegando la adopción de cualquier medida urgente para el caso de que se entienda que, sin perjuicio de que pueda continuar la instrucción de los hechos delictivos, no concurran razones suficientes que acrediten la necesidad de imponer la restricción de la libertad ambulatoria en que consiste la medida solicitada.

SEGUNDO.— En el presente existen indicios que llevan a pensar que sí se ha producido una agresión en el ámbito familiar en el día de ayer.

El imputado se ha opuesto a la petición de condena del Ministerio Fiscal al considerar que fue su mujer quien se le abalanzó y le arañó, defendiéndose él frente a tales agresiones agarrando a su mujer de los brazos y sujetándola por la espalda para evitar que le agrediera.

Lo cierto es que ambos presentan lesiones, tal y como se reflejan en los informes médico-forenses, lo que es acreditativo de la pelea producida en el día de ayer.

El juicio oral va a tener lugar el día 8 de octubre por lo que se considera que durante este tiempo resulta aconsejable que el imputado no se acerque a su mujer para evitar capítulos similares al de ayer.

TERCERO.— Por todo lo expuesto procede **acordar la orden de protección** solicitada debiéndose adoptar **la prohibición de acercamiento del imputado a su mujer** a menos de 200 metros así como la prohibición de comunicación por cualquier medio, y todo ello hasta que el presente procedimiento concluya con sentencia firme.

Parte dispositiva

1. Se **Acuerda Adoptar** orden de protección de víctima de la violencia doméstica a favor de XXXX XXXX frente XXXX XXXX acordándose como medida penal la siguiente:

SE PROHÍBE A XXXX XXXX ACERCARSE A MENOS DE 200 METROS DE XXXX XXXX Y A COMUNICARSE CON ELLA POR CUALQUIER MEDIO, ESCRITO, VISUAL O TELEFÓNICO, HASTA QUE SE DICTE RESOLUCIÓN DEFINITIVA.

Adviértase a las partes que el incumplimiento de esta medida constituirá la comisión de un Delito de Quebrantamiento de Medida Cautelar.

Notifíquese a las partes y a las Administraciones Públicas correspondientes. Inscríbase esta Orden en el Registro Central para la protección de las Víctimas de la Violencia Doméstica.

Así lo acuerda, manda y firma D./Dª XXXX XXXX XXXX.

A ti... que has roto el silencio

SAGRARIO: LA MUJER QUE CONQUISTÓ UNA NUEVA VIDA

«Nace la Asociación Pro Derechos de la Mujer Maltratada. Mujeres maltratadas se unen en una asociación para ayudar a otras y asesorarlas»
(Entrevista realizada por la periodista Laura Puy Muguiro, publicada el 6 de febrero de 2006 en el Diario de Navarra).

«Hace tres y cuatro años que pusieron una denuncia contra sus maridos por maltrato. Entonces se sentían solas, psicológicamente destrozadas, no se valoraban, ni se apreciaban, ni se querían. De aquello, hoy sólo quedan las palabras, una desgraciada experiencia, dicen ellas. Y por eso, por saber «el calvario que hay que pasar», catorce mujeres maltratadas se han unido en una asociación para ayudar a esas mujeres que ahora estén sufriendo lo que ellas ya han superado.

«Ahora estamos fuertes». Sagrario Mateo Remiro, pamplonesa de 42 años, impresiona por la contundencia de su frase. La pronuncia con una amplia sonrisa, una sonrisa que ahora es de verdad, y no como la que utilizaba para esconder lo que le ocurría, para disimular que era una mujer maltratada.

Dice que cuando se levanta por las mañanas está pletórica. *«Soy libre, no tengo a nadie que me insulte, que me mire mal, que cuestione todo lo que digo o hago»*. Ella es la presidenta de la Asociación Pro Derechos de la Mujer Maltratada (Aprodemm), que acaba de fundar con otras trece mujeres que vivieron las mismas situaciones que ella y que ya tienen en la mano una sentencia firme que condena a sus maltratadores.

«Queremos decir a quienes ahora están sufriendo el maltrato que pueden volver a ser las que eran antes de que esto comenzara. Van a necesitar a su lado a alguien que las comprenda, que no se escandalice de lo que cuentan, y nosotras les vamos a ayudar», indica Sagrario Mateo.

Su contundencia también impresiona a M.ª José Rodríguez de Armenta, y eso que la conoce bien por ser la psicóloga que junto a su equipo han tratado a estas «catorce valientes mujeres» desde que pusieron la denuncia hasta que obtuvieron esa sentencia firme, pasando por terapias individuales y de grupo. *«Me emociona oírles hablar así porque cuando llegaron tenían mucho dolor y muchas heridas desde hacía mucho tiempo».*

La psicóloga cuenta que cuando acudieron estas mujeres *«estaban perdidas, sin ilusión»*. *«Veíamos a unas personas sin fuerza para seguir viviendo, incapaces de tomar una decisión que no fuera salir del peligro inminente donde se hallaban».*

Casi todas habían puesto la denuncia por sus hijos, menores de edad, *«por tener el instinto de sacarlos de ese ambiente».*

La primera información que recibirá una mujer es si está o no maltratada psicológicamente, «porque el maltrato físico no se le escapa a nadie». «Llamamos maltrato al habitual, al constante, al que no te da tregua, al que te va minando y destrozando, no a la bronca que has tenido por la mañana con tu marido porque los dos os habéis levantado con el pie izquierdo», explica la presidenta de Aprodemm. «Muchas mujeres no saben que son maltratadas porque no se identifican con lo que ven en la tele, pues a ellas su marido no les ha amenazado con un cuchillo ni ha intentado tirarles por la ventana».

Algunas de estas catorce mujeres han rehecho su vida al lado de otro hombre. *«Es que no estamos en contra de los hombres, sino de los maltratadores, de los que van de hombres y no lo son»*, dice Mateo. *«El maltratador inculca en la mujer el sentimiento de culpa. Es un seductor, tiene mucha labia, te enreda, te miente, es inteligente, maquina cómo atraparte, transforma a una mujer alegre, simpática e inteligente en una persona temerosa y fría».*

La presidenta de Aprodemm, para quien el apoyo de la familia *«es fundamental»*, quiere ser clara. *«A quien venga le diremos que el calvario sufrido hasta ahora va a continuar: la denuncia no es el último paso, es el primero».*

Mateo dice que no les gusta la palabra *«víctimas».* *«Fuimos sus víctimas exclusivas, pero no hemos sido víctimas de la sociedad. Ellos son los que van de víctimas, los que se quejan continuamente a sus padres y a sus amigos cuando lo único que hemos hecho ha sido desvivirnos por ellos».*

M.ª José Rodríguez dice que la lucha de las mujeres maltratadas para recuperarse e incorporarse a la vida social *«es brutal».* *«Por eso se sienten tan fuertes cuando lo consiguen»,* añade la psicóloga, para quien las miembros de Aprodemm son *«el ejemplo de que se puede volver a vivir».*

A continuación reproduzco la entrevista que realicé el domingo 21 de octubre de 2007 a Sagrario Mateo, Presidenta de la Asociación Pro Derechos de las Mujeres Maltratadas (Aprodemm) (Pamplona).

Sagrario Mateo me concede esta entrevista con el objetivo de *«poder ayudar a otras mujeres que pueden estar sufriendo malos tratos. A mí me hubiese ayudado mucho leer historias de otras mujeres».*

P: ¿Quieres contarme tu historia?

R: Le conocí por medio de mi amiga que estudiaba en la misma clase 1.º de BUP en el instituto de Ermitagaña, y yo 1.º de BUP en el Instituto Príncipe de Viana de la Plaza de la Cruz. Mi amiga y él estuvieron saliendo un mes, luego Antonio la dejó. Ella me lo presentó y me hice cuadrilla de ellos con otras chicas y chicos y al final salimos juntos.

Poco a poco nos desligamos de la cuadrilla y cada vez quedábamos más solos sin los amigos, no sé por qué pero al final éramos él y yo solos.

Recuerdo que no soportaba que yo hablara con otros chicos. Me echaba muchas broncas, estaba muy cabreado conmigo, me decía que era una puta, que hablaba con los chicos porque quería acostarme con ellos, que me insinuaba. Recuerdo que yo me quedaba perpleja, no sabía qué responder, teníamos los dos 15 años y yo no sabía qué responderle, le decía que eso no era cierto, pero era inútil, todos mis perdones, mis explicaciones... no servían para nada. Se cabreaba infinito, me hacía sentir fatal, me quería morir. No era mi intención hacerle daño. Yo hablaba con los demás chicos porque tenía que hablar, sin más, para no parecerles sosa, para caerles bien, pero sin más pretensiones. Lo cierto es que Antonio me confundía, me hacía sentir la peor chica del mundo. Era una pesadilla, no sé por qué seguí con él.

No decía nada a nadie porque me sentía culpable. Me había creído que yo era la culpable y creo que seguía con él para demostrarle que él estaba equivocado, que yo no era una puta y que le amaba sólo a él.

Era muy lanzado sexualmente, tenía 15 años y al año de conocernos fue él quien me pidió la primera relación sexual. Me explicó con todo lujo de detalles cómo sería mi primera vez, que me dolería, que sangraría y todo eso. Para mí fue importante porque iba a hacerlo por primera vez con un chico que creía estar muy enamorada y quería que fuera todo muy romántico.

Yo le pasaba 8 meses a Antonio, pero él me parecía súper inteligente, súper maduro y que sabía mucho más de la vida que yo (y era cierto, Antonio en maldad me pasaba siglos). Antonio fumaba y me parecía mayor, parecía no tener miedo a nada, tenía sentido del humor, se reía nerviosamente, era atrevido, insolente y conmigo era descarado y muy sincero en el sentido de que se atrevía a decirme todo lo que quería y más sin temerme (¡cómo me iba a temer si me tenía comiendo de su mano!).

Recuerdo que se pasó 6 o 7 años sin exagerar hablando mal de mi familia, que si tu madre es una puta, que si tus hermanas son unas putas, que si tus amigas son unas putas, siempre así. Me ponía la cabeza loca. Yo le decía que parara, pero él nada, a lo suyo. Me decía que yo era tonta y que no veía como todas mis amigas se reían de mí. Me decía que se aprovechaban de mí porque era una ingenua, pero que gracias a él ya nadie se reiría de mí.

Yo sufría mucho, pero cómo decirles a mi madre y a mis hermanas lo que él pensaba de ellas; lo estrangularían, se enfadarían con él y no lo admitirían nunca como parte de nuestra familia.

Recuerdo que siempre hablaba y hablaba de los demás, de lo tonta que es la gente, que si los psicólogos no saben nada, que si los psiquiatras menos, que si los economistas, etc., ponía a todo el mundo a «caldo» y todo ello para llegar a la conclusión de que él era la hostia de bueno en todo, súper inteligente, súper guapo, súper bueno... Recuerdo que sólo hablaba él, y si le llevabas la contraria, se enfadaba muchísimo. Me decía que yo no le comprendía porque yo era tonta, y él era muy inteligente. Me pedía fidelidad ciega dada mi condición de torpe, de necia y de inculta. Así que opté por hacerle caso en todo, no discutir con él y decirle a todo que sí (gran error).

A nadie contaba nada porque no me creerían, porque él me mataría, y porque me hizo un lavado de cerebro increíble. Era un charlatán, le encantaba hablar, no le importaba mi opinión, le gustaba oírse.

Es cierto, yo era una ingenua, me ligué a él y le prometí fidelidad, lealtad y sacrificio. Pero él a mí no me prometió nada, porque yo nunca le pedí nada.

A Antonio se le cruzaban los cables con mucha facilidad, era de cristal. Cuando se enfadaba lo hacía muy exageradamente y le duraban los cabreos semanas, me gritaba, me insultaba y hacía aspavientos de que era lo peor, lo peor que había hecho yo nunca. Todo lo exageraba y yo me sentía fatal, culpable y él se iba cabreado, muy cabreado sin yo saber si me iba a llamar para salir o no al día siguiente.

El llevaba la batuta. Yo sólo era su instrumento. Yo bailaba a su son, y si no lo hacía, entonces yo era la peor mujer del mundo mundial. Yo le había decepcionado... y me dejaba. Me dejó infinidad de veces en el noviazgo. Un noviazgo tormentoso que sólo yo sé lo que pasé. Pero cuando volvía, volvía y me besaba y besaba como si fuera la primera vez, como si me hubiera echado mucho de menos, no sé. Yo no le pedía explicaciones de por qué no me había llamado para salir ni nada. Se suponía que yo tenía que estar ahí con él para lo bueno y para lo malo.

Durante el matrimonio era igual de fogoso sexualmente hablando. Siempre era él quien quería relaciones sexuales, siempre. En una semana lo hacíamos 5 días y a veces él repetía. Era una pasada. Yo nunca le decía que no porque era la única satisfacción que yo recibía de él. Además yo pensaba que haciendo el amor se borraban los malos rollos vividos con él.

P: ¿Cuándo te diste cuenta de que era un hombre violento?

R: Antonio era un hombre violento desde el principio pero yo no lo capté hasta muchos años después (ya de casada y con hijos). Yo simplemente pensaba que él era así, fuerte, valiente, sincero, muy hombre, muy macho... no lo tenía como un hombre violento como lo veo ahora.

Cuando me dio el puñetazo en el estómago (siendo novios), no pensé que era un hombre violento, pensé que era un hombre enfadado y que se desahogaba conmigo así, pensé que se desahogaba, que mi madre también me pegaba si hacía algo mal y no le di mucha importancia .No capté que era demasiado mala persona. Yo no le di importancia, yo era joven, romántica, apasionada, dulce, muy confiada y no pensaba mal de nadie, y menos de él.

P: ¿Cuál fue la primera agresión que recuerdas?

R: La primera agresión fue la que te he dicho del puñetazo en el estómago. Pero no la recuerdo con odio ni con nada, la recuerdo con indiferencia. Yo no soy rencorosa, ni nada de eso. Simplemente decidí olvidar ese episodio. Me había ligado a esa persona y mi lealtad estaba por encima de todo.

P: ¿Cuál es el peor recuerdo de esos años de violencia?

R: Bueno, yo soy una chica muy optimista, muy jovial, muy amiga de mis amigos, muy ingenua. Yo debo decir que he sido muy feliz con este maltratador en el sentido de que no necesito NADA para ser feliz. Soy feliz en un charco de agua con sapos. Me adapto a todo. No pido nada a la vida, y si algo me da, lo agradezco y lo cojo con fuerza. Yo he llorado mucho en silencio, sin lágrimas, con lágrimas, pero nadie, nadie me ha visto llorar.

Nadie me ha oído ni una sola queja de él, a nadie he ido contando lo que me pasaba, porque sabía que nadie podía ayudarme. A parte que ni yo misma sabía explicar a nadie lo que me pasaba, a nadie, porque me sentía culpable y cómplice. Sentía que si decía algo a alguien, sería como ponerle los cuernos, y eso yo no le he hecho nunca y sería incapaz.

Ahora sé que él intentó hundirme emocionalmente, sé que quería matarme poco a poco. Pero he visto que he sido más fuerte que él, que he sobrevivido a él. Además él es muy hábil y siempre intentó que yo me sintiera inferior a él. A veces pensaba que él me tenía envidia. Pensaba que en el fondo él era un pobre hombre, un desgraciado, un enfermo de sí mismo, que estaba atrapado en un cerebro tormentoso y a veces me daba pena, porque yo sé que sufría mucho, porque nunca estaba contento, siempre estaba quejándose de lo poco que cobraba (más de 3.000 euros al mes), de lo mucho que trabajaba (4 horas al día), que se había casado con la peor mujer del mundo (conmigo), que estaba en el pueblo equivocado, que mis amigas eran todas unas putas (son maravillosas), que mi familia no me quería y que se aprovechaba de mí (cuando mi familia es la que me rescató de él). Bueno, y así con todo.

Los tres últimos años, y sobre todo los dos últimos, fueron un INFIERNO, un infierno del cual yo no sabía cómo salir; intenté todo para salvar nuestro asqueroso matrimonio, hice todo lo que él me pidió. Todo inútil. No se saciaba con nada, cada vez me pedía más y más. Me insultaba con más asiduidad, me decía cosas que ya empezaban a hacer mella en mí.

Rompía objetos de la casa, cristales, espejos, fotos... yo empezaba a pensar que estaba loco. Cuando me insultaba lo hacía con odio, los ojos rojos, escupía por la boca. Seguía bebiendo pero ahora más cantidad, chateaba por Internet horas y horas, se metía en su despacho con candado para que no le molestáramos... Parecía un perro rabioso...

P: *¿Qué es lo que más te hizo sufrir?*

R: Lo que más me empezó a doler y ya me dolía el alma, fue cuando me decía que me iba a quitar a los niños, que se iba a separar de mí y que el juez le daría los niños a él porque él trabajaba y yo no. Me desafiaba con mis hijos, unos hijos que él jamás se ocupó de ellos. Nunca los llevó al parque, ni a la piscina, ni a las extraescolares, nunca les cambió un pañal, nunca se quedó con ellos mientras yo iba a la pelu, nada de nada, y ahora me amenazaba con quitarme a los niños. Eso es lo peor que me pudo decir.

Entonces yo para no separarme de él accedía a todo lo que él quería, empecé a chatear con él por Internet y a emborracharme para hacer cosas que sería incapaz de hacerlas en mi sano juicio. Fui su puta. Pero no sirvió de nada.

Gracias a Dios no sirvió de nada. Digo gracias a Dios porque yo ahí «toqué fondo», llamé a mi familia y les dije que vinieran a buscarme. Ya no podía más.

Ahora sé que si hubiera seguido con él yo sería borracha, me estaría vendiendo a cualquier tipo y él cogiendo la pasta. Estaría mientras tanto tirándose a alguna de mis amigas casadas, tomando copas con sus maridos como si nada, y yo hubiera acabado cortándome las venas. Eso ni lo dudes.

P: *¿Por qué decidiste denunciarlo?*

R: Yo no decidí denunciarlo, decidí huir de él a toda leche. Me fui de casa sin decirle nada. Cogí a mis dos hijos y algo de ropa y dinero y documentos y mi familia me trajo a Pamplona. Ese mismo día fui a la policía nacional y declaré. Vino Ana (abogada del SAM), que estaba de guardia, y me dijo que todo lo que contaba era denunciable, que había sido maltratada. Yo tenía mucho miedo; de hecho, mientras denunciaba él me llamaba al móvil, me mandaba mensajes... yo estaba súper fatal. Al final, Ana me convenció para que firmara la declaración y esa firma era la denuncia. Me convenció y firmé muerta de miedo. Pero ahora sé que con esa firma él no se ha ido de «rositas».

Decidí plasmar mi firma, primero porque Ana (abogada) me animó y segundo porque creo me quedaba una mota de dignidad como mujer.

P: ¿Durante tu denuncia cómo te sentiste?

R: Me sentía fatal. Todo el mundo se portó muy bien conmigo. Ana (abogada), un diez. La pena es que no tuve asistencia psicológica. Me costó una semana o dos encontrarte a ti. Y necesitaba ayuda psicológica urgentísima.

P: ¿Te sentiste protegida, comprendida, apoyada?

R: Si, y sobre todo LIBERADA.

P: ¿Qué necesitaste y no tuviste en ese período de tiempo?

R: Necesitaba ayuda psicológica urgentemente.

P: Antes de denunciar, ¿buscaste apoyo en tu familia?

R: A mi familia les dije algo, que nos íbamos a separar y que Antonio siempre me decía que mi familia no me quería y que sólo le tenía a él. Lo cual eso me horrorizaba.

Desde luego mi familia me apoyó y me dijeron que Antonio era un cabrón y que me separara. Al mes fue cuando me vine ya a Pamplona. Sabía que mi familia me quería y que estaban dispuestos a ayudarme, como así fue.

P: ¿Qué crees que necesita una mujer maltratada para que denuncie?

R: Primero, INFORMACIÓN. Yo no sabía que era una mujer maltratada. En la tele salen casos extremos, asesinatos y yo nunca me identificaba con ellas.

Creo que hay que informar a los jóvenes, en los institutos, en las academias, en las universidades, cómo actúa un maltratador, cómo detectarlo a tiempo, y luego hay que enseñar a las chicas a «desengancharse» del maltratador.

Segundo, SEGUIMIENTO. Tiene que haber un lugar de encuentro de las mujeres maltratadas, vía psicólogas que les ayuden a superar el trauma de haber convivido con un maltratador. El maltratador las ha programado para que sufran, para que lloren en silencio, para que callen, es hora de que las psicólogas las programen para hablar, para llorar delante de otras personas, para que hablen y hablen y se desprendan de ese peso pesado que es el silencio. Que no sientan pena por el maltratador, que no sientan que le traicionan cuando cuentan lo que les ha hecho el maltratador, que no se sientan tontas por haber aguantado tantas humillaciones del maltratador...

Tercero, COMPAÑÍA. Que las mujeres maltratadas se reúnan con otras mujeres maltratadas o no. Que hablen entre ellas, que se desahoguen, que acudan a la cafetería a tomar un café, que vayan al cine, que hagan amigas, que empiecen una nueva vida sin el maltratador. Que empiecen a sentir que valen, que son cojonudas, que son guapas, que son personas humanas, que aprendan a que nadie les insulte, que nadie les pegue, que nadie les obligue a hacer algo que ellas no quieren, que aprendan a amarse, a quererse y a VIVIR.

P: *¿Por qué crees que no se denuncia más y se retiran tantas denuncias?*

R: No se denuncia más primero porque la mujer no es consciente de que es maltratada. Piensa que él es así y que cambiará. Piensa que como su marido o pareja no le ha pegado, no le ha clavado el cuchillo, pues bueno, que no es para tanto. Piensa que la quiere. Piensa que adónde va a ir sin él.

Piensa que le da vergüenza denunciarlo. ¿Qué pensarán su familia, sus amigos? Que nadie la va a creer. No denuncia porque tiene miedo, miedo a él. Miedo a quedarse en la calle, sin nada.

Y por eso prefiere quedarse con el maltratador. Porque piensa que tiene un techo y cuatro paredes y que lo soportará el resto de su vida. Que mientras ella no hable nadie sabe nada y sólo sufre ella. Que no quiere dar que hablar. ¿Qué pasará con el dinero? ¿Qué pasará con los niños? ¿Cómo la verán los demás? ¿Se reirán de ella? ¿Le apoyarán?

Se retiran tantas denuncias, primero porque ellos les piden perdón.

Segundo porque los que no les piden perdón les amenazan con quitarles a los niños, con quitarles todo. Con dejarlas en la calle con una mano delante y otra detrás. Retiran las denuncias porque el maltratador es una persona muy difícil y no va a permitir que ella se vaya así y lo deje como a un perro; su orgullo maltratador quedaría dañado de por vida y les amenazan con todo tipo de cosas.

Se retiran las denuncias porque no hay ayuda real de las instituciones, porque la Administración te da migajas de un problema inmenso; porque para que la Administración te dé económicamente algo, la mujer maltratada tiene que estar en la indigencia. No hay ayudas para las mujeres normales. Tienes que estar en la indigencia, es decir, sin trabajo, con dos o tres hijos, sin casa y un hijo desvalido para que la Administración te dé una ayuda mísera incompatible con otra ayuda.

Es decir, que la Administración más de lo mismo. Maltrata a la maltratada.

Luego se supone que si vas al INEM con un certificado de que eres mujer maltratada tienes prioridad para encontrar empleo, pero nada de nada.

Ahora sólo te dan puntos en el baremo para los pisos de protección oficial para las mujeres maltratadas que han presentado un certificado. Eso ya es un logro, pero hasta que tengas el piso, ¿qué haces? Porque la mujer que sale de su hogar quiere otro hogar y un trabajo digno.

Ahora pedimos trabajo digno para la mujer maltratada. Que la Administración oferte empleo a mujeres maltratadas desde el día 1 de la denuncia. Que sea un empleo digno, acorde a su situación sola y con hijos, con horario de colegio para que pueda conciliar la vida familiar y laboral.

Con un sueldo digno y con unas ayudas económicas no miserables compatibles con un empleo.

Se retiran también tantas denuncias porque las órdenes de alejamiento no se cumplen, porque en muchos casos la mujer, desengañada con la Administración, vuelve con su agresor. Prefiere que su pareja le pegue y/o le insulte a que la Administración se la coma.

P: *Después de haber denunciado, ¿cómo empezaste a organizar tu vida?*

R: Primero, con ayuda psicológica; segundo, con ayuda de mi familia; tercero encontrándome a mí misma; cuarto, porque no estaba dispuesta a quedarme de brazos cruzados; quinto, porque mis hijos lo valen, y sexto, a luchar por mi dignidad.

P: *¿Qué necesitaste y no tuviste?*

R: Soy una privilegiada, yo tuve todo. Tuve una familia que me arropó, una psicóloga que me comprendió, unos amigos que no me dejaron nunca, una abogada que me habló mucho, unos hijos maravillosos que no preguntaban nunca por su padre, que estaban súper felices conmigo y con mi familia y que nunca lloraron por su padre. Yo tampoco lloré por Antonio; al revés, me sentí liberada. Eso supone que hice lo que debí hacer.

P: *¿Qué hizo el agresor ese tiempo?*

R: Mi agresor se tuvo que «morder los huevos» porque no podía acercarse a mí y no podía «comerme el coco» ni «hacer que yo volviera con él». Tuvo que ser muy duro para él que una mierda como yo le dejara de la noche a la mañana, que no hiciera caso a sus maravillosos mandatos y que encima me haya chivado de todo lo que él me hacía y me decía.

Sentía miedo, pero yo al final gané.

Me dejó en paz por la cuenta que le traía. De todas formas, él se encargó de dar su versión a sus conocidos, que no amigos, porque amigos no tiene.

P: *¿Te costó contar tu historia a otras personas?*

R: Sí cuesta contar cosas íntimas de tu vida a alguien, pero una vez que lo haces te sientes liberada y protegida.

P: *¿El apoyo terapéutico crees que te ayudó?*

R: Sin él, yo me hubiera muerto.

P: ¿Qué necesita una mujer maltratada en este tiempo de espera del juicio y cuándo debe empezar a buscarse una nueva vida?

R: La mujer maltratada necesita que le asesoren, que le cuenten que el juicio va a ser muy duro. Que él va a ir a mentir, a decir que no te ha maltratado nunca y que eres tú una mentirosa. Tiene que ir con las «pilas cargadas». Tiene que saber que el fiscal se va a portar mal con ella, incluso desafiante, que no va a tener amigos en la sala, excepto su abogada.

La mujer debe ir muy preparada, muy fuerte, y debe saber por dónde van a ir los tiros.

Debe empezar a buscarse la vida desde el primer día que está sin el agresor. Desde el principio tiene que empezar a saborear y a disfrutar de que nadie la insulte, nadie le agreda y empezar a quererse a sí misma. A buscar amigas y a recuperar las que antes tenía.

P: En el juicio, ¿cómo te sentiste?

R: Me sentí cuestionada por el propio fiscal. Apoyada y aliviada por la psicóloga que acudió a mi juicio (casualmente tú) y defendida algo por Ana (mi abogada).

P: ¿Crees que el sistema judicial piensa en las víctimas del maltrato?

R: No, el sistema judicial está hecho a la medida de los delincuentes, es decir, no reciben el castigo que se merecen y siempre lo reciben por debajo de lo que ellos han hecho. No es proporcional el daño que ellos han infringido a la mujer maltratada con el castigo que luego reciben en los tribunales.

Los maltratadores reciben sentencias irrisorias en comparación con el daño causado. La mayoría de los casos, 6 meses de cárcel (que no la pisan porque es su primer delito), y unas indemnizaciones económicas de risa, por no decir de llorar.

Es muy barato maltratar.

P: ¿Cuánto esperaste desde la denuncia hasta el juicio y cuánto tardó la sentencia? ¿Es firme?

R: Desde la denuncia hasta el juicio, casi año y medio. La sentencia tardó unos tres meses. Él la recurrió, pero volvió a perder y es firme.

P: La sentencia, ¿crees que penaliza al agresor en relación con tu sufrimiento?

R: Pienso lo mismo: ES MUY BARATO MALTRATAR.

P: Ahora, ¿cómo estás, cómo has iniciado tu nueva vida?

R: Ahora estoy de maravilla. He aprendido a quererme, a mimarme, y me siento viva, me siento yo con mis errores y mis aciertos, nadie me maneja, nadie me insulta y me tratan con respeto y consideración.

Frente a la vida me siento fuerte.

P: ¿Crees que tienes secuelas del dolor de esos años?

R: Yo no. No tengo ninguna secuela de dolor porque no soy rencorosa. El único dolor que tengo es el de no haber sabido dejarlo antes. El único dolor que tengo es el de no haber dicho NO a tantas cosas que he hecho sin querer, por miedo a él.

P: ¿Cómo vives la violencia de otras mujeres? ¿Tenéis muchas cosas en común?

R: Vivo la violencia de otras mujeres en el sentido de pensar: otra más que se ha liado con una mala persona. Por un lado, te sientes aliviada de que no has sido la única tonta del mundo (mal de muchos, consuelo de tontos), y por otro lado, me pregunto por qué hay tanto violento suelto.

Cosas comunes, los insultos, los gritos, los desprecios... las formas son siempre más o menos las mismas. Las amenazas, los gestos de odio..., y luego que ellos no se acuerdan de nada o se hacen los locos de que ellos son los buenos y tú eres la mala, confundiéndote.

P: ¿Tus hijos cómo están?

R: Están de maravilla, conocen a sus primos, los ven asiduamente. En el colegio sacan los dos muy buenas notas, no tienen ningún trauma, porque yo no les hablo ni bien ni mal de su padre, tienen muchos amigos, van a extraescolares, muy adaptados. Hubo una época en la que el padre los «comió el coco» y lo pasé muy mal, pero con ayuda psicológica y con decírselo al juez, Antonio ha visto que las visitas las tenía en peligro y cambió de táctica. Ahora las aguas han vuelto a su cauce.

P: ¿Tu vida es fácil o dura?

R: Tengo una vida normal, como todo el mundo. Fácil en el sentido de que tengo mucho apoyo de amigos, familia, psicólogas, abogados, policía, y dura porque hay que trabajar mucho en esta vida, pero yo disfruto trabajando. Soy muy feliz.

P: ¿Qué crees que está fallando en esta sociedad en relación con las mujeres maltratadas?

R: Está fallando el que la gente de la calle mete mucho la pata con comentarios como: «yo no me dejaría maltratar», «a mi un hombre no me hace eso», «yo le mando a paseo»... Dan por sentado que a la mujer maltratada nos encanta que nos maltraten, que debemos ser masoquistas. Resulta que todo el mundo es muy listo y nadie caería en las garras de un maltratador, y te hacen sentir estúpida y tonta.

Creo que a la sociedad no le importa nada las mujeres maltratadas a no ser que les toque en su casa, a su hija, a su sobrina, a su tía... entonces ponen el grito en el cielo y buscan una asociación, algo que les informen adónde ir, qué hacer.

P: ¿Por qué has creado APRODEMM?

R: He creado Aprodemm porque a ti se te ocurrió, que yo jamás la hubiera creado porque en esa época yo era incapaz de coger un lápiz, de conducir mi coche y de hacer cosas por mí misma. Creé

Aprodemm, en primer lugar, porque tú lo propusiste, y en segundo lugar, porque le eché agallas al asunto, sin saber muy bien dónde me metía.

Para ayudar informo sobre ayuda psicológica, la ayuda jurídica en el Colegio de Abogados, ayuda económica del INEM y las unidades de barrio, y sobre todo escucho y doy consejos a las personas que me lo piden. Quedo con ellas en cafeterías o en Villava en la Casa de la Cultura y hablamos.

Acompañamos a las mujeres que así lo quieran a juicios. Damos clases de autoestima, habilidades sociales con las psicólogas, relajación, búsqueda de empleo, talleres de exposición de libros, clases de violencia de género con policías, psicólogos, médicos forenses, abogados, clases de defensa personal...

Nos reunimos una vez a la semana en Villava para hablar, y si alguna persona de la calle quiere asesoramiento, se lo damos.

Damos charlas en universidades, colegios, institutos...

Ahora somos 74 socias, algunas viven con el maltratador y están preparándose para separarse. Tenemos una cuota de 30 euros al año que sólo la hemos pagado 20. Y subsistimos de las subvenciones que nos han dado para cursos para mujeres maltratadas.

Después de estas contundentes y sinceras palabras de Sagrario, sólo me queda decir: **SOS... Ayudemos a estas mujeres. Concedámosles la palabra.**

El cine y la violencia doméstica

Te doy mis ojos

Año:	2003.
País:	España.
Duración:	106 minutos.
Género:	Drama.
Directora:	Icíar Bollaín.
Guión:	Icíar Bollaín y Alicia Luna.
Música:	Alberto Iglesias.
Fotografía:	Carles Gusi.
Montaje:	Ángel Hernández Zoido.
Reparto:	Laia Marull (Pilar), Luis Tosar (Antonio), Rosa María Sardá (Aurora), Candela Peña (Ana), Kiti Manver (Rosa), Sergi Calleja (terapeuta), Nicolás Fernández Luna (Juan).

Sinopsis: Una noche de invierno, una mujer, Pilar, sale huyendo de su casa. Lleva consigo apenas cuatro cosas y a su hijo, Juan. Tras nueve años de matrimonio, ha comprendido que el maltrato al que la somete su marido, Antonio, no va a cambiar. Antonio no tarda mucho en salir a su busca; según él, la quiere más que a nada en el mundo. Pilar es su sol, dice, y además, «le ha dado sus ojos».

La protagonista se envuelve en una maraña de silencios y de complicidades, de obsesiones y de culpas. Pilar, al escapar de casa, desencadena unos acontecimientos que muchas mujeres en su situación están viviendo, y va cambiando sus esquemas reaccionando con terror donde antes había amor.

EL COLOR PÚRPURA

Año:	1985.
País:	EE.UU.
Duración:	155 minutos.
Director:	Steven Spielberg.
Montaje:	Allen Daviau.
Guión:	Alberto Iglesias.
Fotografía:	Alice Walker, Menno Meyjes.
Reparto:	Danny Glover, Whoopi Goldberg, Margaret Avery, Oprah Winfrey, Willard E. Pugh

Sinopsis: La historia se centra en la vida de Celie, una joven muchacha de color, a principios de siglo. Celie tiene 14 años y está embarazada de su propio padre. Continúa así su difícil existencia 30 años más. Pero Celie tiene una obsesión: aprender a leer. No ceja en su empeño y lo consigue. Aunque el marido, el señor, se lo prohíbe, le esconde las cartas, la apalea, ella se las ingenia para aprender a leer, mejorar su lectura, y mediante la lectura, sobre todo de las cartas de su hermana, descubre algo del mundo y va paulatinamente logrando un pequeño lugar en la sociedad. Cinco mujeres de color de diferentes formas se van liberando de las esclavitudes y del maltrato a las que las tenían sometidas.

LA REINA DE LOS BANDIDOS

Año:	1994.
País:	India.
Duración:	119 minutos.
Director:	Shekhar Kapur.
Guión:	Mala Sen.
Reparto:	Seema Biswas, Nirmal Pandey, Manoj Bajpai, Rajesh Vivek.

Sinopsis: Cuenta la historia real de una leyenda viva de la India: la proscrita y temida Phoolan Devi. Casada siendo todavía una niña, fue repudiada por su marido y sufrió continuas vejaciones hasta que se unió a unos bandidos. Perseguida por la policía, acusada de diversos crímenes, se convirtió en una leyenda para las castas bajas y las mujeres. Posteriormente se introdujo en la política, que todavía ejerce.

LA ALDEA MALDITA

Año:	1942.
País:	España.
Duración:	83 minutos.
Director:	Florián Rey
Reparto:	Julio Rey de las Heras, Alicia Romay, Florencia Bécquer, Delfín Jerez

Sinopsis: La versión sonora es sensiblemente inferior a la muda. Se trata de un drama rural acerca de un matrimonio de campesinos que busca en la ciudad una mejor vida; en ese éxodo el matrimonio termina involuntariamente separado, y la mujer, sin saber qué hacer, termina en una casa de mala nota. El marido, por fin, la encuentra y regresa con ella al pueblo, pero difícilmente podrá olvidar la vida de su mujer durante su separación.

ZORBA EL GRIEGO

Año:	1964.
País:	EE.UU.
Duración:	109 minutos.
Director:	Michael Cacoyannis.
Música:	Mikis Theodorakis.
Reparto:	Sotiris Moustakas, Anthony Quinn, Lila Kedrova, George Foundas, Irene Papas, Anna Kyriakou, George Voyadjis, Takis Emmanuel.

Sinopsis: Es la historia de una mujer que muere apedreada por no ajustarse a la cultura de su pueblo. Un joven escritor inglés viaja a una isla del mediterráneo griego, donde conoce a un griego de carácter vitalista y con costumbres primitivas, del que se deja influenciar y con el que recorre diversos lugares. La cultura de la isla produce en el visitante efectos contradictorios. La relación amorosa con una viuda joven de la localidad le crea tensiones con los isleños, que no dudan en apedrear a la viuda hasta la muerte en una secuencia larga, llena de densidad y de tragedia.

NO SIN MI HIJA

Año:	1991.
País:	EE.UU.
Director:	Brian Gilbert.
Guión:	Betty Mahmoody, William Hoffer.
Reparto:	Sally Field, Alfred Molina y Sheila Rosenthal.

Sinopsis: Cuando el dominio de las costumbres del hombre prevalece sobre el de la mujer. En 1984, Betty Mahmoody, una ciudadana americana felizmente casada con un doctor iraní, iba a pasar unas agradables vacaciones en casa de la familia de su esposo en Irán. Una vez allí, fue retenida con su hija y obligada a quedarse a vivir para siempre. La película cuenta las aventuras que Betty y su hija, Mathob, de seis años, sufren para poder escapar del país. La cultura y la ley de este país apoyan la decisión de su esposo y de su familia, que en el mundo occidental es vista como un rapto salvaje y cruel.

SÓLO MÍA

Año:	2001.
País:	España.
Duración:	102 minutos.
Dirección:	Javier Balaguer
Montaje:	Guillermo Represa
Fotografía:	Juan Molina
Guión:	Álvaro García Mohedano y Javier Balaguer
Producción:	Juan Alexander.
Reparto:	Sergi López (Joaquín), Paz Vega (Ángela), Elvira Mínguez (Andrea), Alberto Jiménez (Alejandro), Maria José Alfonso (madre de Ángela), Beatriz Bergamín (cuñada de Ángela), Asunción Balaguer (tía de Ángela).

Sinopsis: Fue amor a primera vista. Al principio, Ángela alimentaba mil formas de amar a Joaquín, y cuando quedó embarazada, ambos se sintieron dichosos. Hasta que llegó el primer reproche, el primer grito y la primera bofetada. Sólo fue necesario un mal día para que Joaquín, por primera vez, la golpeara brutalmente. Es un retrato de la posesión enfermiza. Los malos tratos se han convertido en un gravísimo problema para la sociedad. Cada vez es mayor el número de mujeres que sufren en sus carnes la sinrazón de auténticos criminales que disfrazan sus fechorías tras la cortina de los celos o la inseguridad. Este filme retrata unos hechos que desgraciadamente nos son familiares.

BELINDA

País:	USA.
Género:	Drama.
Director:	Jean Negulesco.
Productor:	Jerry Wald.
Guión:	Elmer Harris Allen Vincent.
Música:	Max Steiner.
Fotografía:	Ted D. McCord.
Reparto:	Jane Wyman, Lew Ayres, Charles Bickford, Agnes Moorehead, Stephen McNally, Jan Sterling, Rosalind Ivan, Dan Seymour, Mabel Paige, Ida Moore, Alan Napier.

Sinopsis: Un joven doctor llega a una comunidad pesquera de Nueva Inglaterra y decide ayudar a una chica sordomuda que conoce. La familia y los vecinos no confían demasiado en él, por lo que se convierte en el principal sospechoso cuando la joven es violada y queda embarazada.

Los golpes de la vida

Año:	1997.
Duración:	128 minutos.
País:	EE.UU.
Género:	Drama.
Director:	Gary Oldman.
Productora:	Luc Besson.
Guión:	Gary Oldman.
Música:	Eric Clapton.
Fotografía:	Ron Fortunato.
Reparto:	Kathy Burke, Charlie Creed-Miles, Edna Doré, Laila Morse, Ray Winstone, Chrissie Cotterill, Jamie Forman, Jon Morrison, Steve Sweeney.

Sinopsis: Una familia que habita en uno de los barrios más desfavorecidos de Londres, vive sustentada por el impulso y el aguante de sus mujeres; Valeria; su madre, Janet; su abuela Kath y la pequeña Michelle viven azotadas por los golpes de la vida.

Amores que matan

Estreno:	Domingo 1 de enero de 1995.
Duración:	90 minutos.
Género:	Comedia.
Director:	Juan Manuel Chumilla Carbajosa.
Reparto:	Juanjo Puigcorbe, Jean-Pierre Cassel, Carmen Maura.

Sinopsis: Consuelo es una mujer que vive sola en un chalé, con un único deseo en su cabeza: tener una aventura con su vecino Marcos. Precisamente Marcos acaba de matar, víctima de celos, a su propia esposa, pero es perfectamente consciente de que podría tener una aventura con otra mujer.

EN LA PUTA VIDA

Año:	2001
Países:	Uruguay, Argentina, Cuba, España, Bélgica
Duración:	100 minutos.
Dirección:	Beatriz Flores Silva.
Producción:	Hubert Toint, Beatriz Flores Silva y Stefan Schmitz.
Guión:	Beatriz Flores Silva y Janos J. Kovacsi; basado en el libro *El huevo de la serpiente*, de María Urruzola.
Música:	Carlos da Silveira.
Fotografía:	Francisco Gozón.
Montaje:	Marie-Hélène Dozo.
Vestuario:	Solange Guillemette.
Decorados:	Mateo Tikas.
Reparto:	Mariana Santangelo (Elisa), Silvestre (Plácido el Cara), Josep Linuesa (Marcelo), Andrea Fantoni (Lulú), Rodrigo Speranza (Marcos), Agustín Abreu (Nicolas), Fermi Herrero (el Gigante), Augusto Mazzarelli (García), Graciela Gelos (Teresa), Graciela Escuder (doña Sara).

Sinopsis: Ésta es la historia de Elisa, cuyo sueño es montar una peluquería en Montevideo. Sin recursos y con dos niños a los que cuidar, comienza a trabajar como acompañante, y pronto se convierte en prostituta. Cuando conoce y se enamora del proxeneta

Plácido, todos sus sueños le parecen alcanzables. Elisa, junto con su novio y su amiga Lulú, viajan a Europa y se instalan en Barcelona como inmigrantes ilegales, esperando ganar «miles de dólares». Pero las decepciones no cesan: tiene que trabajar en la calle como prostituta, su novio la maltrata, y las peleas entre las prostitutas uruguayas y los travestis brasileños se incrementan. La muerte de Lulú en un tiroteo hace que Elisa deba tomar una importante decisión entre su idealizada lealtad a Plácido y la dura realidad, la cual supone su colaboración con un policía de buen corazón. Esta decisión se hace más fácil para Elisa cuando se entera de que sus hijos han sido internados en un orfanato, debido a que Plácido nunca envió dinero para mantenerlos, tal y como había prometido.

Epílogo

Hace tan sólo unos meses —y después de nueve años— que he dejado de trabajar asistiendo a las víctimas de delitos violentos. Fueron años duros pero muy creativos y enriquecedores que me permitieron colaborar, crear e implantar activamente protocolos de intervención contra la violencia de género.

La mayoría de los casos que he atendido han sido de mujeres maltratadas y niñas agredidas sexualmente. Ahora mi trabajo como psicóloga forense consiste, entre otras cosas, en peritar y valorar psicológicamente a las mujeres maltratadas dentro del Instituto Navarro de Medicina Legal. Éste es un trabajo precioso y muy necesario, y también es un cambio importante.

Si se lo cuento a ustedes es porque me siento otra persona. Siento que me he quitado un enorme peso de encima, que duermo más tranquila y que estoy empezando a recuperar el buen humor y el optimismo, que veo de nuevo el mundo algo más «rosa». Y me pregunto el motivo de esta sensación de alivio. No encuentro otras explicaciones que las siguientes. Creo que trabajar diariamente con víctimas de delitos violentos es demasiado duro, nos provoca desaliento, sensaciones de inseguridad y de miedo frente a la maldad que palpamos del ser humano; se siente mucha tristeza al ver sufrir a los niños y niñas violentados, a las mujeres apaleadas, a los que sufren porque otro ser humano les ha hecho un daño inmenso y deliberado. Muchos días se siente desesperación al no poder ayudar. Algunas veces nos cae encima la rabia y el odio que siente la víctima por todo lo vivido; otras veces nos reprochan que no les ayudemos, que no les demos lo que necesitan. Otras veces es el agresor el que nos amenaza, nos llama a nuestras casas, nos acosa e intenta aterrorizarnos. También desalienta el ver cómo algunas mujeres retiran la denuncia y vuelven a la oscura caverna del maltrato. Sentimos profundamente cada golpe, cada insulto, cada violación. Pero lo que resulta insoportable es el presentir el peligro que corren estas personas, lo fácil que es dañar y matar.

Muchos días, todavía sin haber digerido el caso anterior, suena el teléfono y sabemos que es una víctima que nos va a pedir ayuda. Y luego vuelve a sonar el teléfono, una y otra vez, y otra. Y todo esto sin personal suficiente, ni locales adecuados, con escaso presupuesto y sin el apoyo imprescindible... Esta realidad se puede generalizar a la mayoría de los grupos de profesionales que trabajan con víctimas de delitos violentos.

El conocer las historias más negras de las personas nos crea una visión negativa de la sociedad y del ser humano; no sabemos cómo se puede ayudar más y mejor, cómo evitar que siga habiendo tanta violencia... Nos sentimos impotentes.

Durante nueve años he escuchado el testimonio de muchas, cientos de mujeres maltratadas. De cada una de esas historias se podía haber escrito un libro, eso sí, un libro lleno de terror. Todavía no me cabe en la cabeza la existencia de tanto horror, tanto dolor, tanta maldad y tan cerca de todos nosotros.

No dejan de sorprenderme y admirarme todas estas mujeres maltratadas que son la representación viva de la lucha por la supervivencia, por salvar algo que ellas crearon con ilusión y amor y que luego les explotó en la cara; por proteger a sus hijos, pero, y también, a su maltratador.

Cuando comenzamos a pensar que era imprescindible que estas mujeres recibiesen ayuda psicológica, sinceramente, ni yo misma me creía que muchas de ellas se pudieran recuperar de tanto sufrimiento. Pero lo han hecho. La fuerza con la que lucharon por sobrevivir, esa fuerza inmensa, también la usan para salir del maltrato, para cerrar heridas y para buscarse un hueco en esta vida que les falló. Pero ellas no pueden recuperar sus vidas solas.

Por otra parte, también yo siento que esta sociedad ayuda poco a estas mujeres, muy poco. Posiblemente estemos en el buen camino y dentro de poco tiempo, espero, las mujeres maltratadas reciban toda la ayuda que necesitan. Tampoco es tan complicado saber qué sienten, qué necesitan y cómo ayudarles: ellas nos lo dicen con mucha claridad a los que trabajamos al pie del cañón.

Quiero decirles que al revisar las historias, releer sus comentarios, las entrevistas, recordarles cómo llegaron a la consulta el primer día (sus caras, sus ojos, sus palabras...), no he podido dejar de llorar. He llorado lo que no pude llorar cuando oía las torturas a las que estuvieron sometidas, me he horrorizado y escandalizado de actos impropios de un ser humano y me he sentido más solidaria y más comprometida para seguir luchando junto a ellas. Ahora he podido llorar lo que no pude mientras les intentaba dar ánimos y fuerza para seguir hacia adelante, para salir del maltrato y volver a vivir libres y felices.

Podeis contactar conmigo en las siguientes direcciones de correo:

- mrodriga@cfnavarra.es
- mjrodriguezdearmenta@gmail.com

Pamplona, 25 de marzo de 2008.

Cuestionarios de evaluación para violencia doméstica

Entrevista semiestructurada sobre la peligrosidad en la que vive la víctima

(María José Rodríguez de Armenta, 2001)

El evaluador valorará el grado actual de peligrosidad en que se encuentra la víctima, poniendo una cruz en la casilla que refleje el índice de peligrosidad observado:

> 1 = Muy baja peligrosidad.
> 2 = Baja peligrosidad.
> 3 = Moderada peligrosidad.
> 4 = Alta peligrosidad.
> 5 = Muy alta peligrosidad.

Entrevista con la víctima

Nombre y Apellidos: _____

Fecha: _____

Evaluadores: _____

1. ¿Ha interpuesto una denuncia? Número de denuncias previas. ¿Qué pasó con las denuncias anteriores?

2. ¿Qué ha motivado esta denuncia?

3. ¿Está arrepentida de haber denunciado su caso? ¿Siente lástima por lo que pueda sucederle al agresor?

4. ¿Tiene el agresor armas o fácil acceso a las mismas?

5. ¿En episodios anteriores de maltrato, el agresor usó algún tipo de arma? ¿Alguna vez le ha amenazado con un arma?

6. ¿Desde cuándo sufre violencia domestica? Descríbame el tipo de agresiones que ha sufrido, incluyendo la última.

7. ¿Ha sufrido lesiones? ¿De qué tipo y gravedad? ¿Cuál y cuándo fue el incidente más grave que ha sufrido?

8. ¿El agresor ha amenazado con suicidarse? ¿Y con asesinarla?

9. ¿El agresor abusa o consume algún tipo de droga o de alcohol? ¿Es más violento si ha consumido alguna droga o alcohol?

10. ¿Ha mantenido relaciones sexuales forzadas? ¿Con mucha violencia? ¿Con qué frecuencia?

11. ¿Cree que el agresor tiene algún tipo de comportamiento obsesivo, celos patológicos y/o extrema dominancia?

    | | | | | |

13. ¿El agresor tiene algún tipo de enfermedad mental? ¿Está o ha estado en tratamiento por ello?

    | | | | | |

14. ¿El agresor pierde el control con facilidad? ¿Con qué frecuencia?

    | | | | | |

15. ¿El agresor también es violento fuera del ámbito doméstico? ¿Ha agredido a otros familiares o amigos? ¿Ha cometido otros delitos violentos?

    | | | | | |

16. ¿El agresor sabe su domicilio actual? ¿Ha cambiado su rutina para evitar nuevas agresiones? ¿Ha planificado un plan de huida rápido? ¿Ha solicitado protección policial o acudir a la Casa de Acogida?

    | | | | | |

17. ¿Tienen hijos? ¿Han sufrido agresiones? ¿Han sido testigos de algún tipo de agresión contra usted? ¿Ha planificado un plan de seguridad en relación con la vida cotidiana de sus hijos?

    | | | | | |

18. ¿Tiene apoyo familiar o de amigos?

    | | | | | |

19. ¿Qué tipo de recursos urgentes nos solicita?

    | | | | | |

20. ¿Tiene usted miedo del agresor? ¿Lo considera peligroso para usted o para sus hijos?

Sumatorio total:

Informe de la peligrosidad en la que vive la víctima

Realizada la **entrevista semiestructurada sobre la peligrosidad en la que vive la víctima,** se observan los siguientes resultados:

1. En el HISTORIAL POLICIAL-PENAL DEL AGRESOR, el grado de peligrosidad percibido es:

Alto	
Medio	
Bajo	

2. En el HISTORIAL DE LA PELIGROSIDAD HABITUAL DEL AGRESOR, el grado de peligrosidad percibido es:

Alto	
Medio	
Bajo	

3. En el HISTORIAL DE LA VIOLENCIA SUFRIDA, el grado de peligrosidad percibido es:

Alto	
Medio	
Bajo	

4. En el HISTORIAL PERSONAL DEL AGRESOR, el grado de peligrosidad percibido es:

Alto	
Medio	
Bajo	

5. En el HISTORIAL SOCIAL, el grado de peligrosidad percibido es:

Alto	
Medio	
Bajo	

6. En el HISTORIAL SOBRE LA SEGURIDAD ACTUAL DE LA VÍCTIMA, el grado de peligrosidad percibido es:

Alto	
Medio	
Bajo	

El resultado final de la evaluación actual del **GRADO DE PELIGROSIDAD** en que se encuentra la víctima es de:

Alto	
Moderada	
Baja	

La corrección del cuestionario

— Historial policial y penal del agresor (preguntas 1, 2, 3 y 16).
— Peligrosidad habitual del agresor (preguntas 4, 5, 8, 9 y 11).

— Historial de la violencia sufrida por la víctima (preguntas 6, 7 y 10).

— Historial personal y social del agresor (preguntas 9, 11, 12, 13, 14, 17 y 18)

— Historial sobre la seguridad actual de la víctima (preguntas 15 y 19).

ESCALA DE GRAVEDAD DE SÍNTOMAS DEL TRASTORNO DE ESTRÉS POSTRAUMÁTICO

(ECHEBURÚA, CORRAL, AMOR, ZUBIZARRETA Y SARASUA, 1997)

ID:

Nombre y apellidos: _____

Edad: _____

Tipo de evaluación: _____

Fecha evaluación: _____

Suceso traumático TRAUMÁTICO (definir tipo de maltrato a que está o estuvo sometida): _____

¿Cuánto tiempo hace que ocurrió el primer incidente (meses/años)?: _____

¿Desde cuándo experimenta el malestar?: _____

Colóquese en cada frase la puntuación correspondiente de 0 a 3, según la frecuencia e intensidad del síntoma:

> *0: NADA*
> *1: UNA VEZ POR SEMANA O MENOS/POCO*
> *2: DE 2 A 4 VECES POR SEMANA/BASTANTE*
> *3: 5 O MÁS VECES POR SEMANA/MUCHO*

Reexperimentación

1. ¿Tiene recuerdos desagradables y recurrentes del suceso, incluyendo imágenes, pensamientos o percepciones?_____
2. ¿Tiene sueños desagradables y repetitivos sobre el suceso?_____
3. ¿Realiza conductas o experimenta sentimientos que aparecen como si el suceso estuviera ocurriendo de nuevo?_____
4. ¿Sufre un malestar psicológico intenso al exponerse a estímulos internos o externos que simbolizan o recuerdan algún aspecto del suceso?_____
5. ¿Experimenta una reactividad fisiológica al exponerse a estímulos internos o externos que simbolizan o recuerdan algún aspecto del suceso?_____

Puntuación síntomas de reexperimentación (rango 0-15) _____

Evitación

1. ¿Se ve obligada a realizar esfuerzos para ahuyentar pensamientos, sentimientos o conversaciones asociadas al suceso?_____
2. ¿Tiene que esforzarse para evitar actividades, lugares o personas que evocan el recuerdo del suceso?   _____
3. ¿Se siente incapaz de recordar alguno de los aspectos importantes del suceso?_____
4. ¿Observa una disminución marcada del interés por las cosas o de la participación en actividades significativas?_____
5. ¿Experimenta una sensación de distanciamiento o de extrañeza respecto a los demás?_____   _____
6. ¿Se siente limitada en la capacidad afectiva (por ejemplo, incapaz de enamorarse)?_____
7. ¿Nota que los planes o esperanzas de futuro han cambiado negativamente como consecuencia del suceso (por ejemplo, realizar una carrera, casarse, tener hijos, etc.)?_____

Puntuación síntomas de evitación (rango 0-21) _____

Aumento de la activación

1. ¿Se siente con dificultad para conciliar o mantener el sueño?___
2. ¿Está irritable o tiene explosiones de ira? _____
3. ¿Tiene dificultades de concentración? _____
4. ¿Está usted excesivamente alerta (por ejemplo, se para de forma súbita para ver quién está a su alrededor, etc.) desde el suceso?____
5. ¿Se sobresalta o alarma más fácilmente desde el suceso? _____

Puntuación síntomas de activación (rango 0-15) _____

Puntuación total de la gravedad del trastorno de estrés postraumático (rango 0-51) _____

Se requiere la presencia de un síntoma en el apartado de reexperimentación; de tres, en el de evitación; y de dos, en el de aumento de la activación.

Sí _

Agudo (1-3 meses)   X

Crónico (> 3 meses)   X

Con inicio demorado   X

No _

Punto de corte	Puntuación obtenida
Escala global (rango 0-51)	15
Escalas específicas	
Reexperimentación (rango 0-15)	5
Evitación (rango 0-21)	6
Aumento de la activación (rango 0-15)	4

Inventario de pensamientos distorsionados
sobre el uso de la violencia

(Echeburúa y Fernández-Montalvo, 1997)

Nombre: N.º:

Terapeuta: Fecha:

	SÍ	NO
1. Si un niño pega a tu hijo, éste debe responderle de la misma forma	☐	☐
2. Los profesores de escuela hacen bien en utilizar el castigo físico contra los niños que son repetidamente desobedientes y rebeldes	☐	☐
3. Los niños realmente no se dan cuenta de que sus padres pegan a sus madres a no ser que sean testigos de una pelea	☐	☐
4. Las bofetadas son a veces necesarias	☐	☐
5. Para maltratar a una mujer hay que odiarla	☐	☐
6. Si un hombre agrede a su pareja es porque está totalmente justificado	☐	☐
7. Los golpes en el trasero (a un niño) son a veces necesarios	☐	☐
8. Lo que ocurre en una familia es problema únicamente de la familia	☐	☐
9. Muy pocas mujeres tienen secuelas físicas o psíquicas a causa de los malos tratos	☐	☐
10. Si muchas mujeres no fastidiaran tanto a sus maridos, seguramente no serían maltratadas	☐	☐
11. La mayoría de los maltratadores son personas fracasados o perdedoras	☐	☐
12. Las mujeres a menudo lesionan también a sus maridos	☐	☐
13. No siempre es un delito que un hombre pegue a una mujer	☐	☐
14. Los agresores son personas con graves problemas psicológicos que a menudo no saben lo que hacen	☐	☐

Inventario de pensamientos distorsionados sobre la mujer

(Echeburúa y Fernández-Montalvo, 1997)

Nombre: N.º:

Terapeuta: Fecha:

	SÍ	NO
1. Las mujeres son inferiores a los hombres	☐	☐
2. Si el marido es el que aporta el dinero en casa, la mujer debe estar supeditada a él	☐	☐
3. El marido es el responsable de la familia, por lo que la mujer le debe obedecer	☐	☐
4. La mujer debe tener la comida y la cena a punto para cuando el marido vuelva a casa	☐	☐
5. La obligación de una mujer es tener relaciones sexuales con su marido, aunque en ese momento no le apetezca	☐	☐
6. Una mujer no debe llevar la contraria a su marido	☐	☐
7. Una mujer que permanece conviviendo con un hombre violento debe tener un serio problema psicológico	☐	☐
8. Para muchas mujeres, el maltrato por parte de sus maridos es una muestra de su preocupación por ellas	☐	☐
9. Cuando un hombre pega a su mujer, ella sabrá por qué	☐	☐
10. Si las mujeres realmente quisieran, sabrían cómo prevenir nuevos episodios de violencia	☐	☐
11. Muchas mujeres provocan deliberadamente a sus maridos para que éstos pierdan el control y les golpeen	☐	☐
12. Si una mujer tiene dinero, no tiene por qué soportar una relación en la que existe violencia	☐	☐
13. El hecho de que la mayoría de las mujeres no suelen llamar a la policía cuando están siendo maltratadas, prueba que quieren proteger a sus maridos	☐	☐

ENTREVISTA GENERAL ESTRUCTURADA DE MALTRATADORES

(ECHEBURÚA Y FERNÁNDEZ-MONTALVO, 1997)

1. Datos personales y laborales

Nombre y apellidos:
Dirección:
Teléfono:
Edad: Estado civil:
¿Vive con su pareja?
N.º de hijos propios:
Hijos de la pareja:
Esquema familiar:

Estudios realizados:
Profesión:
Empleo actual:
Situación económica:

➤ ¿Qué grado de satisfacción te produce el trabajo?

1. Bajo   3. Alto
2. Moderado   4. Muy alto

➤ ¿Qué grado de tensión te produce el trabajo?

1. Bajo   3. Alto
2. Moderado   4. Muy alto

➤ ¿Afecta el trabajo a tu comportamiento con la familia? En caso afirmativo, especifícalo con más detalle.
➤ ¿Hay alguna otra circunstancia externa que afecte a tu comportamiento con la familia? En caso afirmativo, especifícalo con más detalle.

2. Desarrollo evolutivo

➣ Entorno familiar en la infancia:

1. Padre y madre	4. Madre sola
2. Madre y padrastro	5. Padre solo
3. Padre y madrastra	6. Otro familiar

➣ Si tus padres están separados, ¿qué edad tenías cuando se separaron?

➣ ¿Cómo definirías la relación con tu padre?

1. Cálida.	3. Distante
2. Respetuosa	4. Conflictiva

➣ Número de hermanos y edades:

➣ Cuando eras niño, ¿te castigaron físicamente tus padres?

1. Nunca.	2. A veces.	3. Confrecuencia.

En este último caso, especifícalo con más detalle:

➣ Cuando eras niño, ¿te castigaron físicamente tus profesores en la escuela?

1. Nunca.	2. A veces.	3. Confrecuencia.

En este último caso, especifícalo con más detalle.

➣ ¿Crees que tus padres o profesores te castigaban injustamente?

1. Nunca.	2. A veces.	3. Confrecuencia.

En este último caso, especifícalo con más detalle.

> ¿Sufriste algún tipo de maltrato físico, sexual o psicológico durante la infancia?

1. Nunca.	2. A veces.	3. Confrecuencia.

En este último caso, especifícalo con más detalle.

> ¿Sufrieron maltrato físico, sexual o psicológico alguno de tus hermanos durante la infancia?

1. Nunca.	2. A veces.	3. Confrecuencia.

En este último caso, especifícalo con más detalle.

> ¿Abusaban alguno de tus padres del alcohol o de las drogas? En caso afirmativo, especifícalo con más detalle.
> ¿Maltrataba tu padre física, sexual o psicológicamente a tu madre?

1. Nunca.	2. A veces.	3. Confrecuencia.

En este último caso, especifícalo con más detalle.

> ¿Agrediste alguna vez a tu padre o a tu madre?

1. Nunca.	2. A veces.	3. Confrecuencia.

En este último caso, especifícalo con más detalle.

> ¿Utilizabas la fuerza física o amenazas/insultos para salirte con la tuya en la relación con tus compañeros durante la infancia y adolescencia? En caso afirmativo, especifícalo con más detalle.
> ¿Hay algún otro aspecto relacionado con tu infancia o adolescencia que creas importante y que no lo hayamos comentado?

3. Relaciones de pareja anteriores

➤ ¿Cuántas relaciones más o menos estables has tenido?
➤ ¿Hubo violencia física en ellas?
➤ ¿Hubo violencia psicológica en ellas?
➤ ¿Hubo destrucción de objetos?
➤ Señala si hubo alguna de estas conductas en alguna de tus relaciones de pareja anteriores:

1. Abofetear.	4. Empujar.	7. Estrangular .
2. Agarrar.	5. Dar patadas.	8. Tirar al suelo.
3. Pegar con el puño.	6. Morder.	9. Tirar del pelo.

10. Atacar con un instrumento o con un arma.
11. Forzar a tener relaciones sexuales o a llevar a cabo conductas sexuales concretas que tu pareja no deseaba.
12. Amenazar con pegar.
13. Amenazar con violar.
14. Amenazar con matar.
15. Amenaza de suicidio.
16. Obligar a hacer algo o prohibir hacer algo.
17. Insultar/humillar.

➤ ¿Te has mostrado celoso o ha habido algún problema de infidelidad en alguna de tus relaciones anteriores? En caso afirmativo, especifícalo con más detalle:
➤ ¿Has tratado en el pasado de resolver tus problemas de violencia? En caso afirmativo, especifícalo con más detalle:
➤ ¿Hay alguna circunstancia o acontecimiento relacionado con tus relaciones pasadas que creas interesante comentar?

4. Relación de pareja y familiar actual

➤ Estudios realizados por la pareja:
➤ Profesión de la pareja:
➤ Empleo actual de la pareja:
➤ Situación económica de la pareja:
➤ Duración de la relación:

➤ ¿Te encuentras satisfecho globalmente con tu relación de pareja? En caso negativo, especifícalo.

➤ ¿Cuál es el grado de satisfacción en la relación sexual que mantienes con tu pareja?

1. Bajo.	2. Moderado.	3. Alto.	4. Muy alto.

Especifica lo más posible tu respuesta.

➤ ¿Tienes o has tenido alguna relación extraconyugal? En caso afirmativo, especifica con detalle lo relacionado con el número, la duración y la posible existencia de violencia.

➤ ¿Te consideras una persona celosa?

➤ ¿Crees que tu pareja te es infiel? En caso afirmativo, ¿en qué basas tu creencia?

➤ ¿Te parece tu pareja provocadora o que atrae excesivamente la atención de otros hombres?

➤ ¿Cuándo se produjo el primer episodio de violencia con tu pareja? Relata lo que ocurrió.

➤ ¿Con qué frecuencia ha habido episodios de violencia a lo largo de la relación?

➤ Señala si ha habido alguna de estas conductas en tu relación actual:

1. Abofetear.	4. Empujar.	7. Estrangular .
2. Agarrar.	5. Dar patadas.	8. Tirar al suelo.
3. Pegar con el puño.	6. Morder.	9. Tirar del pelo.

10. Atacar con un instrumento o con un arma.
11. Forzar a tener relaciones sexuales o a llevar a cabo conductas sexuales concretas que tu pareja no deseaba.
12. Amenazar con pegar.
13. Amenazar con violar.
14. Amenazar con matar.
15. Amenaza de suicidio.
16. Obligar a hacer algo o prohibir hacer algo.
17. Insultar/humillar.

➤ ¿Ha necesitado atención médica o psicológica tu pareja como resultado de la violencia? En caso afirmativo, especifícalo con más detalle:

➤ Describe de la mejor forma que puedas el último episodio de violencia que hayas tenido:

➤ ¿Cuáles fueron las circunstancias iniciales de este episodio?

➤ ¿Cómo siguió la escalada de la violencia?

➤ ¿Usaste algún arma u objeto de agresión? En caso afirmativo, especifícalo con más detalle:

➤ ¿Hubo alguna intervención externa durante este episodio (policía, vecinos, amigos...)? En caso afirmativo, especifícalo con más detalle:

➤ ¿Habíais ingerido tú o tu pareja alcohol o alguna otra droga antes del incidente (4 horas al menos)? En caso afirmativo, explícalo:

➤ ¿Has apreciado un aumento progresivo de la violencia a lo largo del tiempo? En caso afirmativo, explícalo (relacionado con la frecuencia, duración, gravedad...):

➤ ¿Cuántos episodios de violencia ha habido en el último año de relación?

1. Violencia física.	3. Violencia psicológica
2. Violencia sexual.	4. Destrucción de objetos.

➤ ¿Cuáles son los temas de discusión más frecuentes? Puntúa en términos de frecuencia:

1. Muy frecuente.	2. Frecuente.	3. A veces.	4. Rara vez.	5. Nunca

Cuidados de la casa: _____ Los niños: _____

Relaciones sexuales: _____ Familiares: _____

Dinero: _____ Relaciones sociales: _____

Otros temas. Especifícalos: _____

➤ ¿Te sueles dar cuenta con antelación de que te vas a poner violento? En caso afirmativo, especifícalo con más detalle (pensamientos presentes, malestar físico, signos fisiológicos, etc.):

➤ ¿Ha presenciado alguno de vuestros hijos algún episodio de violencia? En caso afirmativo, especifícalo con más detalle:

➤ ¿Ha estado alguno de vuestros hijos envuelto en alguno de los episodios de violencia? En caso afirmativo, especifícalo con más detalle:

➤ ¿Reciben vuestros hijos castigo físico? En caso afirmativo, especifícalo con qué frecuencia y por qué motivos:

➤ ¿Vives con tus padres, tus suegros u otros familiares?

➤ Si vives con algún familiar, ¿has utilizado la fuerza física o la violencia psicológica en alguna ocasión con ellos? En caso afirmativo, especifícalo con más detalle:

➤ ¿Posees armas de fuego o de otro tipo en casa? En caso afirmativo, especifícalo con más detalle:

5. Estado de salud, antecedentes penales y relaciones sociales

➤ ¿Has tenido alguna enfermedad física o mental o accidente grave en el pasado? En caso afirmativo, especifícalo con más detalle:

➤ ¿Tienes en este momento algún problema físico o psíquico? En caso afirmativo, especifícalo con más detalle:

➤ ¿Has sido hospitalizado alguna vez por motivos de salud mental? En caso afirmativo, especifícalo con más detalle.

➤ ¿Has recibido en el pasado algún tipo de tratamiento psicológico? En caso afirmativo, especifícalo con más detalle:

➤ ¿Ha habido algún intento de suicidio tanto por tu parte como por tu pareja o por el resto de la familia? En caso afirmativo, especifícalo con más detalle:

➤ ¿Bebes alcohol?

Frecuencia:
Cantidad:
¿Con qué frecuencia te emborrachas?

➤ ¿Crees que el alcohol contribuye a empeorar tu relación? En caso afirmativo, especifícalo con más detalle:

➤ ¿Consumes drogas? En caso afirmativo ¿qué tipo de drogas?

> Frecuencia:
>
> Cantidad

➤ ¿Juegas habitualmente a las máquinas tragaperras o a algún otro tipo de juegos?

> Frecuencia:
>
> Cantidad

➤ ¿Has utilizado la violencia alguna vez bajo la influencia del alcohol u otras drogas o por problemas relacionados con el juego? En caso afirmativo, especifícalo con más detalle:

➤ ¿Has utilizado la violencia alguna vez sin estar bajo la influencia del alcohol u otras drogas? En caso afirmativo, especifícalo con más detalle:

➤ ¿Has estado alguna vez implicado en situaciones violentas externas a la familia? En caso afirmativo, especifícalo con más detalle:

➤ ¿Te han detenido alguna vez? En caso afirmativo, especifícalo con más detalle:

➤ ¿Te han encontrado culpable de algún delito en el pasado? En caso afirmativo, especifícalo con más detalle:

➤ ¿Cuáles son tus fuentes actuales de apoyo y amistad?

➤ ¿Te consideras una persona solitaria? Explica el porqué de tu respuesta.

➤ ¿Crees que la violencia es una forma aceptable de resolver un conflicto o discusión? Explica el porqué de tu respuesta.

➤ ¿Te crees capaz de llegar a evitar la violencia por ti mismo? Explica el porqué de tu respuesta.

➤ ¿Quieres hacer algún comentario adicional?

Modelos de solicitudes

SOLICITUD DE AYUDA ECONÓMIMCA A VÍCTIMAS DE DELITOS VIOLENTOS Y CONTRA LA LIBERTAD SEXUAL

(Ley 35/1995, de 11 de diciembre, de ayudas y asistencia a las víctimas de delitos violentos y contra la libertad sexual, publicada en el BOE núm. 126, de 27 de mayo de 1997).

A. Identificación del solicitante:
Apellidos   Nombre   NIF u otro documento identificativo
B. Identificación del representante:
Apellidos   Nombre   NIF u otro documento identificativo
C. Identificación de la víctima directa del delito:
Apellidos   Nombre   NIF u otro documento
D. Vínculo del solicitante con la víctima directa: (ponga una X en la casilla que corresponda)

☐ El solicitante es la víctima directa del delito
☐ Es víctima indirecta   ☐ Cónyuge   ☐ Pareja de hecho de la VD
     por ser: ☐ Hijo de la VD   ☐ Hijo de su cónyuge ☐ Hijo de su pareja
                                                      de hecho
              ☐ Padre   ☐ Madre   ☐ Tutor de la VD

E. Fecha y lugar la comisión del delito:
Fecha   Localidad   Provincia

F. En consecuencia SOLICITO (ponga una X en la/s casilla/s que corresponda)

Ayuda: ☐ Provisional
             ☐ Definitiva

A víctima directa por:

☐ Incapacidad temporal   ☐ Invalidez permanente   ☐ Gastos de tratamiento terapéutico en delitos contra la libertad sexual

A víctima indirecta por:

☐ Fallecimiento de la víctima directa (ver dorso)   ☐ Gastos funerarios

G. El solicitante declara como LUGAR para las NOTIFICACIONES

Domicilio (calle y número)   Localidad   Código postal   Teléfono

H. Lugar y fecha de la solicitud

En ...., a ...... de .... de ....

RELACIÓN DE LAS DEMAS PERSONAS QUE SOLICITAN CONJUNTAMENTE AYUDA POR FALLECIMIENTO

Apellidos	Nombre	NIF u otro documento identificativo	Parentesco o vínculo con la víctima directa	Firma

No es preciso que firmen la solicitud los menores no emancipados.

DOCUMENTOS QUE SE DEBEN APORTAR CON LA SOLICITUD
(Ponga una X en las casillas que correspondan
a los documentos que usted aporta con su solicitud)

Documentos que hay que aportar siempre

☐ Descripción de las circunstancias del hecho delictivo.
☐ Declaración sobre indemnizaciones y ayudas percibidas o que pudiera percibir.
☐ Documento personal identificativo (DNI, NIF, pasaporte, permiso de residencia, etc.).

Documentos que se deben aportar con las solicitudes de ayudas provisionales

☐ Acreditación de la denuncia del delito o del inicio del proceso penal.
☐ Formalización de la solicitud ante el M.º Fiscal de que emita informe sobre el existen indicios razonables de que los daños los ha producido un hecho con caracteres de delito violento y doloso o contra la libertad sexual.
☐ Acreditación del estado de precariedad, mediante declaración del IRPF y/o certificación negativa de la AEAT.

Documentos que se deben aportar con las solicitudes definitivas

☐ Resolución judicial que puso fin al proceso penal.

NOTA. Si se actúa por medio de representante, deberá quedar acreditada la representación.
NOTA ACLARATORIA. A los efectos de estas ayudas se entiende por.
VÍCTIMA DIRECTA. La persona que ha sufrido lesiones corporales graves o daños graves en su salud física o mental o ha fallecido como consecuencia directa del delito.
VÍCTIMA INDIRECTA. Los familiares de la víctima directa fallecida como consecuencia del delito.

MODELO DE OFRECIMIENTO FORMAL DE ACCIONES A LAS VÍCTIMAS DE DELITOS Y FALTAS

Usted ha denunciado un hecho delictivo en el Juzgado, comisaría, puesto de la Guardia Civil, policía autonómica o policía local, por el que usted ha resultado victimizado.

El siguiente paso que sigue a su denuncia es remitirla al Juzgado que está de guardia en el día de hoy, al cual tendrá que acudir para ratificar su denuncia cuando el Juzgado lo/a llame para este fin.

En el caso de que exista un detenido, éste tendrá por ley un abogado defensor. La figura de la víctima (usted) está representada en el Derecho español por el fiscal, el cual va a actuar defendiendo sus derechos, reclamando medidas penales (castigo) y civiles (restitución, indemnización o reparación del daño causado); en este caso, usted ocupará la figura de testigo dentro del proceso.

No obstante, usted puede participar también en la defensa de sus intereses. Para ello puede disponer de abogado y procurador. En el caso de que usted no disponga de recursos económicos para sufragar los gastos que suponen la asistencia de estos profesionales, se le nombrará, previa solicitud, uno de oficio. En cualquier caso, si desea participar activamente en su defensa, debe acudir lo antes posible al Juzgado de Guardia para formalizar su presencia en la causa.

Derechos que le asisten

El artículo 24 de la Constitución española dice que todas las personas tienen derecho a la tutela judicial efectiva de sus derechos e intereses legítimos sin que, en ningún caso, pueda producirse indefensión. Este artículo se hace extensivo a la víctima.

Derecho a ser informado/a de las ayudas públicas establecidas por la Ley 35/95, artículo 15:

Podrán obtener estas ayudas económicas en las cuantías que la Ley establece, una vez recaiga resolución judicial firme en el proceso penal las víctimas de delitos violentos (realizados con dolo) o delitos contra la libertad sexual (agresiones sexuales, abusos sexuales, acoso, exhibicionismo, prostitución).

Podrán pedir anticipadamente al recaimiento de la sentencia firme una ayuda provisional las personas que habiendo sido víctimas se encuentren en una situación económica de precariedad.

— Derecho a ejercitar la acción penal mediante denuncia o querella de la que se recibirá copia o resguardo.
— Derecho a ser informado/a por la policía de los resultados de la investigación, Ley 35/95, artículo 15.
— Derecho a la información del ofrecimiento formal de acciones, siendo informado/a al interponer la denuncia sobre la posibilidad de acudir con abogado y procurador como acusación particular, o bien que sus intereses sean defendidos por el ministerio fiscal.
— Derecho a mostrarse parte en la causa y derecho a renunciar al ejercicio de la acción civil, Ley 35/ 95, artículo 15.
— Derecho a que el interrogatorio se realice con respeto a su situación personal, derechos y dignidad, Ley 35/95, artículo 15.
— Derecho a ser informado/a de la fecha y lugar de la celebración del juicio y a ser notificado/a personalmente de la sentencia (aunque no sea parte en la causa), artículo 15 de Ley 35/95.

MODELO DE SOLICITUD DE ORDEN DE PROTECCIÓN

Fecha:
Hora:

ORGANISMO RECEPTOR DE LA SOLICITUD

Nombre del organismo:
Dirección:
Teléfono:
Fax:
Correo electrónico:
Localidad:
Persona que recibe la solicitud (nombre o número de carné profesional:

VÍCTIMA

Apellidos:	Nombre:
Lugar /Fecha nacimiento:	Nacionalidad:
Sexo:	
Nombre del padre:	Nombre de la madre:
Domicilio[1]: ¿Desea que el que facilite permanezca en secreto?	
Teléfonos contacto[2]: ¿Desea que el que facilite permanezca en secreto?	
D.N.I. n.º	N.I.E. n.º o Pasaporte n.º

---

[1] En caso de que la víctima manifieste su deseo de abandonar el domicilio familiar, no se deberá hacer constar el nuevo domicilio al que se traslade, debiendo indicarse el domicilio actual en el que resida. Asimismo, el domicilio no debe ser necesariamente el propio, sino que puede ser cualquier otro que garantice que la persona puede ser citada ante la policía o ante el Juzgado.

[2] El teléfono no debe ser necesariamente el propio, sino que puede ser cualquier otro que garantice que la persona puede ser citada ante la policía o ante el Juzgado.

SOLICITANTE QUE NO SEA VÍCTIMA

Apellidos:	Nombre:
Lugar /Fecha nacimiento:	Nacionalidad:
Sexo:	
Nombre del padre:	Nombre de la madre:
Domicilio:	
Teléfonos contacto:	
D.N.I. n.º	N.I.E. n.º o Pasaporte n.º
Relación que le une con la vítima:	

PERSONA DENUNCIADA

Apellidos:	Nombre:
Lugar /Fecha nacimiento:	Nacionalidad:
Sexo:	
Nombre del padre:	Nombre de la madre:
Domicilio conocido o posible: Domicilio del centro de trabajo:	
Teléfonos contacto conocidos o posible: Teléfono del centro de trabajo:	
D.N.I. n.º	N.I.E. n.º o Pasaporte n.º

RELACIÓN VÍCTIMA-PERSONA DENUNCIADA

¿Ha denunciado con anterioridad a la misma persona?   Sí ☐   No ☐
En caso afirmativo, indique el número de denuncias:
¿Sabe si dicha persona tiene algún procedimiento judicial abierto por delito o falta?   Sí ☐   No ☐
En caso afirmativo, indique, si lo conoce, el o los Juzgados que han intervenido y el número de procedimiento.
¿Qué relación de parentesco u otra tiene con la persona denunciada?

Situación familiar

Personas que conviven en el domicilio		
Nombre y apellidos	Fecha nacimiento	Relación de parentesco

DESCRIPCIÓN DE HECHOS DENUNCIADOS QUE FUNDAMENTAN LA ORDEN DE PROTECCIÓN

(Relación detallada y circunstanciada de los hechos)

Hechos y motivos por los que solicita la orden de protección[3].

Último hecho que fundamenta la solicitud.

¿Qué actos violentos han ocurrido con anterioridad, hayan sido o no denunciados, contra personas (víctima, familiares, menores u otras personas) o cosas?

¿Alguno ha tenido lugar en presencia de menores?

¿Existe alguna situación de riesgo para los menores, incluida la posibilidad de sustracción de los niños o niñas?

¿Tiene el agresor armas en casa o tiene acceso a las mismas por motivos de trabajo u otros?

¿Existen testigos de los hechos? (En caso afirmativo, indicar nombre, domicilio y teléfono).

¿Y otras pruebas que puedan corroborar sus manifestaciones? (Así, por ejemplo, muebles rotos, líneas de teléfono cortadas, objetos destrozados, mensajes grabados en contestadores de teléfono, mensajes en móviles, cartas, fotografías, documentos...).

¿En qué localidad han ocurrido los hechos?

ATENCIÓN MÉDICA

¿Ha sido lesionado/a o maltratado/a psicológicamente?   Sí □   No □

¿Ha sido asistido/a en algún centro médico?   Sí □   No □

¿Aporta la víctima parte facultativo u otros informes médicos o psicológicos?[4] Sí □ No □

En caso de no aportarlo, indicar centro médico y fecha de la asistencia, si ésta se ha producido.

---

[3] En caso de que la solicitud de orden de protección se presente ante las Fuerzas y Cuerpos de Seguridad, este apartado podrá ser sustituido por la toma de declaración de la persona denunciante en el seno del atestado.

[4] En caso afirmativo, únase una copia del parte como anejo de esta solicitud.

ATENCIÓN JURÍDICA

¿Tiene usted un abogado que le asista?   Sí ☐   No ☐

En caso negativo, ¿desea contactar con el servicio de
asistencia jurídica del Colegio de Abogados para recibir
asesoramiento jurídico?   Sí ☐   No ☐

MEDIDAS QUE SE SOLICITAN

Medidas cautelares de protección penal:

— En caso de convivencia en el mismo domicilio de la persona denunciada, ¿quiere continuar en el mencionado domicilio con sus hijos o hijas, si los/as hubiere? Sí ☐ No ☐
— ¿Quiere que la persona denunciada lo abandone para garantizar su seguridad? Sí ☐ No ☐
— ¿Quiere que se prohíba a la persona denunciada acercársele? Sí ☐ No ☐
   ¿Y a sus hijos o hijas?
— ¿Desea que se prohíba a la persona denunciada que se comunique con usted? Sí ☐ No ☐
   ¿Y con sus hijos o hijas?   Sí ☐ No ☐

Medidas cautelares de carácter civil[5]

— ¿Solicita la atribución provisional del uso de la vivienda familiar?: Sí ☐ No ☐
— Régimen provisional de custodia, visitas, comunicación y estancia de los hijos o de las hijas.
   ¿Tiene hijos o hijas menores comunes? Sí ☐ No ☐
   En caso afirmativo, indique número y edades.
   ¿Desea mantener la custodia de los hijos o de las hijas? Sí ˅ No ˅
   ¿Desea que su cónyuge/pareja tenga establecido un régimen de visitas en relación con los hijos o hijas?   Sí ☐ No ☐
— Régimen provisional de prestación de alimentos.
   ¿Interesa el abono de alguna pensión con cargo a su cónyuge/pareja para usted y/o sus hijos o hijas?   Sí ☐ No ☐

   En caso afirmativo, ¿a favor de quiénes?
   Si la anterior respuesta es afirmativa, ¿en qué cuantía valora las necesidades básicas de los/as precisados/as de dicha pensión?

---

[5] Estas medidas civiles solamente pueden ser solicitadas por la víctima o su representante legal, o bien por el ministerio fiscal cuando existan hijos menores o incapaces y precisan para su establecimiento su petición expresa.

En caso de riesgo de sustracción de menores, ¿quiere que se adopte alguna medida cautelar al respecto?

Otras medidas

- ¿Necesita obtener algún tipo de ayuda asistencial o social?
- ¿Tiene la víctima un trabajo remunerado? Sí ☐ No ☐
  En caso afirmativo, indique la cantidad mensual aproximada que percibe, si la conoce.
- ¿Trabaja la persona denunciada? Sí ☐ No ☐
  En caso afirmativo, indique la cantidad mensual aproximada que percibe, si la conoce.
- ¿Existen otros ingresos económicos en la familia? Sí ☐ No ☐
  En caso afirmativo, indique la cantidad mensual aproximada, si la conoce.

SI LO DESEA, PUEDE SER ATENDIDA EN EL SERVICIO PÚBLICO DE TELEASISTENCIA MÓVIL PARA LAS VÍCTIMAS DE VIOLENCIA DE GÉNERO: TELÉFONOS DE INFORMACIÓN 900.22.22.92 Y 96.369.50.37.

JUZGADO AL QUE SE REMITE LA SOLICITUD:

A RELLENAR POR EL ORGANISMO EN EL QUE SE PRESENTA LA SOLICITUD

(Firma del o de la solicitante)

INSTRUCCIONES BÁSICAS

1. No resulta imprescindible contestar todas las preguntas, aunque sí es importante hacerlo.
2. Una vez cumplimentada esta solicitud, debe entregarse una copia a la persona solicitante. El original debe ser remitido al Juzgado de Guardia de la localidad o, en su caso, al Juzgado de Violencia sobre la Mujer, quedando otra copia en el organismo que recibe la solicitud.
3. Si la víctima aporta parte médico, denuncias anteriores u otros documentos de interés, serán unidos como anejos de la solicitud.

Legislación

LEGISLACIÓN NACIONAL

Real Decreto 660/2007, de 25 de mayo, por el que se modifica el Real Decreto 355/2004, de 5 de marzo, por el que se regula el Registro central para la protección de las víctimas de la violencia doméstica, en relación con el acceso a la información contenida en el Registro central.

Real Decreto 253/2006, de 3 de marzo. Violencia Doméstica-Ministerio de Trabajo y Asuntos Sociales. Establece las funciones, el régimen de funcionamiento y la composición del Observatorio Estatal de Violencia sobre la Mujer, y modifica el Real Decreto 1600/2004, de 2-7-2004, que desarrolla la estructura orgánica básica del Ministerio de Trabajo y Asuntos Sociales.

Real Decreto 1452/2005, de 2 de diciembre, por el que se regula la ayuda económica establecida en el artículo 27 de la Ley Orgánica 1/2004, de 28 de diciembre, de medidas de protección integral contra la violencia de género.

Real Decreto 513/2005, de 9 de mayo, por el que se modifica el Real Decreto 355/2004, de 5 de marzo, por el que se regula el Registro central para la protección de las víctimas de la violencia doméstica.

Ley Orgánica 1/2004, de 28 de diciembre, de Medidas de Protección Integral contra la Violencia de Género.

Ley Orgánica 11/2003, de 29 de septiembre, de medidas concretas en materia de seguridad ciudadana, violencia doméstica e integración social de los extranjeros.

LEY 27/2003, de 31 de julio, reguladora de la Orden de protección de las víctimas de la violencia doméstica.

Real Decreto 864/1997, de 6 de junio, por el que se aprueba el Reglamento del fondo procedente de los bienes decomisados por tráfico de drogas y otros delitos relacionados.

Real Decreto 738/1997, de 23 de mayo, por el que se aprueba el Reglamento de ayudas a las víctimas de delitos violentos y contra la libertad sexual.

Ley Orgánica 14/1999, de 9 de junio, de modificación del Código Penal de 1995, en materia de protección a las víctimas de malos tratos y de la Ley de Enjuiciamiento Criminal.

Ley Orgánica 11/1999, de 30 de abril, de modificación del Título VIII del Libro II del Código Penal, aprobado por Ley Orgánica 10/1995, de 23 de noviembre.

Ley Orgánica 2/1998, de 15 de junio, por la que se modifican el Código Penal y la Ley de Enjuiciamiento Criminal.

Ley Orgánica 19/1994, de 23 de diciembre, de protección a testigos y peritos en causas criminales.

Ley 36/1995, de 11 de diciembre, sobre la creación de un fondo procedente de los bienes decomisados por tráfico de drogas y otros delitos relacionados.

Ley 61/1997, de 19 de diciembre, de modificación de la Ley 36/1995, de 11 de diciembre.

Ley 35/1995, de 11 de diciembre, de ayudas y asistencia a las víctimas de delitos violentos y contra la libertad sexual.

Ley 38/1998, de 27 de noviembre, por la que se modifica la composición de la Comisión Nacional de Ayuda y Asistencia a las Víctimas de Delitos Violentos y contra la Libertad Sexual

Resolución de de 1 de agosto de 1997, de la Dirección General de Costes de Personal y Pensiones Públicas, sobre delegación de competencias en materia de ayudas a las víctimas de delitos violentos contra la libertad sexual. (Ministerio de Economía)

Circular 1/1998, sobre intervención del Ministerio Fiscal en la persecución de los malos tratos en el ámbito doméstico y familiar.

Circular 2/1998, sobre ayudas públicas a las víctimas de delitos dolosos violentos y contra la libertad sexual.

Proyecto de Ley de prevención de malos tratos y de protección a las mujeres maltratadas, expediente 05/0101-0016.

Proposición de Ley reguladora de la orden de protección de las víctimas de la violencia doméstica.

LEGISLACIÓN INTERNACIONAL

Decisión Marco del Consejo de 15 de marzo de 2001, relativa al estatuto de la víctima en el proceso penal

Declaración de los principios fundamentales de Justicia relativos a las víctimas de la criminalidad y del abuso de poder.

Declaración de las Naciones Unidas de 1985 sobre los principios básicos de justicia para las víctimas del crimen y de abuso de poder.

Recomendación (85) 4, adoptada por el Comité de Ministros del Consejo de Europa el 26 de marzo de 1985, sobre la violencia dentro de la familia.

Recomendación (85) 11, adoptada por el Comité de Ministros del Consejo de Europa el 28 de junio de 1985, sobre la posición de la víctima en el marco del derecho penal y del proceso penal.

Recomendación (87) 21, adoptada por el Comité de Ministros del Consejo de Europa el 17 de septiembre de 1987, sobre la asistencia a las víctimas y la prevención de la victimización.

Resolución del Parlamento Europeo, de 11 de junio de 1986, sobre las agresiones a la mujer.

Convención Europea, de 24 de noviembre de 1983, sobre la compensación a las víctimas de delitos violentos.

Convención de las Naciones Unidas, de 10 de diciembre de 1984, sobre la lucha contra la tortura y otros tratos o penas crueles, inhumanos o degradantes.

Acción común, de 24 de febrero de 1997, adoptada por el Consejo sobre la base del artículo k.3 del Tratado de la Unión Europea, relativa a la lucha contra la trata de seres humanos y la explotación sexual de los niños.

Resolución (77) 27, adoptada por el Comité de Ministros del Consejo de Europa el 28 de septiembre de 1977, sobre indemnización a las víctimas del delito.

Resolución del Consejo de la Unión Europea, de 23 de noviembre de 1995, relativa a la protección de los testigos en el marco de la lucha contra la delincuencia organizada internacional.

Referencias bibliográficas

Alemany Rojo, A. (1999). *Análisis crítico de resoluciones judiciales sobre violencia doméstica*. Barcelona: Asociación de Mujeres Juristas Themis.

Appleton, W. (1980). The battered woman syndrome. *Annals of Emergency Medicine, 9*, 84-91.

Azcárate, J., Rodríguez de Armenta, M. J. y Páez, R. (2007). *La Intervención de los psicólogos en Navarra con las víctimas de delitos: Desde la intervención urgente hasta el alta terapéutica*. Psicología Jurídica. Evaluación e intervención. Eds. R. Arce, F. Fariña, F. Alfaro, C. Civera y F. Tortosa. Diputació de Valencia, pp.191-197.

Baca, E. (2003). La actitud ante la víctima: reacciones personales, sociales y profesionales. En Baca, E. y Cabanas, M. L. (eds.). *Las víctimas de la violencia. Estudios psicopatológicos*. Madrid: Triacastela.

Bland, R. y Orn, H. (1986) Family violence and psychiatric disorder. *Canadian Journal of Psychiatry, 6*, 129-137.

Bergman, B. y Brismar, B. (1993). Assailants and victims: A comparative study of male wife-beaters and battered males. *Journal of Addictive Diseases, 12*, 1-10.

Bolúmar Montrull F., Torres Cantero A. M. y Hernández Aguado I. (2001). La violencia como problema de Salud Pública. En Gálvez Vargas, R., Sierra López, A., Sáenz González, M. C., Gómez López, Ll., Fernández-Crehuet Navajas, J. et al. (dirs.). *Piédrola Gil. Medicina Preventiva y Salud Pública*. Barcelona: Masson.

Burgers, R. L. y Draper, P. (1989). The explanation of family violence: the role of biological, behavioural and cultural selection. En L. Ohlin y M. Tonry (eds.). *Family Violence: Crime and Justice. A Review of Research*. Chicago: University of Chicago Press.

Campbell, R., Sullivan, C. M. y Davidson, W. S. (1995). Women who use domestic violence shelters: Changes in depression over time. *Psychology of Women Quarterly, 19,* 237-255.

Caño, X. (1995). *Maltratadas. El infierno de la violencia sobre las mujeres.* Madrid: Temas de Hoy.

Cervelló, V. (2001). Tratamiento penal y penitenciario del enfermo mental. En Asociación de Técnicos de Instituciones Penitenciarias: *El tratamiento penitenciario: posibilidades de intervención.* Madrid: Alta Grafics Publicaciones.

Clemente, M. y González, A. (1996). *Suicidio. Una alternativa social.* Madrid: Biblioteca Nueva.

Coleman, D. y Straus, M. (1983). Alcohol abuse and family violence. En Gottheil, A.

Consejo de Europa (1997*). Informe del grupo de especialistas para combatir la violencia contra las mujeres.* Estrasburgo.

Consejo General del Poder Judicial (2001). *Guía práctica de actuación contra la violencia doméstica.* Madrid: CGPJ.

Consejo General del Poder Judicial (2007). Datos de los procedimientos penales incoados y órdenes de protección solicitadas en los Juzgados de Violencia sobre la Mujer (JVM) desde su entrada en funcionamiento a 31 de marzo de 2007. Madrid: CGPJ.

Corral, P. (2004). Perfil del agresor doméstico. En J. Sanmartín (ed.). *El laberinto de la violencia. Causas, tipos y efectos.* Barcelona: Ariel.

Corsi, J. (1994). *Violencia familiar. Una mirada interdisciplinaria sobre un grave problema social.* Buenos Aires: Paidós.

Corsi, J. (1995). *Violencia masculina en la pareja. Una aproximación al diagnóstico y a los modelos de intervención.* Buenos Aires: Paidós.

De Vega Ruiz, J. A. (1999). *Las agresiones familiares en la violencia doméstica.* Pamplona: Aranzadi.

DSM-IV (1996). *Manual diagnóstico y estadístico de los trastornos mentales.* México: Masson.

Echauri, J. A., Romero, J. y Rodríguez de Armenta, M. J. (2005). Teoría y descripción de la violencia de género. Programa terapéutico para maltratadotes del ámbito familiar en el centro penitenciario de Pamplona. Madrid: *Anuario de Psicología Jurídica, 15,* 67-95.

Echauri, J. A., Fernández-Montalvo, J., Rodríguez de Armenta, M. J. y Martínez, M. (2007a). *Perfil psicopatológico de reclusos condenados por delito de violencia familiar en el centro penitenciario de Pamplona.*

Psicología Jurídica. Evaluación e intervención. Eds. R. Arce, F. Fariña, E. Alfaro, C. Civera y F. Tortosa. Diputació de Valencia, pp. 125-131.

Echauri, J. A., Rodríguez de Armenta, M. J. y Martínez, M. (2007b). *Programa terapéutico para maltratadotes familiares en Navarra. Evaluación y tipo de tratamientos.* Psicología Jurídica. Evaluación e intervención. Eds. R. Arce, F. Fariña, E. Alfaro, C. Civera y F. Tortosa. Diputació de Valencia, pp. 245-252.

Echeburúa, E. (1990). *Malos tratos y agresiones sexuales: lo que la mujer debe saber y puede hacer.* Vitoria: Servicio de Publicaciones de Emakunde/Instituto Vasco de la Mujer.

Echeburúa, E. (1994). *Personalidades violentas.* Madrid: Pirámide.

Echeburúa, E., Corral, P., Sarasua, B. y Zubizarreta, I. (1996). Tratamiento cognitivo-conductual del trastorno de estrés postraumático en víctimas de maltrato doméstico: un estudio piloto. Madrid: *Análisis y Modificación de Conducta, 22,* 627-654.

Echeburúa, E. y Fernández-Montalvo, J. (1997). Tratamiento cognitivo-conductual de hombres violentos en el hogar: un estudio piloto. Madrid: *Análisis y Modificación de Conducta, 23,* 355-384.

Echeburúa, E. y Corral, P. (1998). *Manual de violencia familiar.* Madrid: Siglo XXI.

Echeburúa, E., Fernández-Montalvo, J. y De la Cuesta, J. L. (2001). Articulación de medidas penales y psicológicas en el tratamiento de los hombres violentos en el hogar. Madrid: *Psicopatología Clínica Legal y Forense, 1,* 19-31.

Echeburúa, E., Amor, P. J. y Corral, P. (2002). Mujeres maltratadas en convivencia prolongada con el agresor: variables relevantes. *Acción Psicológica, 1,* 135-150.

Echeburúa, E., Corral, P., Fernández-Montalvo, J., Amor, P. J. (2004) ¿Se puede y debe tratar psicológicamente a los hombres violentos contra la pareja? Madrid: *Papeles del Psicólogo, 57,* 10-18.

Echeburúa, E. (2004). Tratamiento del agresor doméstico. En J. Sanmartín (ed.). *El laberinto de la violencia. Causas, tipos y efectos.* Barcelona: Ariel.

Edleson, Jeffrey, L. y Eisikovits, C. (1997). *Violencia doméstica: la mujer golpeada y la familia.* Madrid: Granica, S. A.

Emery, R. E. (1989). Family violence. *American Psychologist, 44,* 321-328.

Esbec, E. (1994a). Victimas de delitos violentos. Victimología general y forense. En S. Delgado (ed.). *Psiquiatría legal y forense* (vol. 2.º). Madrid: Cólex.

Esbec, E. (1994b). Daño psíquico y su reparación en víctimas de delitos violentos. En S. Delgado (ed.). *Psiquiatría legal y forense* (vol. 2.º). Madrid: Cólex.

Esbec, E. (2000). Evaluación psicológica de la víctima. En E. Esbec y G. Gómez-Jarabo. *Psicología forense y tratamiento jurídico-legal de la discapacidad*. Madrid: Edisofer.

Feazell, C. S., Mayers, R. S. y Deschner, J. (1984). Services for men who batter: Implications for programs and policies. *Family Relations, 33*, 217-233.

Fernández-Montalvo, J. y Echeburúa, E. (1997). Variables psicopatológicas y distorsiones cognitivas de los maltratadores en el hogar: un análisis descriptivo. *Análisis y Modificación de Conducta, 23*, 151-180.

Fernández-Montalvo, J., Echeburúa, E. y Amor, P. J. (2005). Aggressors Against Women in Prision and the Community: And Exploratory Study of a Differential Profile. *International Journal of Offender Therapy and Comparative Criminology, 49* (vol. 2), 158-167.

Frieze, I. H. y Browne, A. (1989). Violence in marriage. En Ohlin, L. y Tonry, M. (eds.). *Family Violence: Crime and Justice. A Review of Research*. Chicago: University of Chicago Press.

Garrido, V. (2001). *Amores que matan*. Valencia: Algar.

Ministerio de Justicia (2005) *Guía y Manual de valoración integral forense de la violencia de género y/o doméstica en el procedimiento penal*. Madrid.

Hotaling, G. T., Straus, M. A. y Lincoln, A. J. (1989). Intrafamily violence and crime and violence outside the family. En Ohlin, L. y Tonry, M. (eds.). *Family Violence: Crime and Justice. A Review of Research*. Chicago: University of Chicago Press.

Instituto de la Mujer (1997). *Informe sobre la violencia contra las mujeres*. Madrid.

Jacobsen, L. y Smidt-Nielsen, K. (1997). *Sobrevivientes de la tortura. Traumas y rehabilitación*. Consejo Internacional de Rehabilitación para las Víctimas de la Tortura (IRCT). Copenhague.

Kaufman, G. y Straus, M. A. (1987). The Drunken Bum theory of wife beating. *Social Problems, 34*, 213-230.

Ley 35/1995, de 11 de diciembre, de Ayuda y asistencia a las víctimas de delitos violentos y contra la libertad sexual.

Ley 27/2003, de 31 de julio, reguladora de la Orden de protección de las víctimas de la violencia doméstica.

Ley Orgánica 1/2004, de 28 de diciembre, de Medidas de protección integral contra la violencia de género.

Levesque, D. A., Gelles, R. J. y Velicer, W. F. (2000). Development and validation of a stages of change measure for men in batterer treatment. *Cognitive and Therapy Research, 24*, 175-200.

Martínez-González, M. A. y Seguí-Gómez, M. (2007). *Compendio de Salud Pública, Epidemiología y prevención de «accidentes»*. Medicina Preventiva y Salud Pública, Universidad de Navarra. Pamplona.

Martínez, M., Rodríguez de Armenta, M. J., Echauri, J. A. y Azcárate, J. (2007). *Procedimiento de intervención en los programas de terapia individual y de grupo con agresores en el ámbito familiar en Navarra*. Actas del III Congreso Nacional de Psicología Jurídica y Forense. Universidad de Oviedo.

Memoria del Fiscal General del Estado de 2006, del Fiscal de Sala delegada contra la Violencia sobre la Mujer. Madrid.

Millon, T. (2004). *Trastornos de la Personalidad. Más allá del DSM-IV*. Barcelona: Masson.

Moretti, G. (2003). *El concepto legal de daño en relación a los conceptos psicológicos de trauma, duelo y pérdida*. III Congreso Internacional de Trauma Psíquico y Estrés Traumático. Iusmed, Consultoría Forense.

Muñoz, M., Roa, A., Pérez, E., Santos-Olmo, A. B., y de Vicente, A. (2002). *Instrumentos de evaluación en salud mental*. Madrid: Pirámide.

Naciones Unidas (1994). *Declaración sobre la eliminación de la violencia contra la mujer*. A/Res/48/104. Ginebra: Naciones Unidas.

OMS/OPS (1998): *Violencia contra la mujer. Un tema de salud prioritario* [http://www.who.int/frh-whd/VAW/infopack/Spanish/violencia_infopack.html].

Otto, R. K. y Heilbrun, K. (2002). The Practice of Forensic Psychology. *American Psychologist, 57*, 5-18.

Palacios, M. (2000). *Bioética 2000*. Oviedo: Nobel.

Organización Mundial de la Salud (2005). *Women's Health and Domestic Violence Against Women*. Ginebra/Londres.

Raine, A. y J. San Martín (2000). *Violencia y psicopatología*. Estudios sobre la violencia, Centro Reina Sofía para el Estudio de la Violencia, vol. 4. Barcelona: Ariel.

Rojas Marcos, L. (2002). *Más allá del 11 de septiembre. La superación del trauma*. Madrid: Espasa-Calpe.

Roberts, A. R. (1988). Substance abuse among men who batter their mates: the dangerous mix. *Journal of Family Psychiatry, 137*, 974-975.

Rodríguez de Armenta, M. J. (2001). *La Oficina de Asistencia a las Víctimas del Delito de Navarra*. Actas del IV Congreso Iberoamericano de Psicología Jurídica (pp. 608-616). Madrid: El Defensor del Menor en la Comunidad de Madrid.

Rodríguez de Armenta, M. J. (2003). *Características y tipos de maltratadores domésticos. Las teorías psicológicas y las víctimas de la violencia doméstica*. Curso de actuación sobre violencia doméstica. Pamplona. Colegio de Abogados de Navarra, pp. 88-117.

Rodríguez de Armenta, M. J. (2007a). *Violencia de género. Guía asistencia*. Madrid: EOS.

Rodríguez de Armenta, M. J. (2007b). *Causas externas-suicidio, homicidio*. Eds. Martínez-González, M. A., Seguí-Gómez, M. Compendio de Salud Pública, Epidemiología y Prevención de «accidentes»: Medicina Preventiva y Salud Pública, Universidad de Navarra. Pamplona, pp. 199-208

Romero, J. F. (1993). La psicología forense desde el ámbito legal. En Urra, J. y Vázquez, B. (comps.): *Manual de Psicología forense*. Madrid: Siglo XXI, pp. 205-232.

Rondeau, G. (1996). *La intervención Terapéutica con hombres violentos. Experiencia de trabajo*. Primeras Jornadas sobre la violencia de Género en la sociedad actual. Valencia: Generalitat Valenciana, pp. 63-81.

Sáiz Martínez, P. A. (2000). *Bases biológicas en Trastorno de Estrés Postraumático*. España: Masson.

Salaberría, K., Fernández-Montalvo, J. y Echeburúa, E. (1995). Ansiedad normal, ansiedad patológica y trastornos de ansiedad: ¿un camino discontinuo? *Boletín de Psicología, 48*, 67-81.

Sánchez Pardo, L., Navarro, J., y Valderrama, J. C. (2004). *Estudio internacional sobre género, alcohol y cultura: proyecto Genacis*. Alicante: Sociedad Española de Toxicomanías.

Sarasua, B. y Zubizarreta, I. (2000). *Violencia en la pareja*. Málaga: Aljibe.

Secretaría General de Sanidad (2006). Agencia de Calidad del SNS. Instituto de Información Sanitaria. La Salud en la Población Española. Indicadores de Salud. Madrid: Ministerio de Sanidad y Consumo.

Steinmetz, S. K. (1989). The violent family. En M. Lystad (ed.). *Violence in the Home: Interdisciplinary Perspectives*. New York: Brunner/Mazel.

University of Richmond. Police Department (2006). *What should I know to Project myself?* Crime Victim Assistance. Estados Unidos.

Urra, J. (2002). *Tratado de Psicología Forense* (comp.) Madrid: Siglo XXI.

Urra, J. (2007). *SOS... Víctima de abusos sexuales.* Madrid: Pirámide.

Vázquez, C. y Muñoz, M. (2004). *Entrevista diagnóstica en Salud Mental.* Madrid: Editorial Síntesis.

Van Hasselt, V. B., Morrison, R. L. y Bellack, A. S. (1985). Alcohol use in wife abusers and their spouses. *Addictive Behaviors, 10,* 127-135.

Villavicencio, P. y Sebastián, J. (1999). *Violencia doméstica: su impacto en la salud física y mental de las mujeres.* Madrid: Instituto de la Mujer.

Walker, L. E. (1979). *The battered woman.* New York: Harper and Row.

Walker, L. E. (1984). *The battered woman syndrome.* New York: Springer.

Walker, L. E. (1991). Post-traumatic stress disorder in women: diagnosis and treatment of battered woman syndrome. *Psychotherapy, 28(1),* 21-29.

White, R. J. y Gondolf, E. W. (2000). Implications of personality profiles for batterer treatment. *Journal of Interpersonal Violence, 15(5),* 467-488.

Enlaces de interés

ENTIDADES-INSTITUCIONES-DIVULGACIÓN

— *Sociedad Española de Psicología de la Violencia:* www.sepv.org
— *European Forum for Victim Services:* www.odin.ie/efus
— *Psicología Científica en Internet:* www.psicologiacientifica.com
— *Psicología Conductual:* www.psicologiaconductual.com
— *Revista de Criminología:* www.criminologia.net
— *Fundación Instituto de Victimología:* www.institutodevictimologia.com
— *Centro Reina Sofía para el Estudio de la Violencia:* www.gva.es/violencia
— *Revista de Psicología:* www.infocoponline.es
— *Información social y sanitaria:* www.entornosocial.es
— *Trabajo social en Internet:* www.tsred.org
— *Ministerio de Interior:* www.mir.es
— *Ministerio de Justicia:* www.mju.es
— *Ministerio de Trabajo y Asuntos Sociales:* www.mtas.es
— *Defensor del Menor en la Comunidad de Madrid:* www.dmenor-mad.es
— *Consejo General del Poder Judicial:* www.poderjudicial.es/CGPJ

TEMAS DE MUJER-SALUD-VIOLENCIA DE GÉNERO

— *Fundación de Mujeres:* www.fundacionmujeres.es
— *Asociación de Hombres por la Igualdad de Género:* www.ahige.es
— *Mujeres Progresistas de Andalucía:* www.mujeresprogresitas-a.org
— *La Ciudad de las Mujeres en la Red:* www.e-leusis.net
— *Temas de Mujer:* www.temasdemujer.org

— *Federación de Asociaciones de Mujeres Separadas y Divorciadas:* www.separadasydivorciadas.net
— *Red Estatal de Organizaciones Feministas contra la Violencia de Género:* www.redfeminista.org
— *Mujeres en Red:* www.mujeresenred.net
— *Comunicación e Información de la Mujer:* www.cimac.org.mx
— *Información contra los Malos Tratos:* www.malostratos.com
— *Movimiento contra la Intolerancia:* www.movimientocontralaintolerancia.com
— *Prevención Integral:* www.prevencionintegral.com
— *Federacion de Mujeres Progresistas:* www.fmujerespreogresitas.org
— *Observatorio de la Violencia:* www.observatorioviolencia.org